上海交通大学网络空间治理研究中心学术文库
上海交通大学知识产权研究中心学术文库
上海国瓴律师事务所文库

会通文理

中国法学走向深邃之路

寿 步 ■ 著

上海交通大学出版社
SHANGHAI JIAO TONG UNIVERSITY PRESS

内容提要

本书以中国法学范式为线索，反思中国法学的研究、教育、人才培养问题。文字语言、图象语言、符号语言分别对应研究成果表述形式的初级阶段、中级阶段、高级阶段。中国法学范式目前处于初级阶段，因此难以发现更深层次的法学规律，难以表述更高层次的研究成果。这一问题的解决之道是会通文理，由此可以提升法学研究水平、提高法学教育质量、增强法学人才能力。本书以多学科视角展开论述，含有大量实例，兼具原创性、学术性、可读性。

图书在版编目（CIP）数据

会通文理：中国法学走向深邃之路 / 寿步著. —
上海：上海交通大学出版社，2022.9
ISBN 978-7-313-27282-9

Ⅰ.①会… Ⅱ.①寿… Ⅲ.①法学教育-教学研究-
中国 Ⅳ.①D90-42

中国版本图书馆 CIP 数据核字（2022）第 152252 号

会通文理——中国法学走向深邃之路
HUITONGWENLI——ZHONGGUO FAXUE ZOUXIANG SHENSUIZHILU

著　　者：寿　步

出版发行：上海交通大学出版社　　　　　　地　　址：上海市番禺路 951 号
邮政编码：200030　　　　　　　　　　　　电　　话：021-64071208
印　　刷：上海万卷印刷股份有限公司　　　经　　销：全国新华书店
开　　本：710mm×1000mm　1/16　　　　印　　张：15.5
字　　数：226 千字
版　　次：2022 年 9 月第 1 版　　　　　　印　　次：2022 年 9 月第 1 次印刷
书　　号：ISBN 978-7-313-27282-9
定　　价：69.00 元

前　言

　　2022 年,与作者经历的若干节点的时间距离是:获得工学学士学位 40 年(1982 年 7 月),开始法律学习 37 年(1985 年 4 月),获得工学硕士学位 37 年(1985 年 6 月),发表第一篇计算机专业论文 36 年(1986 年);发表第一篇法学专业论文 35 年(1987 年),考取中国律师资格 34 年(1988 年 9 月),晋升法学副教授 29 年(1993 年 6 月),晋升法学教授 23 年(1999 年 7 月)。基于这样的专业背景和工作经历,作者从中国法学范式入手,对当今中国的法学研究、法学教育、法学人才培养诸方面进行了反思。本书就是反思的成果。

　　学术成果的表述形式是范式的要素之一。文字语言(纯文字)、图象语言(图表)、符号语言(逻辑式数学式等)分别对应于表述形式的初级阶段、中级阶段、高级阶段。当今中国法学范式可用正面清单和负面清单分别表述。正面清单是:使用文字语言,使用中式格式;负面清单是:不接受线性表的文字化表述,很少使用图象语言,基本不用符号语言,不接受西式格式。因此,中国法学范式处于初级阶段。由于范式所处阶段的局限性,中国法学研究难以发现更深层次的法学规律,难以表述更高层次的研究成果。

　　中国法学范式处于初级阶段的原因,是受制于高中阶段文理分科和高考生源主要是文科生,因此在法学专业本科培养方案中无法设置高等数理知识课程,即使偶有设置其内容也极简单。这就导致“法学科班出身”的法学本科毕业生乃至受过“完整的法学教育”的法学一级学科的学士、硕士、博士三个学位获得者普遍缺乏高等数理知识基础,缺乏图象语言和符号语言的基本训练。因此,以法学科班出身为主体人群的中国法学界无法自行将研究成果的表述形式从初级阶段提升到中级阶段乃至高级阶段。

范式是学术体系的重要构成要素。为了构建中国特色法学体系,适应世界正在经历的百年未有之大变局,增强中国法学研究实力,提升中国法学研究水平,提高中国在法学领域的国际话语权,有必要将中国法学教育的理念在改革开放以来已经经历的三个台阶基础上,也就是从法学知识积累的"义理传承"、经法学能力培养的"学以致用"到法学理念塑成的"慎思明辨"的基础上,再上一个台阶走到实现法学范式转型的"会通文理",即从注重概念知识和规则内容的传授,到注重将僵化的知识活化于法律职业的操作之中、再到注重在实践层面贯穿法治精神和理念的基础上,进一步转到注重提升揭示事物本质和规律的能力;有必要将中国法学研究和法学论文写作的要求从"法学立场""人文考量""社科眼光"这三个维度扩展到第四维度"图式表述",即从现实目标的"由乱而治"、价值追求的"去恶从善"、技术方法的"去伪存真"提升到表述形式的"由浅入深",从求治的"治之憧憬"、求善的"善之渴望"、求真的"真之追求"延伸到求美的"美之向往",使中国法学走向深邃之路;有必要将法学方法论的取向从仅仅接受定性方法论、转向能够兼容定量方法论、最终达到采用混合方法论,也就是将仅仅处理文字表达的定性数据、转向兼容处理数字表示的定量数据、最终达到既可处理定性数据也可处理定量数据,在定性分析和定量分析之间熟练地进行切换,把定性方法和定量方法整合起来解决问题。

中国法学教育应该培养会通文理、会通古今、会通中西的新型法律人,即具备高等数理知识基础,善于逻辑思辨,习惯图象语言和符号语言,了解中华法系、大陆法系、英美法系,熟悉中国特色社会主义法治体系。

为此,需要采取切实措施实现中国法学范式的提升:第一,将中国法学人才培养的主渠道由本科调整为本科后,即主要在非法学专业(尤其是理工科专业)的本科毕业生中培养法学人才;第二,在招收法学博士生时优先招收非法学本科(尤其是理工科本科)的法律硕士毕业生;第三,将引进法学教师的主要条件由法学科班出身变更为至少有一个非法学学位(尤其是理工科学位),以利于实现中国法学范式的自觉转化,以利于发现更深层次的法学规律、表述更高层次的法学研究成果。

本书为我国提升法学研究水平、提高法学教育质量、增强法学人才能力提供了独特的视角、观点、方案,欢迎批评指正。作者邮箱:shoubu@sjtu.edu.cn。

本书全文引用了北京大学汪丁丁教授的文章《中国如何应对"数字悖论"》。

复旦大学徐英瑾教授、重庆邮电大学夏燕教授、四川大学张妮副研究员提供他们各自撰写著作的电子版书稿或图表以方便本书的图文编辑。新加坡管理大学刘孔中教授为拙著的传播给予宝贵协助。上海交通大学出版社提文静编辑十五年来一直支持本人多本著作的出版。本人在此谨致谢忱。

2022 年 5 月 3 日

目　录

第1章

问题的提出

本书所称中国法学范式，是指当今中国法学界主体人群所共有的表述形式。

美国科学哲学家托马斯·库恩（Thomas Kuhn，1922—1996）在其科学哲学思想中，以"范式"（paradigm）作为核心概念，认为科学的实际发展是受范式制约的常规科学与突破旧范式的科学革命的交替过程。

paradigm 一词来源于希腊文，具有"共同显示"的意思，后来引出范式、规范、模式、模型、范例等含义。

库恩认为，一个范式就是一个科学共同体的成员所共有的东西，而反过来，一个科学共同体由共有一个范式的人组成。他所说的"科学共同体"是指由同一个科学专业领域中的工作者组成的群体。他说，在一种绝大多数其他领域无法比拟的程度上，他们都经受过近似的教育和专业训练；在这个过程中，他们都钻研过同样的技术文献，并从中获得许多同样的教益。科学共同体的成员把自己看作并且别人也认为他们是唯一的去追求同一组共有的目标，包括训练他们的接班人的人。在这种团体中，交流相当充分，专业判断也相当一致。另一方面，由于不同的科学共同体集中于不同的主题，不同的团体之间的专业交流有时就十分吃力，并常常导致误解。他也对范式作出多种解释，如"科学共同体所共有的'传统'""科学共同体所共有的'模型或模式'""科学共同体把握世界的共同理论框架""科学共同体共有的理论和方法上的信念"等。

库恩使用"学科模板"（disciplinary matrix）来进一步澄清范式概念。这里的"学科"涉及科学共同体所共同掌握或分享的东西，而"模板"则是其中各种条理化的要素。学科模板有四个构成功能性整体的基本要素：

（1）共有的符号概括（symbolic generations），是科学共同体共同使用的表达方式，用来表示该科学共同体共同具有的理论或经验关系。它们一方面代表了自然定律,另一方面又是公式符号的定义,如牛顿运动定律($F = ma$)用质量(m)和加速度(a)给力(F)下定义。

(2)模型(model)或共同信念模型,是科学共同体共有的信念,为科学共同体提供了类比或比喻,既有本体论功能,也有启发性功能:一方面有助于科学共同体确定什么是难题解答,一方面又有助于确定哪些是未解难题以及每一个未解难题的重要性。例如"所有的行星都是围绕地球转动的"这样的共同信念。

(3)共有价值(shared values),指关于理论的表述方式、研究问题与研究方法的评价标准。与符号概括或模型相比,共有价值更不易为不同的科学共同体所共享,尽管它们使同一个科学共同体的科学家感到作为其成员所具有的意义。科学活动最重要的价值可能与理论语言有关。科学共同体成员在实际运用共同价值时,往往有很大差异。然而,他们仍然会用这些共同价值来评判和选择理论,而理论也应该符合他们共同的价值规定。

(4)范例(examples),是学科模板中最重要的构成要素,是指科学家从科技文献中获得对专业问题的解答,它们能够成为具体研究的实例。在某些情况下,它们能够成为学生所涉及的具体问题的解答。在教科书、实验室或者考场中都能找到这种范例。随着研究的逐步深入,科学共同体用不同的范例来概括、说明他们共同的符号。因此,不同范例之间的差异更能突显出不同科学共同体共同的科学结构。①

上面提到的"科学共同体共同使用的表达方式"或者"关于理论的表述方式"就是本书针对中国法学一级学科将要讨论的主题。

众所周知,语言是人类特有的、区别于动物的本质特征之一。语言让人类更好地表达思想,成为人类进行各种研究活动的载体和工具。从学术研究的角度看,人类的语言可以分为日常语言和学术语言。日常语言即日常生活使用的语言;学术语言则是作为研究工具的语言。本书着重讨论中国法学界主体人群在法学研究中使用的学术语言,具体分为文字语言(纯文字)、图象语言(图表)、符号语言(逻辑式数学式等)。

当今的中国法学范式,可以用正面清单和负面清单分别表述。一是正面清

---

① 相关内容参见:①库恩.科学革命的结构[M].金吾伦,胡新和,译.北京:北京大学出版社,2003:158 - 159,163 - 168.②蒋逸民.社会科学方法论[M].重庆:重庆大学出版社,2011:166 - 169.③郑毓信.科学哲学十讲:大师的智慧与启迪[M].南京:译林出版社,2013:91 - 98.

单:使用文字语言,使用中式格式的体例;二是负面清单:不接受线性表的文字
化表述,很少使用图象语言,不用符号语言(除了法律逻辑学者的专业论述之
外),不接受西式格式的体例。

1.1　法学论文的两种表述对比

1.1.1　一段内容提要的两种表述对比

1. 法学论文内容提要的文字语言表述

2021 年 3 月 31 日,微信公众号《新技术法学》刊出北京交通大学法学院副
教授郑飞在《法学研究》2021 年第 2 期发表论文《证据属性层次论——基于证
据规则结构体系的理论反思》的消息,同时刊发该论文的内容提要①。本书转
述该内容提要如下:

> 证据属性学说众说纷纭,四套话语体系并立,形成如此局面的根本原
> 因是我国已有学说未认识到证据属性的层次性。层次性的第一个体现是
> 要素论与结构论的区分,关联性(相关性)、真实性和合法性等要素属性是
> 证据评价的基本要素,证据能力(可采性)和证明力等结构属性则体现事实
> 认定的程序结构进程。三个要素属性之间是由相关性统领的平行关系,两
> 个结构属性之间是基于程序结构进程的递进关系;同时,三个要素属性都
> 不同程度地影响着对两个结构属性的审查判断。层次性的第二个体现是
> 基于认识论与价值论的区分,可将证据属性分为自然属性与法律属性。在
> 要素属性中,相关性和真实性是促进事实认定准确性之内部目标的自然属
> 性,合法性是促进除事实认定准确性之外的外部目标的法律属性;在结构
> 属性中,证据能力(可采性)是属于法律问题的法律属性,证明力是属于事
> 实问题的自然属性。我国证据法学应从"只注重要素论"或"只注重结构
> 论"迈向"要素论与结构论并重"的研究范式,并在深入理解"证据规则体系
> 是证据属性层次性的逻辑展开"的基础上,通过改造后的西式结构属性或
> 改良后的"中式结构属性三分法"重塑我国的证据规则体系。

---

① 新技术法学成员郑飞在《法学研究》发表论文[EB/OL].(2021 - 03 - 31)[2021 - 03 - 31].微信公众
号刊载信息,宜由搜狗搜索引擎输入题目进行搜索。

2. 法学论文内容提要的图像语言表述对照

上述内容提要中,如此概念众多、冗长繁杂的文字表述能否改用树状图(思维导图)表述? 本书作者看到这一则消息后,当即安排学生根据上述内容提要画出思维导图,并提出要求:内容提要中的文字如果可以用思维导图表述,就画出来;如果无法用思维导图表述,就照原样写出文字;形成一个信息量并不少于原先文字语言的、由文字语言+图象语言构成的完整的表述。

图 1-1 是由韩乐怡据此画出的思维导图(辅之以必要的文字语言表述即"注 1"和"注 2")。

上述内容提要从文字语言到图象语言的改编,不仅没有丢失原有的信息,而且信息量更大。因为读者完全不需要(基于原来的文字表述)去绞尽脑汁地厘清原文中不同概念之间的逻辑关系,而是可以(从思维导图中)直接看清这些概念之间的逻辑关系。这说明,传统的表征方式即用文字来表征知识具有不形象、难理解等缺点,而图表则具有信息量大、直观形象等特点,成为一种强有力的表征形式。

文字语言表述与图象语言表述的效果孰优孰劣当然不言而喻。

注意到:郑飞的教育背景是西南大学法学院法学学士,中国政法大学法学院法理学硕士,中国政法大学证据科学研究院证据法学博士。可以理解的是,要在国内法科刊物发表论文,就只能遵守现行的范式——默认使用文字语言。

1.1.2　两段数据统计的两种表述对比

1. 法学论文数据统计的文字语言表述

2021 年 5 月 30 日,微信公众号《近代法研究》刊载北京大学法学院教授徐爱国关于中国法史学界现状的文章。平心而论,该文对中国法史学界的现状进行了细致的观察和深入的思考,大有见地,给人启示。

北京大学法学院官网显示:徐爱国的教育背景是武汉大学法学院学士,中国人民大学法学院硕士,北京大学法学院博士。

基于本书的主旨,我们关注该文中关于两组统计数据的三大段文字表述①。这三段话以楷体字照引如下。

---

① 徐爱国.论法律史学的身份认同焦虑[EB/OL].(2021-05-30)[2021-05-30].微信公众号刊载信息,宜由搜狗搜索引擎输入题目进行搜索。

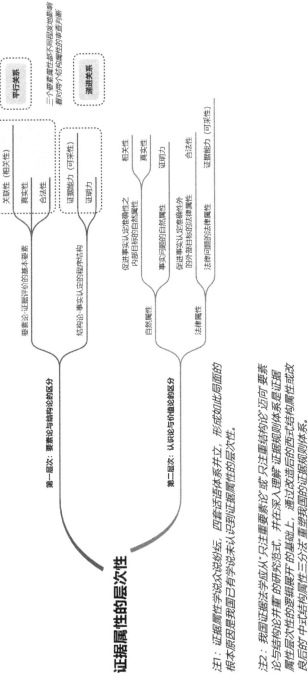

图 1-1　特定论文的思维导图

　　可惜的是,当下的学术评价是数量化的,需要的是核心期刊论文,需要的是论文的引证率。而这两个指标,又是法律史学的致命弱点。将法律史学纳入当下的学术评价体系,法律史学其实处在法学院的边缘。我们曾经统计过 2012—2013 年的核心期刊发表法律史学论文的数据。所选择的期刊论文来自《法学研究》《中外法学》《比较法研究》《政法论坛》《环球法律评论》《法学》《法学家》《法学评论》《清华法学》《政治与法律》《法制与社会发展》《现代法学》《当代法学》《法律科学》《法商研究》15 本期刊各期刊发表论文总数,法律史学类论文数量与比例予以统计。

　　《法学研究》在 2012 年度共刊发论文 73 篇,法律史学论文共 8 篇,占总刊发论文数的 10.9%;2013 年度共刊发论文 66 篇,法律史学论文共 7 篇,占总刊发论文数的 10.6%。《中外法学》在 2012 年度共刊发论文 69 篇,法律史学论文共 11 篇,占总刊发论文数的 15.9%;2013 年度共刊发论文 57 篇,法律史学论文共 10 篇,占总刊发论文数的 17.6%。《比较法研究》在 2012 年度共刊发论文 79 篇,法律史学论文共 12 篇,占总刊发论文数的 15.2%;2013 年度共刊发论文 76 篇,法律史学论文共 10 篇,占总刊发论文数的 13.2%。《政法论坛》在 2012 年度共刊发论文 115 篇,法律史学论文共 18 篇,占总刊发论文数的 15.7%;2013 年度共刊发论文 114 篇,法律史学论文共 18 篇,占总刊发论文数的 15.8%。《环球法律评论》在 2012 年度共刊发论文 64 篇,法律史学论文共 4 篇,占总刊发论文数的 6.2%;2013 年度共刊发论文 65 篇,法律史学论文共 5 篇,占总刊发论文数的 7.7%。《法学》在 2012 年度共刊发论文 232 篇,法律史学论文共 6 篇,占总刊发论文数的 2.5%;2013 年度共刊发论文 218 篇,法律史学论文共 9 篇,占总刊发论文数的 4.1%。《法学家》在 2012 年度共刊发论文 77 篇,法律史学论文共 6 篇,占总刊发论文数的 7.8%;2013 年度共刊发论文 74 篇,法律史学论文共 8 篇,占总刊发论文数的 10.8%。《法学评论》在 2012 年度共刊发论文 127 篇,法律史学论文共 6 篇,占总刊发论文数的 4.7%;2013 年度共刊发论文 125 篇,法律史学论文共 5 篇,占总刊发论文数的 4%。《清华法学》在 2012 年度共刊发论文 73 篇,法律史学论文共 4 篇,占总刊发论文数的 5.5%;2013 年度共刊发论文 68 篇,法律史学论文 2 篇,占总刊发论文数的 3%。《政治与法律》在 2012 年度共刊发论文 204 篇,

法律史学论文共 2 篇,占总刊发论文数的 1%;2013 年度共刊发论文 202
篇,法律史学论文共 2 篇,占总刊发论文数的 1%。《法制与社会发展》在
2012 年度共刊发论文 80 篇,法律史学论文共 15 篇,占总刊发论文数的
16%;2013 年度共刊发论文 105 篇,法律史学论文共 5 篇,占总刊发论文
数的 4.8%。《现代法学》在 2012 年度共刊发论文 110 篇,法律史学论文共
6 篇,占总刊发论文数的 5.5%;2013 年度共刊发论文 106 篇,法律史学论
文共 9 篇,占总刊发论文数的 8.5%。《当代法学》在 2012 年度共刊发论文
129 篇,法律史学论文共 9 篇,占总刊发论文数的 7%;2013 年度共刊发论
文 109 篇,法律史学论文共 3 篇,占总刊发论文数的 2.8%。《法律科学》在
2012 年度共刊发论文 134 篇,法律史学论文共 11 篇,占总刊发论文数的
8.2%;2013 年度共刊发论文 128 篇,法律史学论文共 9 篇,占总刊发论文
数的 6%。《法商研究》在 2012 年度共刊发论文 120 篇,法律史学论文共 3
篇,占总刊发论文数的 3.3%;2013 年度共刊发论文 134 篇,法律史学论文
共 5 篇,占总刊发论文数的 3.7%。

2019 年,核心期刊又有了中国法学会"钦定"法学期刊 20 种,法律史
学的论文数据如下:《中国社会科学》2019 年度共刊发论文 119 篇,其中法
律史学论文共 1 篇,占总刊发论文数的 0.84%。《中国法学》在 2019 年度
共刊发论文 91 篇,其中法律史学论文共 3 篇,占刊发论文总数的 3.3%。
《法学研究》在 2019 年度共刊发论文 66 篇,其中法律史学论文共 4 篇,占
刊发论文总数的 6.1%。《中外法学》在 2019 年度共刊发论文 77 篇,其中
法律史学论文共 4 篇,占刊发论文总数的 5.2%。《法学家》在 2019 年度共
刊发论文 79 篇,其中法律史学论文共 2 篇,占刊发论文总数的 2.5%。《清
华法学》在 2019 年度共刊发论文 71 篇,其中法律史学论文共 10 篇,占刊
发论文总数的 14.1%。《比较法研究》在 2019 年度共刊发论文 78 篇,其中
法律史学论文共 3 篇,占刊发论文总数的 3.8%。《政法论坛》在 2019 年度
共刊发论文 98 篇,其中法律史学论文共 12 篇,占刊发论文总数的 12.2%。
《环球法律评论》在 2019 年度共刊发论文 71 篇,其中法律史学论文共 4
篇,占刊发论文总数的 5.6%。《法学》在 2019 年度共刊发论文 163 篇,其
中法律史学论文共 8 篇,占刊发论文总数的 4.9%。《法律科学》在 2019 年
度共刊发论文 104 篇,其中法律史学论文共 3 篇,占刊发论文总数的

2.9％。《法制与社会发展》在 2019 年度共刊发论文 81 篇,其中法律史学论文共 3 篇,占刊发论文总数的 3.7％。《当代法学》在 2019 度共刊发论文 87 篇,其中法律史学论文共 1 篇,占刊发论文总数的 1.1％。《政治与法律》在 2019 年度共刊发论文 152 篇,其中法律史学论文共 0 篇,占刊发论文总数的 0％。《法商研究》在 2019 年度共刊发论文 95 篇,其中法律史学论文共 2 篇,占刊发论文总数的 2.1％。《现代法学》在 2019 年度共刊发论文 84 篇,其中法律史学论文共 2 篇,占刊发论文总数的 2.4％。《法学评论》在 2019 年度共刊发论文 99 篇,其中法律史学论文共 8 篇,占刊发论文总数的 8.1％。《华东政法大学学报》在 2019 年度共刊发论文 97 篇,其中法律史学论文共 4 篇,占刊发论文总数的 4.1％。《法学杂志》在 2019 年度共刊发论文 171 篇,其中法律史学论文共 4 篇,占刊发论文总数的 2.3％。《法学论坛》在 2019 年度共刊发论文 97 篇,其中法律史学论文共 2 篇,占刊发论文总数的 2.1％。

在上述三段话中,后面两段话分别给出了两项统计结果:一是 2012—2013 年法学核心期刊发表法律史学论文情况;二是 2019 年中国法学会"钦定"法学期刊 20 种(即中国法学核心科研评价来源期刊,简称 CLSCI)发表法律史学论文情况。

日常生活中,跟在"统计"二字之后最常见的一个字,就是"表"。含有上述如此众多数据的两项统计结果显然可以用简洁明了的"表"的形式给出。

2. 法学论文数据统计的图象语言表述对照

据百度百科"统计表"词条介绍:

(1)统计表是反映统计数据的表格。是对统计指标加以合理叙述的形式,它使统计数据条理化,简明清晰,便于检查数字的完整性和准确性,以及对比分析。

(2)《中国小学教学百科全书》指出,统计表是用原始数据制成一种表格。为实际需要,常常要把工农业生产、科学技术与日常工作中所得到的相互关联的数据,按照一定的要求进行整理、归类,并且按照一定的顺序把数据排列起来,制成表格,这种表格称之为统计表。

由此可见用统计表反映统计数据的种种益处。

　　因此,本书作者安排学生根据上述后两段文字分别画出对应的统计表:一是"2012—2013 年法学核心期刊发表法律史学论文统计表"(表 1-1);二是"2019 年 CLSCI 来源期刊发表法律史学论文统计表"(表 1-2)。这两张表由郭家豪制作,表格中数值取自原文,未作进一步核对。

表 1-1　2012—2013 年法学核心期刊发表法律史学论文统计表

期刊名称	2012 年			2013 年		
	刊发论文总数	法律史学论文数	占比	刊发论文总数	法律史学论文数	占比
《法学研究》	73	8	10.9%	66	7	10.6%
《中外法学》	69	11	15.9%	57	10	17.6%
《比较法研究》	79	12	15.2%	76	10	13.2%
《政法论坛》	115	18	15.7%	114	18	15.8%
《环球法律评论》	64	4	6.2%	65	5	7.7%
《法学》	232	6	2.5%	218	9	4.1%
《法学家》	77	6	7.8%	74	8	10.8%
《法学评论》	127	6	4.7%	125	5	4.0%
《清华法学》	73	4	5.5%	68	2	3%
《政治与法律》	204	2	1.0%	202	2	1.0%
《法制与社会发展》	80	15	16%	105	5	4.8%
《现代法学》	110	6	5.5%	106	9	8.5%
《当代法学》	129	9	7.0%	109	3	2.8%
《法律科学》	134	11	8.2%	128	9	6%
《法商研究》	120	3	3.3%	134	5	3.7%

表 1-2　2019 年 CLSCI 来源期刊发表法律史学论文统计表

期刊名称	刊发论文总数	法律史学论文数	法律史学论文占比
《中国社会科学》	119	1	0.84%
《中国法学》	91	3	3.3%
《法学研究》	66	4	6.1%
《中外法学》	77	4	5.2%
《法学家》	79	2	2.5%
《清华法学》	71	10	14.1%
《比较法研究》	78	3	3.8%
《政法论坛》	98	12	12.2%
《环球法律评论》	71	4	5.6%
《法学》	163	8	4.9%
《法律科学》	104	3	2.9%
《法制与社会发展》	81	3	3.7%
《当代法学》	87	1	1.1%
《政治与法律》	152	0	0.0%
《法商研究》	95	2	2.1%
《现代法学》	84	2	2.4%
《法学评论》	99	8	8.1%
《华东政法大学学报》	97	4	4.1%
《法学杂志》	171	4	2.3%
《法学论坛》	97	2	2.1%

　　由文字制成表格后,这两张表格的信息量远多于原来的两段文字。从表 1-1可见,在 2012—2013 年期间,连续两年发表法律史学论文所占比例较高的法学核心期刊有《中外法学》《比较法研究》《政法论坛》;比较而言,《法治与社会发展》虽然在 2012 年发表法律史学论文所占比例最高,达到 16%,但是该

刊在 2013 年却骤降至 4.8%。如果只看原文的文字表述,就无法直观地进行各刊物发表法律史学论文所占比例的相互比较。

当采用表格形式表述统计结果时,还可以按照某种指标的高低顺序来排序显示。以该文为例,因为作者是要显示各法学期刊发表法律史学论文的数据(重点是所占比例),所以在制作上述两张表时,就可以按照法律史学论文"占比"的高低顺序用"升序"或者"降序"重新排列。这样会更方便读者比较在不同刊物中的占比情况。

这是图象语言表述优于文字语言表述的又一个例子。

1.2　线性表的文字化

1.2.1　一篇论文的结构解析

1. 一篇法学论文

《法治研究》杂志 2021 年第 2 期发表赵秉志和袁彬的文章《〈刑法修正案(十一)〉罪名问题研究》。该论文在引言之后有两节:第一节"《刑法修正案(十一)》罪名确立的基本原则",阐述了罪名确立时需要坚持的三个基本原则;第二节"《刑法修正案(十一)》罪名的具体确定",根据 2020 年 12 月 26 日《刑法修正案(十一)》,结合最高人民法院、最高人民检察院 2020 年 12 月 31 日发出的《关于执行〈中华人民共和国刑法〉确定罪名的补充规定(七)(征求意见稿)》,就《刑法修正案(十一)》修改、新增的罪名确立问题阐述了作者的观点。

为了本书的需要,着重关注该论文中第二节的内在结构。下面以该论文第二节第(一)小节"妨害安全驾驶罪(《刑法修正案(十一)》第 2 条)"内容为例。该小节文字以楷体字转述如下。

　　《刑法修正案(十一)》第 2 条是在刑法典第 133 条之一后增加一条,作为第 133 条之二,其罪状包括两类:一是"对行驶中的公共交通工具的驾驶人员使用暴力或者抢控驾驶操纵装置,干扰公共交通工具正常行驶,危及公共安全的"(第 1 款);二是"前款规定的驾驶人员在行驶的公共交通工具上擅离职守,与他人互殴或者殴打他人,危及公共安全的"(第 2 款)。该条的罪名宜规定为"妨害安全驾驶罪"。主要理由是:

　　第一,该条两款涉及的行为具有高度的关联性甚至行为交叉性,不宜规定为两个罪名。例如,该条第 1 款的"对行驶中的公共交通工具的驾驶人员使用暴力"和第 2 款的"前款规定的驾驶人员在行驶的公共交通工具上擅离职守,与他人互殴"可能是对向行为,即驾驶人员与乘客互殴。对于两个具有高度关联性的行为,确立为一个罪名更合适。

第二,该条罪状的结构较为复杂、繁琐,需要进行高度概括。从结构上,该条两款罪状的结构较为繁琐,其主语是"一般主体＋ 公共交通工具的驾驶人员",谓语是"使用暴力或者抢控驾驶操纵装置＋ 与他人互殴或者殴打他人",宾语是"驾驶人员＋ 驾驶操控装置＋ 他人"。这意味着,该条罪名的确立要求对罪状要素进行必要的概括和舍弃。将该罪的罪名概括为"妨害安全驾驶罪",一方面是舍弃罪状结构的主语和宾语,因为该罪状的主语和宾语都包含了一般主体和普通对象,没有单独纳入罪名的必要;另一方面是概括了该罪状的谓语结构,以第 1 款的罪状为基础,将该条规定的两个行为(实为四个具体的行为)概括为"妨害安全驾驶"。从"妨害安全驾驶"的内涵上看,它可以较好地涵盖该条第 1 款的行为,同时也能涵盖该条第 2 款的行为。不足之处是"妨害安全驾驶"更多的是反映驾驶人员以外的人对驾驶的妨害,驾驶人员对驾驶的妨害可以纳入"妨害安全驾驶"的范围,但不是典型行为。

2. 该论文第二节的结构解析

分析该小节内容,可知其结构如下:①引用《刑法修正案(十一)》的某个具体条款;②给出关于该条款相应罪名的结论;③具体说明确定罪名的理由。

上述结构的内在逻辑本来是:①"引用条款";②"说明理由";③"得出结论"。

只是在实际写作时,作者为了行文方便,将"说明理由"与"得出结论"的前后顺序做了颠倒处理。

值得注意的是,按照已经刊发的这种全文字表达格式来行文,法学刊物可以接受;但如果换为一种加入提示标题的等价格式,有的法学刊物编辑和审稿人就会将其视为不合法学范式的"异端",认为"这不是学术论文,不符合法学学术范式",因此就完全不可刊发。

下面给出该论文第二节第(一)小节的加入提示标题的等价格式:

"(一)妨害安全驾驶罪

【引用条款】

《刑法修正案(十一)》第二条规定:"……"

【定名理由】

(1)该条两款涉及的行为具有高度的关联性甚至行为交叉性,不宜规定为两个罪名。……

(2)该条罪状的结构较为复杂、繁琐,需要进行高度概括。

【罪名建议】

该条的罪名宜规定为"妨害安全驾驶罪"。"

1.2.2　线性表及其文字化

为什么有的法学刊物的编辑和审稿人只能接受全文字表达的格式,却完全不能接受上面给出的加入提示标题的格式？ 显然,当今中国法学范式限制了他们的想象力,他们不理解什么是"同构"。在他们的观念中,法学学术论文怎么可能是下面这种加入提示标题的格式呢:

"(一)……罪

【引用条款】

……

【定名理由】

(1)……

(2)……

【罪名建议】

……"

关于刑法修正案的罪名确定表述的上述格式,其实就是线性表的文字化(即线性表改用文字表述)的结果。线性表是数据的线性结构之一,详见本书第2.1 节。

若用线性表表述则如表 1 - 3 所示:

表1-3 线性表示例

引用条款	定名理由	罪名建议
……	……	……
……	……	……

上述线性表与其文字化处理后的表述,是同构的,也就是等价的。

显然,有的法学刊物的编辑和审稿人不仅接受不了包括线性表在内的图象语言的表述,而且连线性表文字化后的表述也不能接受。同样的文字,不同的格式,全部用文字形式写出,就是学术论文;将线性表文字化,用加入提示标题的格式写出,就不是学术论文、就不符合法学范式吗?

1.3 图书的两种体例

1.3.1 西式格式与中式格式

国内出版社在向作者提供学术著作的体例格式规范时,通常会提供"西式格式"和"中式格式"两种体例。

(1) 如果体例是西式格式,则其标题的格式如图1-2所示(以假设第1章的三层标题为例)。

第1章 (标题1)

    1.1 (标题2)

        1.1.1 (标题3)

        ……

        1.1.2 (标题3)

        ……

    1.2 (标题2)

    ……

第2章 (标题1)

……

图1-2 西式格式示例

（2）如果体例是中式格式，则其标题的格式如图 1 - 3 所示（以假设第一章的三层标题为例）。

第一章　（标题 1）
　第一节　（标题 2）
　　一、（标题 3）
　　……
　　二、（标题 3）
　　……
　第二节　（标题 2）
　……
第二章　（标题 1）
……

图 1 - 3　中式格式示例

1.3.2　两种体例的比较

理科作者通常使用西式格式，文科作者通常使用中式格式。这两种格式提供的信息量（使用效果）相同吗？不相同！

（1）西式格式与中式格式的区别，并不在各级标题本身，而在于各级标题的序号的标记方法不同。

在西式格式各级标题的序号中，上一级标题的序号总是保留在下一级标题的序号中起始的位置；并且，任意一级标题的序号总是保留在下面所有各级标题的序号中起始的位置。例如，在第 1 章的各级标题的序号中，从 1 到 1.2 到 1.2.3，都是如此。这样，只要看到任意一级标题的序号，就可以了解该级标题在全书中的具体位置。例如，对于序号为 1.2.3 的标题，一眼可知它是在第 1 章的第 1.2 节之下的第 1.2.3 小节。

与此对照，在中式格式各级标题的序号中，因为序号系统不同，上一级标题的序号完全没有保留在下一级标题的序号中，任意一级标题的序号更没有保留在下面所有各级标题的序号中，所以，单看任意一级标题的序号，完全无法了解该级标题在全书中的具体位置。

（2）不仅如此，西式格式与中式格式对作者思维方式的不同影响也是显著的。

西式格式与树状图（思维导图）之间有着天然的密切联系和对应关系。西式格式的各级标题序号可以直接转换为树状图中的对应节点。如图1-4所示（图中以三级标题为例，该图由徐灵红制作）。

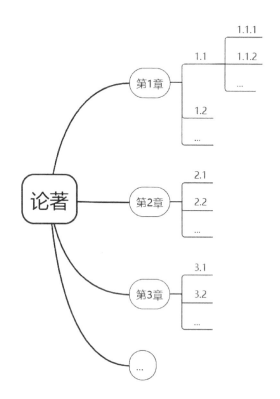

图1-4　西式格式与树状图的对应关系

如果将西式格式的标题的序号系统进一步延伸到正文中，将正文内容也画出树状图，那么，就得到了全书要点的树状图。通过画出从各级标题到全书内容的树状图，全书的内在逻辑也就清晰地展现出来。

（3）西式格式的写作体例中各级标题的序号标记方法，本身就直观地体现了"自顶向下、逐步细化"的思考过程，同时又与树状图有着直接的对应关系，由此使得习惯于使用西式格式的理科作者的思维形式，比较容易从文字抽象到图表;其思维结果的表述,也就比较容易从单纯使用文字语言升级到文字语言和图象语言两者兼用。

1.4　符号语言用于法律研究实例

1.4.1　用逻辑代数解析法学概念的构成要件示例

理工科专业背景的法学者,用符号语言撰写的法学研究成果,是否符合中国法学范式,能否在法学学术刊物刊发? 这是一个问题。下面以本书作者的相关研究成果为例。

职务软件和非职务软件如何分类、构成条件如何、权利归属如何,是 1991 年版《计算机软件保护条例》中没有完全解决的问题,原规定有明显的缺陷。1993 年初,本书作者采用逻辑代数这一数学工具,对包括职务软件、非职务软件在内的软件著作权保护中的若干基本概念的构成条件进行了解析研究,并在此基础上,对职务软件和非职务软件的构成条件、具体分类和权利归属进行了周密严谨的论述。这一观点思路独特,结论可靠。此后,在 2001 年新版《计算机软件保护条例》出台时纠正了 1991 年版关于职务软件规定的不当之处。

本书作者这一观点首次发表在《职务软件与非职务软件研析》一文中[①],后来收录于《计算机软件著作权保护》一书中,即第 7 章"职务软件和非职务软件"。为说明本书的主题,下面将该章以楷体字转述如下[②]。

7.1　软件著作权若干基本概念构成条件的解析

下面利用逻辑代数的方法对软件著作权的几个基本概念,如软件开发者、软件著作权人、职务软件、非职务软件的构成条件进行分析。

7.1.1　单位和公民成为软件开发者的条件

软件保护条例所说的法律意义上的软件开发者的概念与通常所说的技术意义上的软件开发者的概念不同,有其特定的构成条件。

单位成为软件开发者的条件是:

---

① 寿步.职务软件与非职务软件研析[C]//中国高校知识产权研究会.知识产权研究——中国高校知识产权研究会第八届年会(1997 年)论文集.西安:西安交通大学出版社,1997.

② 寿步.计算机软件著作权保护[M].北京:清华大学出版社,1997:58-63.

$$A_1 \wedge B_1 \qquad\qquad (7-1)$$

式(7-1)中 A_1 表示"单位实际组织、进行开发工作,提供工作条件以完成软件开发",如果将前半句忽略,则 A_1 主要是指"单位提供物质技术条件以完成软件开发"。

式(7-1)中 B_1 表示"单位对软件承担责任"。

式(7-1)中符号"$\wedge$"表示其左、右两项条件应同时成立,即逻辑代数中的"与"运算。下同。

公民成为软件开发者的条件是:

$$A_2 \wedge B_2 \qquad\qquad (7-2)$$

式(7-2)中的 A_2 表示"公民依靠自己具有的条件完成软件开发";B_2 表示"公民自己对软件承担责任"。

7.1.2 在职公民成为软件开发者的条件

在单位任职的公民要成为法律意义的软件开发者,就要满足式(7-2)所示条件。这时,如果用 A_3 表示"职工不使用所在单位的物质技术条件完成软件开发",用 B_3 表示"职工研制的软件不由所在单位承担责任",则职工成为软件开发者的条件可以表示为:

$$A_3 \wedge B_3 \qquad\qquad (7-3)$$

显然,此时有:

$$A_3 = !\ A_1 \qquad B_3 = !\ B_1 \qquad\qquad (7-4)$$

这两个式子中的符号"!"表示相应的条件不成立,或者说,相应的反条件成立,如! A_1 表示 A_1 不成立。下同。

在职公民研制出某项软件时,技术意义上的软件研制者一般是该在职公民,这时,法律意义上的软件开发者是单位还是职工,可由式(7-1)和式(7-3)来确定。

因为式(7-4)成立,所以式(7-3)有一等价式:

$$!\ A_1 \wedge !\ B_1 \qquad\qquad (7-5)$$

因此,式(7-1)成立时,法律意义上的软件开发者是单位;式(7-5)或式(7-3)成立时,法律意义上的软件开发者是职工。

就在职公民研制出的软件而言,除了式(7-1)和式(7-5)所示两种情

况之外,还可能有

$$! A_1 \wedge B_1 \qquad (7-6)$$

和
$$A_1 \wedge ! B_1 \qquad (7-7)$$

两种情况。将 A_1、$! A_1$、B_1、$! B_1$ 进行"与"条件下的组合即可得到式 (7-1)、(7-5)、(7-6)、(7-7)四种可能情况。

式(7-6)表示"单位不提供物质技术条件以完成软件开发,但单位对软件承担责任",式(7-7)表示"单位提供物质技术条件以完成软件开发,但单位不对软件承担责任"。

这两种情况下如何确定软件开发者,需要根据具体情况进行分析。可以经过协商确定由单位或职工中的一方作为软件开发者(根据"软件著作权属于软件开发者"的原则因而将成为软件著作权人),对另一方给予适当的经济补偿;也可以确定双方成为共同的软件开发者,从而共同享有软件著作权。

7.1.3　非在职公民成为软件著作权人的条件

除了两种情况:①在合作开发软件情况下,作为合作者一方的非在职公民可以依协议放弃其本应享有的软件著作权;②在委托开发软件情况下,受委托的非在职公民可以依书面协议中的约定放弃其软件著作权。一般情况下,有下式成立:

$$\text{非在职公民是软件开发者} \equiv \text{非在职公民是软件著作权人} \qquad (7-8)$$

式(7-8)中的符号"$\equiv$"表示"等价于",也即充分必要条件。

7.1.4　职务软件的构成条件

如果以 C 表示"职工所开发的软件是执行本职工作的结果,即针对本职工作中明确指定的开发目标所开发的";以 D 表示"职工所开发的软件是从事本职工作活动所预见的结果或者自然的结果",等价于"职工所开发的软件与其在单位中从事的工作内容有直接联系",则职工研制的软件是职务软件,其著作权归单位享有的条件是:

$$C \vee D \qquad (7-9)$$

上式中符号"$\vee$"表示其左、右两项条件只需要有一项成立,即逻辑代数中的"或"运算。下同。

注意式(7-9)与A_1、B_1是否成立无关。

我国著作权法第16条把职务作品规定为"公民为完成法人或者非法人单位工作任务所创作的作品",这只相当于条件C,只不过该定义所涉及的作品不限于计算机软件这一类作品。可见,与此相比,软件保护条例中规定的职务软件范围更宽。因为在条件D成立时也构成职务软件。

另外,著作权法第16条第2款第(一)项规定的计算机软件等作品成为著作权(署名权除外)由单位享有的职务作品的条件是:主要是利用单位的物质技术条件创作(按:这相当于A_1),并由单位承担责任(按:这相当于B_1)。这恰好就是软件保护条例规定的单位成为软件开发者(因而也成为软件著作权人)的条件:

$$A_1 \wedge B_1$$

将此规定与著作权法关于职务作品的定义结合起来,可以看出——根据著作权法规定,职工研制的软件成为著作权(署名权除外)由单位享有的条件如下:

$$C \wedge A_1 \wedge B_1 \tag{7-10}$$

显然,式(7-9)与式(7-10)不同。根据软件保护条例规定应由单位享有著作权的职务软件的范围(由式(7-9)确定)比根据著作权法规定应由单位享有著作权的职务软件的范围(由式(7-10)确定)宽得多。这可以视为著作权法第16条第2款第(二)项所明确允许的由行政法规予以特殊规定的职务作品的著作权由单位享有的情况。

因为著作权法第16条第2款第(二)项明确允许其他法律、行政法规规定或由合同约定著作权由单位享有的职务作品的具体情况,所以,软件保护条例第14条第1款的规定是合法有效的,而著作权法第16条第2款第(一)项对于计算机软件这类作品实际已不适用。

也就是说,对于计算机软件的职务作品问题,只适用式(7-9),不适用式(7-10)。

从另一方面说,如果要使软件保护条例第14条第1款与著作权法第16条第2款第(一)项协调一致起来,则应在式(7-9)中除去D项,同时要求A_1、B_1两条件成立,这样就是式(7-10)成立。此时,软件保护条例中相应的条款可以修改为：

"公民在单位任职期间所开发的软件,如是执行本职工作的结果,即针对本职工作中明确指定的开发目标所开发的,同时主要是利用单位的物质技术条件开发,并由单位承担责任,则该软件的著作权属于该单位。"

如果这样规定,职务软件的范围比软件保护条例的现行规定就大为缩小了。

7.1.5　职务软件的各种类型

在职务软件即$(C \lor D)$成立的情况下,因与A_1、B_1是否成立无关,故有四种可能的类型:

$$(C \lor D) \land (A_1 \land B_1) \tag{7-11}$$

$$(C \lor D) \land (A_1 \land !\ B_1) \tag{7-12}$$

$$(C \lor D) \land (!\ A_1 \land B_1) \tag{7-13}$$

$$(C \lor D) \land (!\ A_1 \land !\ B_1) \tag{7-14}$$

式(7-11)中,有$(A_1 \land B_1)$,即式(7-1)成立,单位是软件开发者,应当是软件著作权人;因又有$(C \lor D)$成立,即为职务软件,故著作权属于单位。

式(7-12)中有$(A_1 \land !\ B_1)$,即式(7-7)成立,软件开发者是单位还是职工不确定;$(C \lor D) \land (A_1 \land !\ B_1)$意味着职工研制软件是执行本职工作的结果,或者是从事本职工作活动所预见的结果或者直接的结果,同时利用了单位的物质技术条件,但是单位对此软件并不承担责任。就现实而言,以$D \land A_1 \land !\ B_1$存在的情况较为合理。因属职务软件,故软件著作权归单位享有。可以视为,研制软件过程中,单位对软件不承担责任,职工自己承担风险;软件研制完成后,单位成为软件著作权人,开始对软件承担责任,同时应向研制软件的职工付费。

式(7-13)中有$(!\ A_1 \land B_1)$,即式(7-6)成立,软件开发者是职工还是单位不确定;$(C \lor D) \land !\ A_1 \land B_1)$,意味着职工研制软件是执行本职工作的结果,或者是从事本职工作活动所预见的结果或者直接的结果,但是没有利用单位的物质技术条件,而由单位对该软件承担责任。因属职务软件,故软件著作权属于单位。但如果职工研制软件过程中因单位未提供必要的物质技术条件而利用了自己或者第三者的物质技术条件,则单位应就此另向该职工或第三方付费。

式(7-14)中有(! A_1 $\wedge$! B_1),即式(7-5)成立,职工为软件开发者,本应成为软件著作权人;($C \vee D$) $\wedge$ (! A_1 $\wedge$! B_1)意味着,软件的研制是执行本职工作的结果,或者是从事本职工作活动所预见的结果或者直接的结果,但是没有利用单位的物质技术条件,并且不由单位对软件承担责任。在现实中,以 $D \wedge A_1 \wedge B_1$ 的存在较为合理。因属职务软件,软件著作权应归单位。可以视为,自该软件研制完成时起,职工因是软件开发者而本应享有的软件著作权就转让给所在单位,而单位应向该职工支付该软件著作权的价款。

7.1.6　非职务软件的构成条件

公民在任职期间所开发的软件如果不是职务软件,就是非职务软件。在非职务软件情况下,显然有下式即式(7-9)的否定式成立:

$$! (C \vee D) \tag{7-15}$$

根据逻辑代数运算规则,有

$$! (C \vee D) = ! C \wedge ! D \tag{7-15)'}$$

即 C 或 D 都不成立等价于! C 成立同时! D 成立。

7.1.7　非职务软件的各种类型

在非职务软件即(! C $\wedge$! D)成立的情况下,因与 A_1、B_1 是否成立无关,故有四种可能的类型:

$$(! C \wedge ! D) \wedge (! A_1 \wedge ! B_1) \tag{7-16}$$
$$(! C \wedge ! D) \wedge (A_1 \wedge ! B_1) \tag{7-17}$$
$$(! C \wedge ! D) \wedge (! A_1 \wedge B_1) \tag{7-18}$$
$$(! C \wedge ! D) \wedge (A_1 \wedge B_1) \tag{7-19}$$

式(7-16)中有(! A_1 $\wedge$! B_1)成立,即式(7-5)成立,职工是软件开发者;因属非职务软件,所以软件著作权归职工自己。注意到,软件保护条例第14条第2款规定的非职务软件的著作权归职工自己的前提条件可以表示为:

$$(!\,C\wedge!\,D)\wedge!\,A_1 \qquad\qquad (7-20)$$

式(7-20)比式(7-15)多了一项$!\,A_1$，即同时要求未使用所在单位的物质技术条件。从前面的推理过程可以看出：式(7-15)或$(7-15)'$正确；式(7-20)则有问题。

为完善立法、便于执法，建议将来在修改有关法律、法规时将A_1这一条件删去。

式(7-17)中有$(A_1\wedge!\,B_1)$，软件开发者是单位还是职工不明确。$(!\,C\wedge!\,D)\wedge(A_1\wedge!\,B_1)$表示职工研制软件既不是执行本职工作，也不与本职工作内容有直接联系，但是利用了单位的物质技术条件，而又由职工自己对软件承担责任。这种情况下，软件著作权归职工享有，而该职工应就利用单位的物质技术条件向单位付费。

式(7-18)中有$(!\,A_1\wedge B_1)$，软件开发者是单位还是职工也不明确；$(!\,C\wedge!\,D)\wedge(!\,A_1\wedge B_1)$表示职工研制软件既不是执行本职工作，也不与本职工作内容有直接联系，又没有利用单位的物质技术条件，但却由单位承担责任。就现实而言，这种情况在职工将此条件下研制的软件的著作权转让给所在单位时可能出现（否则谈不上由单位对这样的软件承担责任）。这时，职工可以通过将非职务软件转让给单位而获得软件著作权的价款。

式(7-19)中有$(A_1\wedge B_1)$，即式(7-1)成立，单位是软件开发者，单位本应成为软件著作权人；但因$(!\,C\wedge!\,D)$同时也成立，故属非职务软件，软件著作权应属于职工自己。$(A_1\wedge B_1)$意味着利用了单位的物质技术条件，并由单位对软件承担责任。可以视为职工将新研制的软件著作权转让给所在单位，这时，单位在付给职工转让软件著作权的价款时应当扣除单位的物质技术条件被利用所应折合的款项。也可以经协商，由职工和所在单位共享软件著作权。

7.2　职务软件与非职务软件分析

经过对软件著作权若干基本概念构成条件的解析，现在可以用文字形式将职务软件和非职务软件的构成条件、各种类型及其著作权归属总结如下：

7.2.1 职务软件

构成职务软件的条件是下列两项条件之一得到满足：

(1)职工所开发的软件是执行本职工作的结果；或者

(2)职工所开发的软件与其在单位中从事的工作内容有直接联系。

职务软件的著作权属于职工所在单位。

职务软件具体可分为四种类型：

第一种，单位提供物质技术条件，并且由单位对软件承担责任。这时，单位是法律意义上的软件开发者，也是著作权人。

第二种，单位提供物质技术条件，但是单位对软件不承担责任。如果单位并未给职工直接布置某项软件开发工作，而职工在该软件开发成功与否具有较大风险的情况下进行该软件开发工作，且该软件开发与职工的工作内容也有直接联系，这时，单位可以提供开发软件所需的物质技术条件，但对软件能否开发成功不承担责任。这种情况下，软件如果开发成功，单位依法成为著作权人，就应当对软件承担责任，同时应向研制软件的职工支付风险补偿金。

第三种，单位没有提供物质技术条件，但是单位对软件承担责任。这时，软件的著作权属于单位。如果职工在研制软件的过程中因单位未提供物质技术条件而利用了自己或第三方的物质技术条件，单位则应就此向职工本人或第三方支付费用。

第四种，单位没有提供物质技术条件，对软件也不承担责任。这时，职工是法律意义上的软件开发者，但是单位则依法成为软件著作权人。如果单位并未给职工某项软件开发任务，也没有提供物质技术条件，对软件也不承担责任；由职工自行开发某项软件，而这项软件开发工作与该职工在单位从事的工作有直接联系，就属于这种情况。这时，该职工本应由法律意义上的软件开发者成为软件著作权人，但因属职务软件，著作权归单位。单位就应当向职工支付软件著作权的价款。

7.2.2 非职务软件

职工在任职期间所开发的软件，如果不是职务软件，就属于非职务软件。换句话说，构成非职务软件的条件是下列两项条件同时得到满足：

(1)职工所开发的软件不是执行本职工作的结果;并且

(2)职工所开发的软件与其在单位中从事的工作内容没有直接联系。

非职务软件的著作权属于职工自己。

非职务软件具体也可分为四种类型:

第一种,单位既没有提供物质技术条件,也不对软件承担责任。这时,职工依靠自己的条件完成软件开发,并对软件承担责任,因而职工是法律意义上的软件开发者。因属非职务软件,著作权也属职工。

第二种,单位提供物质技术条件,但对软件不承担责任。软件著作权归职工;职工应就利用单位的物质技术条件付费给单位。

第三种,单位没有提供物质技术条件,但是对软件承担责任。这时著作权归职工自己。但是,如果要单位对软件承担责任,比较合理的情况是,当职工把自己研制的非职务软件的著作权转让给单位后,才可能由单位承担软件责任。在进行这样的转让时,单位可向职工支付软件著作权的价款,从而取得该软件著作权。

第四种,单位既提供物质技术条件,也对软件承担责任。这时,单位是法律意义上的软件开发者;但因属非职务软件,著作权归职工自己。单位既提供物质技术条件,从作为软件著作权人的职工来说,就应向单位支付利用这些物质技术条件的费用。单位对软件承担责任,其前提就应是职工将该软件著作权转让给单位。进行这种转让时,单位应向职工支付该软件著作权的价款,同时扣除单位提供物质技术条件条件以供软件研制这一项的折算费用。显然,单位与职工如果约定双方共享这类软件的著作权也是合理的。

为完善立法、便于执法,在将来修改有关法律、法规时,应当对计算机软件的职务作品和非职务作品的构成条件、各种类型及其著作权归属问题作出详尽的规定。

1.4.2　逻辑代数用于法学研究的评论

本书作者1982年至1985年在西南交通大学电气工程与计算机科学系读硕士研究生时的导师组组长是曹建猷教授。

曹建猷(1917—1997),湖南长沙人。1940年本科毕业于上海交通大学电机系,1950 年在美国麻省理工学院电机系获科学博士学位。1951 年归国后一直在唐山铁道学院(20 世纪 60—70 年代内迁四川后更名为西南交通大学)任教。1980 年当选为中国科学院学部委员(后改称院士)。他长期从事铁道电气化与计算机科学的教学和研究,是中国铁道牵引电气化与自动化学科的创始人。对确定中国电气化铁道供电制度及电气化铁道的发展作出了重要贡献,被誉为中国铁道电气化事业的奠基人。

曹建猷在 1980 年代初期给本书作者等研究生讲课时,曾就公式、图表、文字三者之间的关系讲过两句话:"一个公式等于十张图表,一张图表等于十页文字说明。"这两句话几十年来一直影响着本书作者的学术研究工作。

用文字思考问题,就只能用文字语言表述;用图表思考问题,才可能文字语言、图象语言两者兼用;用逻辑式数学式思考问题,才可能文字语言、图象语言、符号语言三者兼用。表述形式的不同阶段,反映了思考的抽象程度,体现了研究的深度。

逻辑代数对于理工科专业学生尤其是 IT 专业学生只是基本知识,但将逻辑代数用于法学研究、用于法律条款的解析,却是罕见的。

当年,本书作者将这篇文章发给原电子工业部计算机与微电子发展研究中心副主任兼总工程师、北京大学兼职教授应明请教。应明(1932 年生,已故)是复旦大学数学系毕业,《计算机软件保护条例》的主要执笔人。他认可本书作者的研究成果。因此,后来在 2001 年修改《计算机软件保护条例》时,采纳了这篇文章的观点。

这项研究成果是否有学术价值? 这篇文章能否称为学术论文? 答案不言而喻。那么,这篇文章是否符合法学范式? 能否在法学学术刊物刊发? 当年的结论显然是否定的;今天在一些人那里的结论仍然是否定的。

1.5　图象语言和符号语言用于法学研究实例

1.5.1　基于示意图和数学方法解析法学原则示例

下面以本书作者的另一个研究成果为例。

"版权法究竟保护什么、不保护什么"是版权法学的基本问题。在建立版权制度的国家,通常强调"版权只保护创意的表达,而不保护创意本身",这就是所谓的"创意/表达两分法"原则(idea/expression dichotomy)。

　　基于 20 世纪 90 年代初期国内版权法学界对此问题的争论,本书作者在 1994 年初,提出了将 expression 翻译为"表达"而不是译为"表现形式"的观点,并受罗素(Bertrand Russell,1872—1970)提出类型理论(Type Theory)来解决罗素悖论(Russell's Paradox)的思路启发,通过对当时国内版权论文的分析,发现其中存在一个与理发师悖论(The Barber Paradox)类似的悖论,即版权领域的"思想内容悖论",因此引进"作者"和"作品"这两个范畴,作为"思想与表达""内容与形式"之间的中介,从而对它们起到分隔和联系作用,以说明如何区分"思想与表达""内容与形式"的不同层次,初步提出"三对范畴、两张图",认为应当以"思想与表达""作者与作品""内容与形式"这三对范畴作为版权法学的基本范畴,给出了描述这三对范畴间的对偶关系、层次关系和逻辑派生关系的两张简明图示,初步探讨了上述问题[①]。

　　1996 年底,在修改"三对范畴、两张图"的基础上,本书作者进一步提出了"六个范畴、一张图",认为应当以"思想""表达""作者""作品""内容""形式"这六个范畴作为版权法学的基本范畴,同时给出了描述这六个范畴间的对偶关系、层次关系和逻辑派生关系的一张简图,基本解决了上述问题。

　　此后,本书作者再通过对包括"idea"在内的版权与专利若干基本概念的分析,通过对专利法究竟是否保护"思想"这一问题的分析,提出将"idea"译为"创意"而不是译为"思想"的观点,用"创意"替换"思想"这一范畴,最终采用融入六个范畴的"一张图"和"三段话",完全解决了上述问题。

　　所谓的"一张图"如图 1-5 所示。

　　所谓的"三段话"如下:

　　(1)在谈到版权法保护什么、不保护什么这一问题时,回答应当是:版权法并不保护创意,但却保护创意的表达。

　　(2)版权作为一种专有的无形财产权,应当有其权利主体和保护对象。版权主体即作者,版权保护对象即作品。

　　(3)作者的创意的表达是作品,作品是其内容和形式的有机统一。就受版权保护的作品全体而言,既不能笼统地说作品的内容都受版权保护,也不能笼统地说作品的内容都不受版权保护;相应地,既不能笼统地说作品的形式都受

---

① 　寿步.论版权和软件版权保护若干基本问题[J].电子知识产权,1994(3).

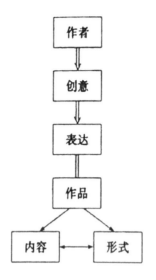

A→B 表示 A 包含 B

A↔B 表示 A 与 B 为成对的范畴

A⇒B 表示直接的逻辑派生关系

（A 直接派生出 B）

A＝B 表示等价范畴

图 1-5　创意/表达两分法原则示意图

版权保护,也不能笼统地说作品的形式都不受版权保护。只能根据具体情况具体分析,确定具体每个案件中构成"侵犯版权"的界线究竟应划在何处。

本书作者关于创意/表达两分法原则研究的完整表述,收录在《计算机软件著作权保护》一书中,即第 2 章"版权基本原则和概念"[①]。其中第 2.1 节"版权保护基本原则"的前五小节(第 2.1.1 小节至第 2.1.5 小节)介绍了推导出融入六个范畴的"一张图"和"三段话"的全过程,后三小节(第 2.1.6 小节至第 2.1.8 小节)给出了这一观点的说明、应用和结论;第 2.2 节"版权与专利若干基本概念"提出了将 idea 译为"创意"而不是译为"思想"的观点。为说明本书的主题,下面将该书中介绍推导出融入六个范畴的"一张图"和"三段话"全过程的第2.1.1小节至第 2.1.5 小节以楷体字转述如下。

---

① 　寿步.计算机软件著作权保护[M].北京:清华大学出版社,1997: 11-32.

2.1　版权保护基本原则

版权法保护什么、不保护什么,是版权理论的基本问题。

在建立版权制度的国家,通常强调"版权只保护 expression of ideas,而不保护 idea 本身",这就是通常所称的"idea/expression dichotomy"("创意/表达两分法"原则)。

我国版权界对版权保护这一基本原则的介绍始于 80 年代。今天看来,idea/expression 翻译为"创意/表达"更为妥当。但在 90 年代初开始讨论这一问题时,idea/expression 译法的不当是引起争论的原因之一。

我国版权界对这一问题争论过程中论者所持的基本观点可分为三种类型。现分别加以评介,并在此基础上提出笔者的最新见解。

2.1.1　第一种观点:"思想内容"与"表现形式"

第一种类型的基本观点是:版权保护作品的表现形式,而不保护作品的思想内容。可用图 2.1 概括。

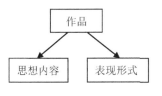

图 2.1

即论者实质上是以"思想内容/表现形式二分法"为基础进行讨论的。注意这一提法与"思想/表达二分法"的区别。

这种观点的主要提法有:

"著作权法所保护的是思想表达形式,这种形式和它所表达的思想,即其特定的内容是统一的。"注意此处强调了"思想"即"内容"。

"作品的思想和内容均是作者观念的反映,两者实际上是同一概念,是表现形式的对应。"

"文学艺术和科学作品是抽象存在的思想内容与具体存在的表现形式的统一,著作权法对于作品中的思想内容不予过问而只保护其表现的形式"。

"作品的表现形式与作品的思想内容不可分离,没有无思想内容的表现形式,也没有无表现形式的思想内容"。

"对作品内容(idea)与内容的表现形式(expression of idea)的争议也是版权法难以解决的问题之一。……对于明显属于形式的东西应该由版权法保护"。

"从版权学角度讲,思想内容相同的作品,不是版权意义上的'相同的作品'(因为版权不保护作品的思想内容),而是'相似(或雷同)的作品';只有思想的表达形式相同的作品才是版权意义上的'相同作品'"。

上述第一种类型观点在1991年前后较为流行。当时似乎对其基本观点(即对所谓的"思想内容/表现形式二分法"的提法)没有太大异议。但是对由此而产生的下列三个问题有较多争论:

(1)如何理解作为著作权概念的"表现形式"与"思想内容"和作为哲学概念的"形式"与"内容"的异同;

(2)"只保护思想的表现形式不保护思想本身"的命题是否等同于"只保护形式不保护内容"的命题;

(3)如何界定"思想内容"与"表现形式"。(引自赵小华:《全国著作权理论与实践研讨会部分专题综述》,《著作权》1991年第4期。)

通过对上述三个问题的分析,使关于版权理论基本问题的研究进一步深入,由此形成第二种类型的观点。

2.1.2　第二种观点:"思想与表达","内容与形式"

第二种类型的观点以郑成思教授的《"形式""内容"与版权保护范围》一文为代表。(该文载《中国法学》1991年第6期;并可见郑成思著《版权公约、版权保护与版权贸易》,中国人民大学出版社1992年7月第1版,第23－32页;郑成思著《版权国际惯例》,贵州人民出版社1994年5月第1版,第16－24页;郑成思著《关贸总协定与世界贸易组织中的知识产权——关贸总协定乌拉圭回合最后文件〈与贸易有关的知识产权协议〉详解》,北京出版社1994年10月第1版,第63－71页;郑成思著《知识产权与国际贸易》,人民出版社1995年8月第1版,第177－187页;郑成思著《世界贸易组织与贸易有关的知识产权》,中国人民大学出版社1996年10月第1版,第99－107页;郑成思著《版权法(修订本)》,中国人民大学出版社 1997 年 8 月第 2 版,第 41 - 48 页。)

该文从评论版权界有人提出的版权"只保护作品的形式,不保护作品的内容"这一命题是否正确入手,首先论证了"不受版权保护的表现形式是大量存在的",接着提出"笼统地把作品的内容都排除在版权保护之外,是站不住脚的",并指出:"在版权领域提出'内容'与'形式'的区别,并认定一个不受保护,另一个受到保护,是有许多漏洞的;在事实上,保护某作品的形式时,往往离不开它的内容;而许多内容不受保护的作品,其形式同样不受保护。"该文的结论是:"无论从国际公约的角度,还是从我国国情的角度,都不宜再把'只保护形式,不保护内容'作为一条原则加以应用了。"

该文的一些观点是富有启发性的。如:

"谈到这里,我们遇上了一个不同于'内容的表现形式',但与之相近的概念——'思想的表达形式'。我认为这后一概念使用在版权保护领域应当说比前一概念更确切些。把某种创作思想表达出来后,实际上这种被表达的成果中既包括了内容,也包括了形式。在这里,'表达形式'不再是先前讲的,引入版权领域后扯不清的那种与哲学上'内容'相对的形式,而是某种途径、某种方式。作为表达出来了的东西(包括形式与内容),与未表达出的思想,是可以分得清的。人们常说:优秀作家写出的东西,往往是许多人'心中有,笔下无'的东西。就是说,作为某种思想(或叫构思、构想),可能许多人都有,但这些人均不能就其思想享有版权。唯独某个作家把这种思想表达出来了,这表达出的东西(文章、小说或者绘画、乐谱等等),才成为版权保护的对象。"

又如:

"用'思想与表达'代替'内容与形式'之后,我们在回答'版权领域的受保护客体究竟是什么'这个问题时,陷入窘境的机会可能会少一些。当然,我们也可以在'表达'后面加上'形式',以使它更符合汉语习惯。但与思想相对的表达形式,已不同于与内容相对的表达形式。因为,在表达形式中,既有表达方式,也有所表达出的内容。或者可以说:'表达形式'既包括'外在形式'也包括'内在形式'。德国的迪茨博士曾举过很恰当的例子说明这一点。从他人的小说中直接取出对话,放到自己的剧本中,固然构成侵权;根据他人小说的已有情节,自己在剧本中创作对话,也构成侵权。正像前面举过的例子：根据他人的小说创作连环画，也构成侵权。在这些例子中，虽然看起来改编人没有使用原作者的思想的表达形式，但实际使用了前者思想已被表达出的'内在形式'，或者说得更明确些：使用了前者已表达出的内容。"

可以用图 2.2 表示上述两段话所阐明的观点。

版权领域中应当保留的：

图 2.2A

版权领域中应当放弃的：

图 2.2B

"表达"与"内容"和"形式"的关系：

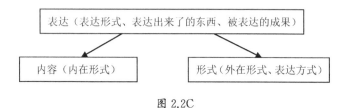

图 2.2C

至此，由于"版权只保护作品的形式，不保护作品的内容"的命题已被否定，同时，又必须接受"版权只保护 expression of ideas，而不保护 idea 本身"这样一个所谓的"idea／expression 两分法"原则，因此，expression 不应译为"形式"或"（内容的）表现形式"，ideas 不应译为"内容"或"思想内容"，而应当用"思想与表达"（而不是用"内容与形式"）来谈论版权保护的对象即应当说"版权只保护思想的表达，而不保护思想本身"，就成为从上述第二种类型观点出发，经过进一步思考就可以自然推出的结论了。

2.1.3　第三种观点：三对范畴、两张图

在上述基础上，形成了第三种类型的观点，即本书作者关于用"思想与表达""作者与作品""内容与形式"三对范畴构成版权法学基本范畴，进而回答版权理论基本问题的观点。（详见寿步著《论版权和软件版权保护若干基本问题》，载《电子知识产权》1994 年第 3 期。）

笔者首先注意到，过去论者在讨论这一问题时，"表现形式"或"表达形式"一词早期与"思想内容"相对，后来又同时分别与"思想"和"内容"相对的问题。即早期有图 2.3 所示的对应关系：

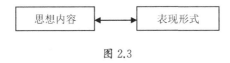

图 2.3

后来有图 2.4 所示的对应关系：

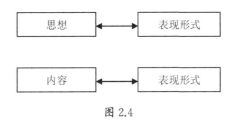

图 2.4

由于"思想"与"内容"在版权研究中常被不加区分地使用（尽管一些学者已注意到应当分不同的场合来区别使用"思想"和"内容"这两个范畴），"表现形式"一词又常常分别作为"思想"和"内容"这两个范畴的相对范畴同时使用，造成了论者表达自己意思的含混不清，更导致了版权基本概念的二义性问题，一些论者在讨论时常因"表现形式"的二义性而使自己的结论归于矛盾。

因此，首先应解决"表现形式"的二义性问题。从翻译问题入手，在版权理论中 idea 可译为"思想""构想""概念""构思"等，但不能译为"内容"或"思想内容"；"内容"应作为 content 的翻译。expression 可译为"表达"

"表述",(在寿步的《论版权和软件版权保护若干基本问题》一文中,"表达"与"表述"作为同义词使用,一般使用了"表述"一词。在本书中,涉及版权理论的范畴时,一般使用"表达"一词,以使本书中该词的用法前后一致。)但不能译为"表现形式",以免与"形式"相混淆,因为在汉语习惯中,"表现形式"更接近于作为"形式"的同义语使用;"形式"应作为 form 的汉译。在该文中,笔者还通过国外几个官方文件中对于 form 和 expression 的不同用法论证了分别将它们译为"形式"和"表达"的正确性。这样,"思想"与"表达"相对,"内容"与"形式"相对,并各自与相应的英文词对应。

"表现形式"的二义性问题已经解决,版权理论各范畴也已"正名",并明确各自对应的英文词,接下来就要解决何时何地应使用"思想"与"表达"、何时何地应使用"内容"与"形式"以及"思想和表达"与"内容和形式"之间存在何种联系的问题。为解决这一问题,笔者在 1993 年底至 1994 年初思考这一问题时,受到罗素提出"类型理论"来解决集合论中著名的"罗素悖论"的思路启发,(有关这一思考过程见后文。)引进了表示版权主体的"作者"(author 或 authorship)和表示版权保护对象的"作品"(work 或 production)两个范畴,作为"思想与表达""内容与形式"的中介,从而对这两对范畴起到分隔和联系作用,以说明如何区分"思想与表达""内容与形式"的不同层次。笔者在该文中引入两个图(图 2.5 和图 2.6)来说明这六个范畴之间的关系:

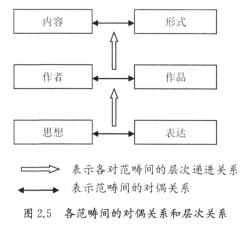

图 2.5　各范畴间的对偶关系和层次关系

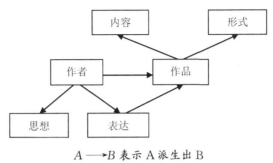

$A \longrightarrow B$ 表示 A 派生出 B

图 2.6 各范畴间的逻辑派生关系

在该文中,笔者用两句话概括了上述六个范畴之间的联系:"**作者的思想通过其作品来表达,作品是其内容和形式的有机统一。**"

基于上述分析,该文对版权理论基本问题作了如下回答:

"(1)在谈到版权法保护什么,不保护什么这一问题时,回答应当是:版权法并不保护思想,但却保护思想的**表达**。当然,并非作者的思想的一切表达均受版权保护。

(2)版权作为一种专有的无形财产权,应当有其权利主体和保护对象。版权主体即**作者**,版权保护对象即**作品**。当然,在一些国家,版权的主体除了可以首先是作者,还可以是在作者之外的版权所有人(包括自然人与法人)。

(3)**作品表达了作者的思想。作品是其内容和形式的有机统一。** 因为,作品的内容与形式是有机地联系在一起的,所以,就受版权保护的作品全体而言,既不能笼统地说作品的内容都受版权保护,也不能笼统地说作品的内容都不受版权保护;相应地,既不能笼统地说作品的形式都受版权保护,也不能笼统地说作品的形式都不受版权保护。只能根据具体情况具体分析,确定具体每个案件中构成'侵犯版权'的界线究竟应划在何处。"

该文强调:在版权理论研究中,应当废弃将 expression 译作"表现形式"的做法,可将其译为"表述"或"表达",以避免由不同作者在不同问题上和不同含义下使用"表现形式"一词而引起的不必要的歧义和争论。

该文提出:如果在不同层次上针对不同问题适当使用"思想与表达""作者与作品""内容与形式"这三对范畴,应有助于澄清一些基本理论问题,可以在这三对基本范畴的基础上构筑版权法学的理论体系。

2.1.4　从"理发师悖论"到"思想内容悖论"

本节中的前 3 小节内容可参见《从惊讶到思考——数学悖论奇景》，《科学美国人》编辑部编著，李思一、白葆林译，颜基义校，科学技术文献出版社 1982 年 5 月北京第 1 版，前言和正文第 15－16 页，第 23－24 页。进一步的形式化的数学描述可参见 STANAT ,D.F.,and D. F. McALLIATER：Discrete Mathematics in Computer Science, Prentice Hall,1977,79－81.以及曹建猷编：离散数学,西南交通大学,1980 年印,第 35 页。

本节说明本书作者的思考过程，即为解决何时何地应使用"思想"与"表达"、何时何地应使用"内容"与"形式""思想和表达"与"内容和形式"之间存在何种联系这三个问题，受罗素提出"类型理论"解决集合论中著名的"罗素悖论"的思路的启发，引进"作者"和"作品"两个范畴，作为"思想与表达""内容与形式"的中介，从而对这两对范畴起到分隔和联系作用，以说明如何区分"思想与表达""内容与形式"的不同层次。

1)"悖论"

"悖论"(paradox)，也可叫"逆论"或"反论"，其含义比较丰富。它包括一切与人的直觉和日常经验相矛盾的数学结论。悖论有三种主要形式：第一种是"佯缪"，一种论断看起来好像肯定错了，但实际上却是对的。第二种是似是而非的情况，一种论断看起来好像肯定是对的，但实际上却错了。第三种情况是，一系列推理看起来好像无懈可击，可是却导致逻辑上自相矛盾。此处将在第三种意义上使用"悖论"一词。

2)"理发师悖论"与集合论悖论

著名的"理发师悖论"由英国著名科学家伯特兰·罗素提出。

假设一个理发师的招牌上写着告示：城里所有不自己刮脸的男人都由我给他们刮脸，我也只给这些人刮脸。那么，谁给这位理发师刮脸呢？

如果他给自己刮脸，那他就属于自己刮脸的那类人。但是，他的招牌说明他不给这类人刮脸，因此他不能自己来刮。

如果由另一个人来给他刮脸，那他就是不自己刮脸的人。而他的招牌说他要给所有这类人刮脸。因此，其他任何人也不能给他刮脸。

现在又回到了开始的问题，究竟谁给这位理发师刮脸呢？

罗素提出"理发师悖论"，为的是把他发现的关于集合的一个著名悖论用通俗形式表述出来。

在集合论中，某些集合看起来是它自己的元素。例如，所有不是苹果的东西的集合，它本身就不是苹果，所以它必然是此集合自身的元素。现在来考虑一个由一切不是它本身的元素的集合组成的集合。试问，这个集合是它本身的元素吗？无论作出肯定或是否定的回答，都会自相矛盾。

这一集合论悖论用数学形式可表述如下：

设对于一类集合：$A_1 = \{a_{11}, a_{12}, \cdots, a_{1j}, \cdots\}$，

$$A_2 = \{a_{21}, a_{22}, \cdots, a_{2j}, \cdots\},$$

$$\cdots$$

$$A_i = \{a_{i1}, a_{i2}, \cdots, a_{ij}, \cdots\},$$

$$\cdots$$

都满足条件：$a_{ij} \in A_i$　$(i = 1, 2, \cdots, j = 1, 2, \cdots)$。说明：$x \in Y$ 表示 x 在集合 Y 中，

但 $A_i \notin A_i$。

一切这类集合组成新集合 $A = \{A_1, A_2, \cdots, A_i, \cdots\}$，$A_i \in A$，

现在问，$A \in A$？

如果认为 $A \in A$，则 A 应该不是自身集合的元素，即 $A \notin A$；

如果认为 $A \notin A$，则 A 应该是本集合的元素，即 $A \in A$，

矛盾！

3）类型理论

从古希腊起到今天，逻辑悖论一直给人们带来很大乐趣，同时，杰出的科学家们也总是极严肃地对待悖论。在发展现代逻辑学和集合论中的一些巨大进展正是努力解决经典悖论的直接结果。

为解决集合论悖论，罗素提出"类型理论"（Type Theory）。这个理论把集合按类型的级别加以排列。一个集合不能是该集合本身的元素，或者不能是低一级的任何集合的元素。这样，说一个集合是它本身的一个元素，或者说它不是此集合本身的元素就变得毫无意义了。因此，消除了自相矛盾的集合。这种矛盾的集合根本就不"存在"。如果遵循类型理论的法则，就不存在有意义的方法来定义这种集合。

类似的，"理发师悖论"中的那个理发师也就不存在了。

4)"思想内容悖论"

通过对当时国内版权研究论文的分析,笔者发现实际上存在一个类似的"悖论",可称之为版权领域中的"思想内容悖论",可用如下形式表述之:

设版权法学中存在一对基本范畴——"思想内容"与"表现形式"。对版权法保护"表现形式"没有异议。试问:版权法是否保护"思想内容"呢?

如果回答是肯定的,则与版权法中的 idea/expression 两分法原则相矛盾。

如果回答是否定的,则与版权保护实践中实际上保护某些作品的某些内容的事实相矛盾。

问题出在哪里呢? 出在基本范畴上。应当将"思想内容"分解为两个范畴——"思想"与"内容";相应地,"表现形式"一词不能既与"思想"对应,又与"内容"对应,应当将"表现形式"分解为与"思想"和"内容"分别对应的两个范畴——"表达"("表现")和"形式"。这样,对于版权法保护什么,不保护什么的问题,如果用"思想与表达"这对范畴来回答,则是:版权法并不保护思想,但却保护思想的表达。

如果用"内容与形式"这对范畴来回答,则是:版权法所保护的是作为作者思想之表达的作品。作品是其内容和形式的有机统一。就受版权保护的作品全体而言,既不能笼统地说作品的内容都受版权保护或都不受版权保护,也不能笼统地说作品的形式都受版权保护或都不受版权保护。只能就每一个作品的具体情况进行讨论。

2.1.5　最新观点:六个范畴、一张图

有人说:最本质的东西往往是最简单的东西。

有人说:一个公式等于十张图表,一张图表等于十页文字说明。

笔者赞同上述观点,并在探索版权理论基本范畴之间的内在联系时,尽可能寻求简明、直观的形式,即图解的形式。在此,答案的形式美是值得追求的。

笔者提出的前述第三种类型观点,可以概括为"三对范畴,两张图"。因此,进一步的思考,就从这"三对范畴"和"两张图"开始。

首先,笔者建议将 idea 译为"创意",并将这一译名作为版权和专利领

域的一个专有名词。

其理由见"版权与专利若干基本概念"一节的讨论。这样,"三对范畴"中的"思想"均改为"创意"。

其次,笔者对版权理论的范畴及其图示作进一步的研究。

我们知道,范畴是人的思维对客观事物的普遍本质的概括和反映。哲学范畴是反映整个客观世界的一些最普遍的本质的概念。在哲学范畴之下,科学各部门也有自己特有的一系列的基本范畴。从唯物辩证法的原理来说,象"形式和内容"这样的每一对范畴都是对立的统一,它们各自从不同的方面揭示了客观世界的联系和矛盾。换言之,作为揭示事物矛盾本性的成对范畴,它们都是对立统一的关系。

据此来考察"三对范畴"。

"形式和内容"这一对范畴是唯物辩证法中的一对范畴。当然可以直接适用于版权研究领域。注意,在唯物辩证法中,"形式和内容"的对立统一,可用图 2.7 表示。

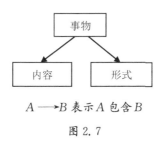

$A \longrightarrow B$ 表示 A 包含 B

图 2.7

这一对范畴具体用于版权领域时,普遍的"事物"就变成版权领域中作为版权保护对象的"作品"。即在版权领域中,有图 2.8。

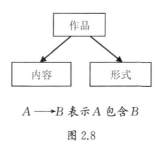

$A \longrightarrow B$ 表示 A 包含 B

图 2.8

我们可以说,"作品的内容""作品的形式",但不可以说"内容的形式"或"形式的内容"。

图 2.8 是图 2.6 的一部分,即子图。

再将图 2.6 的另一部分单独画出,得图 2.9。

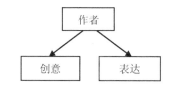

$A \longrightarrow B$ 表示逻辑派生关系(A 派生出 B)

图 2.9

进一步研究,可以发现:我们可以说,"作者的创意",却不可以说"作者的表达"。这里的"表达"实质上是"创意的表达"。"创意"与"表达"之间是直接派生关系,"作者"与"表达"之间是间接派生关系。若干直接派生关系连接起来构成间接派生关系,在图中应给以不同的描述。"作者""创意""表达"这三个范畴之间的本质联系应当用图 2.10 表示。"表达"只是"创意的表达"的简称。

$A \longrightarrow B$ 表示直接派生关系(A 直接派生出 B)

图 2.10

从文字学的角度看,"创意的表达"是偏正结构短语(词组),即前一部分(偏)限制或修饰后一部分(正)。图 2.10 正是反映了"创意"与"表达"处在不同的层次上。

再将图 2.6 中前两个子图(图 2.8 和图 2.9)的连接部分取出分析,如图 2.11所示。

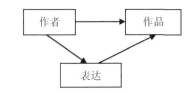

A ——→ B 表示逻辑派生关系(A 派生出 B)

图 2.11

这里,"作者"的"创意"的"表达"就是"作品"。"作者"与"作品"这两个范畴之间是间接派生关系。而在同一个图中,直接派生关系与间接派生关系应当给以不同的描述。应当由若干个直接派生关系连接起来得到间接派生关系。另外,从"作者"到"表达"再到"作品",这样的一个"派生链"中,应当将"创意"放入其中,才能体现图 2.10 所给出的逻辑派生关系"链"。因此,在图 2.11 中舍去"作者"到"作品"的派生关系箭头,把图 2.10 并入,得到图 2.12。

" ——→ "表示直接派生关系
"="表示"作品"就是"作者的创意的表达"

图 2.12

将图 2.12 与图 2.8 合并,加上表示范畴成对的双向箭头线,得到图 2.13。这就是此处的最终结果。可以用"六个范畴,一张图"来概括。

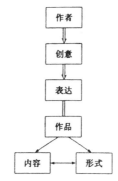

$A \longrightarrow B$ 表示 A 包含 B

$A \longleftrightarrow B$ 表示 A 与 B 为成对的范畴

$A \Rightarrow B$ 表示直接的逻辑派生关系

（A 直接派生出 B）

$A = B$ 表示等价范畴

图 2.13

　　图 2.13 是简单的、对称的，具有形式美。它清楚地表示了六个范畴之间的内在联系。还是可以用两句话说明这一内在联系：作者的创意的表达是作品，作品是其内容和形式的有机统一。

　　这里只保留"一对范畴"（即"内容和形式"）的提法，而放弃"三对范畴"的提法；放弃了原来的"两张图"，代之以新的"一张图"。从而对六个范畴之间的内在联系进行了更深刻、更准确、更简明的图示和文字描述。

　　前文中关于版权理论基本问题的三段总结依然有效。当然，其中的"思想"应改为"创意"。此处不赘述。

1.5.2　示意图和数学方法用于法学研究的评论

　　本书作者关于创意/表达两分法原则的思考，从 1992 年到 1997 年持续四五年时间。其中第一阶段（成果是"三对范畴、两张图"）的思考路径，首先是研读国内学者有关争论的各种文章，然后重点研读郑成思（1944—2006）在《中国法学》1991 年第 6 期上发表的论文《"形式""内容"与版权保护范围》。因为郑成思的论文是以文字形式表述的，所以，本书作者在仔细研读的基础上，将该文的内在逻辑用图的形式"抽象"出来，画出多张示意图（见本节显示的原书

图 2.2A、图 2.2B、图 2.2C）。然后,以本节显示的原书图 2.3 和图 2.4 给出了此前论者解读两分法原则时出现的"表现形式"一词既与"思想"相对又与"内容"相对的问题,再通过对 expression 中文译名的取舍,解决了"表现形式"译名的二义性问题。

之后,本书作者根据当年作为计算机应用专业研究生所学的《离散数学》知识,受罗素提出类型理论解决集合论中的"罗素悖论"(其通俗示例就是"理发师悖论")的思路启发,解决此前论者存在的"思想内容悖论",进而画出"两张图"(见本节显示的原书图 2.5 和图 2.6),得到第一阶段的研究成果。

在上述第一阶段的思考过程中,最重要的工作就是两个:第一,将此前论者相关研究的"文字语言"表述抽象为"图象语言"表述,从示意图分析其中存在的问题;第二,借鉴罗素悖论的解决思路,解决由示意图分析显示的"思想内容悖论"。

在清华大学出版社 1997 年底出版《计算机软件著作权保护》后,本书作者赠书给郑成思教授,并曾当面请教他对书中关于"创意/表达两分法"原则相关解读的看法。他表示非常赞赏。

有意思的是,当年策划该书出版的清华大学出版社老编辑贾仲良在读过书稿后,曾经对本书作者说:"你这本书里,最精彩的是第二章。"他一直在清华大学出版社从事计算机专业书籍的编辑工作;策划编辑计算机与法学交叉领域的这本专著在他的职业生涯中恐怕还是第一次。他通读书稿后认为用图象语言和符号语言解析创意/表达两分法原则的第二章是全书最精彩的部分,显然是基于他的理工科专业基础。

在得出融入六个范畴的"一张图"和"三段话"的成果之后,再看其他论著关于创意/表达两分法原则的解读,感觉就是"会当凌绝顶,一览众山小"。

这项研究推导的表述中,在文字语言之外,更有图象语言(各种示意图),还有符号语言(罗素悖论的数学形式)。这篇文章是否有学术价值,能否称为学术论文? 答案不言而喻。那么,这篇文章是否符合法学范式? 能否在法学学术刊物刊发? 当年的结论显然是否定的;今天在一些人那里的结论仍然是否定的。

第 2 章
问题的分析——检视基准

思维的形式,从文字到图表、再从图表到逻辑式数学式,在不断抽象的过程中经历了两次质的飞跃。思维结果如果以文字表述,就是在初级阶段;如果以图表表述,则是在中级阶段;如果以逻辑式数学式表述,才是在高级阶段。

用文字思考,表述就只能用文字语言;用图表思考,表述则可能文字语言和图象语言两者兼用;用逻辑式数学式思考,表述才可能文字语言、图象语言、符号语言三者兼用。思考过程中的抽象程度,决定了研究的深度。

2.1 数据结构与法学体系

1977 年 10 月中国政府宣布恢复高考制度,在年轻人中掀起学科学的热潮。当年媒体宣传数学家华罗庚的读书"从薄到厚"、再"从厚到薄"的两阶段学习方法,曾经给年轻一代留下深刻印象。

华罗庚的原话是这样说的:"大家也许都有过这样的感觉:一本书,当未读之前,你会感到,书是那么厚,在读的过程中,如果你对各章各节又作深入的探讨,在每页上加添注解,补充参考材料,那就会觉得更厚了。但是,当我们对书的内容真正有了透彻的了解,抓住了全书的要点,掌握了全书的精神实质以后,就会感到书本变薄了。愈是懂得透彻,就愈有薄的感觉。这是每个科学家都要经历的过程。这样,并不是学得的知识变少了,而是把知识消化了。"[1]

在这里,华罗庚说到"当我们对书的内容真正有了透彻的了解,抓住了全书的要点,掌握了全书的精神实质以后,就会感到书本变薄了。"那么,读书"从厚到薄"的具体方法是什么呢?

2.1.1 数据结构若干概念

下面介绍计算机科学中数据结构的若干概念。

---

[1] 华罗庚.学·思·锲而不舍[J].中国青年,1961(21).

①数据:是对客观事物的符号表示,在计算机科学中是指所有能输入到计算机中并被计算机程序处理的符号的总称。②数据元素:是数据的基本单位,在计算机程序中通常作为一个整体进行考虑和处理。有时,一个数据元素可由若干数据项组成。数据项是数据的不可分割的最小单位。③数据对象:是性质相同的数据元素的集合,是数据的一个子集。④数据结构:是相互之间存在一种或多种特定关系的数据元素的集合。在任何问题中,数据元素都不是孤立存在的,而是在它们之间存在着某种关系,这种数据元素相互之间的关系称为结构。

根据数据元素之间关系的不同特性,通常有下列四种基本结构:①集合:结构中的数据元素除了"同属于一个集合"的关系外,别无其他关系;②线性结构:结构中的数据元素之间存在一个对一个的关系;③树形结构:结构中的数据元素之间存在一个对多个的关系;④网状结构(图状结构):结构中的数据元素之间存在多个对多个的关系。

图 2-1 是上述四种基本结构的关系图①。

计算机类专业的数据结构课程通常先介绍数据的线性结构(如线性表、栈、队列、串),再介绍数据的非线性结构(如树、图)。线性结构只能用来描述数据元素之间的线性顺序,而很难反映数据元素之间的复杂关系。树型结构则是一种非线性的数据结构,它描述了客观世界中事物之间的层次关系。一切有层次关系的问题都可以用树来描述。例如,家族的家谱,各种社会组织机构等。

2.1.2　树状图与法学体系

因为法学体系基本上是在概念间的层次关系基础上构建的体系,所以,用树形结构(树状图)就可以直接反映法学各分支的逻辑体系,反映其中各概念间的逻辑关系。两者同构。

本书作者在 1985 年 4 月至 1987 年 6 月参加司法部中华全国律师函授中心法律专业函授学习并自学由司法部法学教材编辑部统一编审的一系列"高等学校法学试用教材"的几年间,就是基于先前所学的树形结构(树状图)的知识,通过对每一本法学教材的内容画出许多树状图,自然实现了华罗庚提倡的读书"由厚到薄"的过程。若干年后在一些法学辅导书中才开始看到树状图的应用。

---

① 　严蔚敏,吴伟民.数据结构[M].第二版.北京:清华大学出版社,1992.

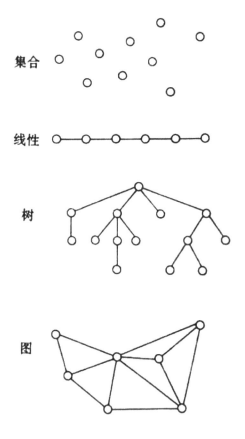

图 2-1 数据的四种基本结构关系图

而所谓思维导图(本质上就是树状图),据说是在 1997 年才有人将其引入华人世界。

如果法科学生能够采用树状图来实现读书"由厚到薄",法学知识的学习过程是否事半功倍? 如果法学者能够采用树状图来研究法学,是否更容易发现更深层次的法学规律? 如果法学刊物能够接受树状图(广而言之是图象语言)的表述,是否更方便表述更高层次的研究成果?

2.2 思维形式、表述形式、学术门槛的关系

当今的中国法学范式基本上只接受文字语言表述(有时有少量的图表),已经无法满足法学研究在广度和深度方面的发展要求,无法容纳在更广和更深范围内形成的法学研究成果,已经显得封闭,在相当程度上阻碍了法学研究的发

展,需要与时俱进、打开这个封闭系统,使其接受线性表文字化的表述,接受线性表、树状图、网状图的表述,接受符号语言(包括逻辑式数学式)的表述。

2.2.1　曹建猷和方东美关于语言表达层次的论述

科学家曹建猷曾经讲过公式、图表、文字三者之间的关系是:"一个公式等于十张图表,一张图表等于十页文字说明。"他的表述言简意赅,可用图 2-2 的语言表达层次示意图表示。

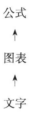

公式

图表

文字

图 2-2　曹建猷的语言表达层次

上述观点涉及公式、图表、文字三者之间的关系。与其中文字和图表的关系相同的观点也可见吉尔·拉金(Jill H. Larkin)和司马贺(Herbert A. Simon)发表在《认知科学》(*Cognitive Science*)1987 年第 11 卷第 1 期的论文《为什么一张图表(有时)值一万字》(*Why a Diagram is (Sometimes)Worth Ten Thousand Words*)。

相对于纯文字表述,图表至少有下列优点:第一,图表可以提取信息的核心部分,分解信息的复杂程度,通过抽象而更有效地表述纯文字表述所包含的大量信息。第二,图表的制作要求其中的文字必须限制在图表本身允许的范围内,这样在制作时就要采用更加结构化的描述,从而使图表更清楚地表述信息的内在逻辑,而以纯文字表述则有可能含糊不清。

哲学家方东美曾经作为台湾辅仁大学讲座教授在 1975—1976 学年讲授"华严宗哲学",他的讲课录音整理后以《华严宗哲学》为名出版。该书的内容博大精深。本书着重关注其中关于宗教与哲学的表述语言的论述。该书中涉及这一方面的论述较多,下面仅撷取其中第八篇"华严宗的宗教精神"第二节"华严的宗教能否透过哲学来了解?"的内容[①],其要点如下:

① 方东美.华严宗哲学[M].北京:中华书局,2012:179-186.

相对于器世间、有情世间而言,正觉世间是一切世界最高的精神统一。[①]

对于华严宗是否可以透过哲学来了解?

哲学的道理总是要用语言文字来表述。在人类的语言文字中,一种是在常识领域应用的文字。这种普通语言的规则是基于人类理性的,透过常识领域的各种应用,来表述哲学道理。普通语言从常识出发,伸展到各种专门的科学或哲学。

但是,讲科学讲到最高境界、讲哲学讲到最高境界时,就不是普通语言所能表达的。在理性的作用达到极限、一切语言文字都已用尽之后,在科学上、在哲学上总还存在一个不可思议的境界,无法用普通语言表述。

就哲学而言,要保留一个不可思议的境界作为哲学的最高领域。在宇宙的森罗万象的阶层中确实隐藏着许多深微奥妙的道理是无法透过语言文字来说明的。

一切的科学的语言都是理性的语言。一切的经验科学都是透过感觉器官的经验、科学仪器的考验;人们认为好像世上可以了解的一切对象都是事实,且可以有办法证明这些事实,即用合理的语言,形成种种的陈述,这些所有的陈述都是在经验上、在实验上是可验证的。

但若以经验事实来看科学,则科学中的数学就无法看懂。因为在数学中首先是要将经验中或实验中所能证明的事实或物项当作变量而不是当作常量。之所以有大数学家"不识数"的说法,就是指具体的"数"是根据什么抽象原理而形成的,它的基础是什么并没有说明。像无理数、复数就无法拿某种事物来指证。凡是可以拿某种事物来指证的,就是在有限的范围内。所以,罗素说:数学家把数用抽象的分析提升到数学思想最抽象的、最高的境界。然后,罗素又说:数学家不知道他们在谈论些什么!

科学上只不过是一个最不可思议的秘密,拿一切数学上的语言都不能够把它的秘密显现出来。在此情况下,如果想要彰显这个不可思议的秘密,就需要很高的天才与禀赋。因为只有这样的天才,才能把一切确定的指示语言的限制

---

① 引者注:华严宗所立三种世间:一器世间,世界如器,名器世间,乃是释迦如来所化之境,即三千世界(三千即小千、中千、大千)。二众生世间(即有情世间),谓五阴和合(五阴即五蕴,色阴、受阴、想阴、行阴、识阴),众共而生,间隔不同,故名众生世间,即释迦如来所化之机众。三智正觉世间(即知正觉世间、正觉世间),谓如来具大智慧,永离偏邪,能觉了世间、出世间法,故名智正觉世间,即释迦如来能化之智身。

都看透,然后才能在艺术上、音乐上、绘画上以及其他的造型艺术上,用另外一种语言来表达。

至于平常在各种诗歌里所讲的隐喻的语言、诗的语言,或者在文学里、诗里、其他乐府里,又是另外一种语言文字。

诗有赋、比、兴三体。作诗如果只会用赋体,就很笨,"言有尽而意也有尽";如果会用比体,就会"无言相对最魂销";最善作诗的,则用兴体,"言在于此而意尽于彼"。如果我们不懂得"言在于此而意尽于彼"的这种语言,那就看不懂世界一流大文学家的著作,连唐宋诗词也会变成死文字。

因此,世界上真正会运用文字的人,一定会把在常识上、科学上、史学上所记载的一切事实经验和具体情境的所谓记述的语言转变为隐喻的语言、符号的语言、诗的语言、艺术的语言。

就像我们坐飞机,从平地一下升到八千米以上,这时候再向下看,才可以懂得庄子以大鹏鸟为譬喻的"抟扶摇而上者九万里",也可以看到庄子在九万里高空的那个境界——"天之苍苍,其正色邪? 其远而无所至极邪? 其视下也,亦若是则已矣!"

方东美的上述观点可用图 2-3 的语言表达层次示意图表示。

不可言(宗教和哲学的最高境界)

↑

艺术、音乐、绘画、造型艺术的语言/隐喻的语言/符号的语言/诗的语言

↑

普通语言/理性的语言/确定的指示语言

图 2-3　方东美的语言表达层次

图中底层的"普通语言/理性的语言/确定的指示语言"可以统称为"文字语言";中层的"艺术、音乐、绘画、造型艺术的语言/隐喻的语言/符号的语言/诗的语言"可以统称为"非文字语言"。

这里所说的"绘画的语言"就是本书所说的图象语言;这里所说的"符号的语言"就是本书所说的符号语言。顺便指出:方东美在讲课时用的原文是英语symbolic language,在其学生整理讲课录音出书时,由校订者将英文译为中文

附在括弧内①；校订者在该书中将 symbolic language 有时译为"符号的语言"，有时也译为"象征的语言"。

2.2.2 思维形式、表述形式、学术门槛三者关系表

曹建猷当年在上海交通大学电机系本科毕业，在美国麻省理工学院获科学博士学位，后来成为中国铁道电气化事业的奠基人。

方东美当年在金陵大学哲学系本科毕业，在美国威斯康星大学完成博士论文，后来成为一代哲学宗师。

他们基于各自不同的专业背景，都给出了学术语言升级的路径。他们给出的路径有异曲同工之妙。

受曹建猷和方东美的上述观点的启发，结合计算机科学中关于数据元素之间关系的四种基本结构（集合、线性结构、树形结构、网状结构）的概念，本书给出表2-1所示的思维形式、表述形式、学术门槛三者关系表（简称"三者关系表"）。本书所说的"学术门槛"就是中国法学界有学者所说的"专业槽"。

表 2-1 思维形式、表述形式、学术门槛三者关系表

阶段划分		思维形式	表述形式		学术门槛
初级阶段（1.0 版）		文字	文字语言		低
初中级过渡阶段（1.5 版）		线性结构	文字化的线性表		低之高
中级阶段	（2.0 版）	线性结构	图象语言	线性表	中之低
	（2.1 版）	树形结构		树状图	中之中
	（2.2 版）	网状结构		网状图	中之高
高级阶段（3.0 版）		逻辑式数学式	符号语言		高

在三者关系表中，初级阶段（1.0 版）的文字语言表述形式，一般采用纯文字表述，偶尔会出现图表；在初中级过渡阶段（1.5 版），既有纯文字表述，也有线性表文字化后用文字表述的线性表，即所谓"文字化的线性表"；在中级阶段，按照递增顺序依次有 2.0 版、2.1 版、2.2 版，对应的表述形式依次是（表格形式的）线性表、树状图、网状图；在高级阶段（3.0 版），用符号语言表述，包括但不

---

① 方东美.华严宗哲学[M].北京：中华书局，2012：弁言.

限于逻辑表达式、数学表达式、数学公式等。

在初级阶段(1.0 版),单纯采用文字语言,其学术门槛为"低"。

在初中级过渡阶段(1.5 版),文字语言的表述中包含文字化的线性表,其学术门槛为"低之高"。

在中级阶段(2.0 版),文字语言与线性表两者兼用,且尽可能将文字语言抽象凝练为(表格形式的)线性表,其学术门槛为"中之低"。

在中级阶段(2.1 版),文字语言、线性表、树状图三者兼用,且尽可能将文字语言抽象凝练为线性表、树状图,其学术门槛为"中之中"。

在中级阶段(2.2 版),文字语言、线性表、树状图、网状图四者兼用,且尽可能将文字语言抽象凝练为线性表、树状图、网状图,其学术门槛为"中之高"。

在高级阶段(3.0 版),文字语言、线性表、树状图、网状图、符号语言五者兼用,且尽可能将文字语言抽象凝练为线性表、树状图、网状图、符号语言,其学术门槛为"高"。

这里之所以将文字化的线性表所在的初中级过渡阶段定位在 1.5 版而不是与初级阶段(1.0 版)更接近的 1.1 版,是因为中国法学学术刊物的相关编辑和审稿人对文字化的线性表知之甚少,基本拒绝,所以实际上这里的门槛较高。相比之下,一旦进入中级阶段(2.0 版),则对于具备高等数理知识基础的人群而言,其中线性结构、树形结构、网状结构三者之间的"级差"反而不是很大,所以分别以 2.0 版、2.1 版、2.2 版标示。

从复杂性科学特别是涌现理论的角度看,三者关系表中的线性结构的背景对应于可以进行线性描述的线性系统,对应于"简单性科学"(即传统科学)和"简单性范式";三者关系表中的树形结构和网状结构的背景则对应于需要进行非线性描述的非线性系统,对应于"复杂性科学"和"复杂性范式"[①]。

在三者关系表中给出的思维形式的树状结构和网状结构,在心理学中也有相关理论的支持。例如,原型理论的思想要点是:一个概念自身的结构是有层级的,一些概念的下属单位比别的单位更具对于概念而言的"代表性";语义网络理论的思想要点是:人类的知识的基本存储形式是以各个概念为网络节点的

---

① 参见:黄欣荣.复杂性科学的方法论研究[M].第 2 版.重庆:重庆大学出版社,2012:67.黄欣荣.复杂性科学方法及其应用[M].重庆:重庆大学出版社,2012:23,63 - 65.

网状结构①。这里,前者对应于思维形式的树状结构;后者对应于思维形式的网状结构。

关于符号语言中的逻辑表达式。逻辑的诞生总是和一定的语言分析相联系的。三段论式是亚里士多德在研究古希腊语言的基础上产生的,是结合古希腊数学上的公理证明而创造性地提出的超出自然语言、日常思维实际的一个系统,所以是形式逻辑②。注意"形式逻辑"的"形式"二字。因此,符号语言属于高级阶段。

关于符号语言中的数学表达式、数学公式等。自然科学可以说是因量化而产生的。人类认识世界过程中的量化需求导致数学的产生;近代以来人类认识世界过程中对量化的精细需求导致近代以来高等数理知识的产生。如果在法学研究中没有量化研究,就只会有定性的、不会有定量的研究成果。如果法学者没有高等数理知识,就不可能有精细的定量研究成果,也就不可能有数学表达式、数学公式等符号语言的表述。

以三者关系表作为对照基准可以看出,中国法学范式目前还处在初级阶段(1.0版)。法律人的思维形式,如果能够从文字到图表、再到逻辑式数学式,经历两次飞跃,思维结果的表述才可能由文字语言提升到文字语言和图象语言两者兼用,再提升到文字语言、图象语言、符号语言三者兼用。

基于本书的主旨,范式问题实质上是如何进行知识表示的问题。一个学科范式所处的阶段,反映了该科学共同体的知识表示能力所处的阶段。使用图象语言乃至符号语言有助于更加有效地传达信息和理解信息。

2.3　图象语言的分类及其与符号语言的比较

2.3.1　图象语言的分类

图象语言(图表)的一种分类法,如上所述,从数据结构的角度可以分为线性表、树状图、网状图三类。

图象语言(图表)的另一种分类法,在中津著《人工智能中的图表推理》一书

---

① 参见:徐英瑾.人工智能哲学十五讲[M].北京:北京大学出版社,2021:49.
② 参见:王克喜,郑立群.佛教逻辑发展简史[M].北京:中央编译出版社,2012:17,56.

中给出。① 作者中津(Robbie T. Nakatsu)是美国洛约拉马利蒙特大学(Loyola Marymount University,缩写 LMU)信息系统领域教授。为说明本书的主题,下面撷取该书的部分观点进行述评。

该书认为,图表是关于事物是如何进行工作的图形表示,或者是如何使事物更加容易理解的图形表示。图表是一种信息图形,它清楚地保存了信息,这些信息是关于在问题的组成部分中的拓扑和几何关系。图表由几何形状所组成,这些几何形状一般是通过线段和箭头相互连接,来表示事物、人员、活动、概念、事件等是如何相互关联和相互连接的(当然也有例外,如通过重叠圆圈而不是直线连接表示集合之间关系的维恩图)。几何形状无论是正方形、圆圈、菱形或者其他形状都表示不同类型的对象,同时其含义根据所选的图表符号而产生变化②。

该书给出了图 2-4 所示的图表分类③。该书作者基于相关考量,在该图中没有包括"定量的图表和图形"(含线段图、柱状图、饼图、XY 图等)、"地图"(含有向图、地形图、等高线图、气候图、建筑规划图、建筑平面图等)、"表格"(含单向表格、双向表格、多向表格)。但本书所说的图象语言则包括该图内和该图外的上述所有图表,即既包括该图中的各种图表,也包括该图中没有画出的"定量的图表和图形""地图""表格"等图表。

在图 2-4 中,图表具体分为下列类型:①系统拓扑,是某种类型的概念模型;是指系统中部件的组织,由一些部件和在部件之间的连接所组成。②顺序和流程,通常可以用流程图来表示。③层次,是表示系统的不同组成部分如何相互关联的图表;层次图表一般具有从更加概括到更加具体的从上向下(或者是从左向右)的指向;典型的就是树状图。层次图表有组织图表、遗传层次(分类层次)、组成模型。④关联(联系)图表,可以表示对象(或是物理对象或是概念对象)是如何相互联系的。关联图表最常用的一种是语义网络图表,此外还有实体关系图表。⑤因果关系,可用有向图、鱼骨图、故障树等三种图表。⑥在

---

① 中津.人工智能中的图表推理[M].陈一民,史晓霞,樊清,等译.北京:机械工业出版社,2012.原著 Diagrammatic Reasoning in AI 在 2010 年出版。

② 中津.人工智能中的图表推理[M].陈一民,史晓霞,樊清,等译.北京:机械工业出版社,2012:18,50, 90,91,256.

③ 中津.人工智能中的图表推理[M].陈一民,史晓霞,樊清,等译.北京:机械工业出版社,2012:54,图 3-2.

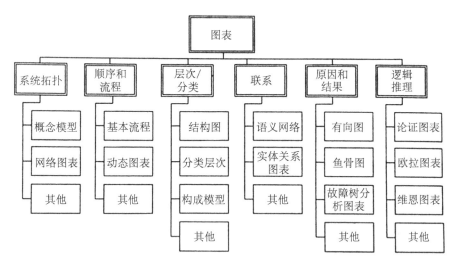

图 2‐4　图表分类

形式逻辑推理中使用的图表,有论证图表、欧拉图表、尤其是维恩图(也译为文氏图、韦恩图)等①。

2.3.2　图象语言与符号语言的比较

该书给出了采用动态维恩图进行逻辑推理的实例,证明绘制维恩图是进行演绎推理的一种十分有效的方法,可以用维恩图构建有效的逻辑检验。

该书也进行了一阶逻辑(属于本书所称的"符号语言")与维恩图(属于本书所称的"图象语言")的比较,以说明两者在检验逻辑法则时的显著区别。比较显示,可以通过两个不同的表述系统使推理有效:一个是一阶逻辑;另一个是维恩图。在一阶逻辑的情况下,是用符号和其他句法手段表示关系;当然,一阶逻辑的学习比较困难。在维恩图的情况下,是用目标的空间排列表示关系;当然,维恩图的学习比较容易。图象语言也比符号语言更形象直观。但是,维恩图只能解决很窄领域的问题——演绎推理中的假设和结论限于无条件语句。而一阶逻辑则能解决更广泛的逻辑问题,尽管它很难学习,但它具有更强的表现力②。

---

① 中津.人工智能中的图表推理[M].陈一民,史晓霞,樊清,等译.北京:机械工业出版社,2012:50‐83,94.
② 中津.人工智能中的图表推理[M].陈一民,史晓霞,樊清,等译.北京:机械工业出版社,2012:93‐119.

　　该书上述观点的启示是：一个学科的范式如果仅限于文字语言的表述，其走向深邃之路就大大受限。只有当该科学共同体能够充分运用图象语言乃至符号语言时，才能在学术研究中发现更深层次的规律、表述更高层次的成果。

第 3 章

问题的分析——他山之石

在以图象语言、符号语言表述研究成果方面,若干名家的先例可供学习。这里以史学家黄仁宇、哲学家方东美、哲学家牟宗三、经济学家汪丁丁为例。

3.1 黄仁宇大历史观的图象语言表达

3.1.1 黄仁宇及其《中国大历史》

在以图象语言表述研究成果方面,史学家黄仁宇的历史著作值得关注。在史学家中,他的经历非同寻常。

黄仁宇(1918—2000),湖南长沙人。1936 年入读南开大学电机工程系,次年抗日战争全面爆发后投笔从戎。1964 年他在美国密西根大学获得历史学博士学位。其后,他在美国以史学家、中国明史专家、大历史观(macro-history)的倡导者而为世人所知。

黄仁宇在《中国大历史》中提出:在中国古代,易于耕种的纤细黄土,能带来丰沛雨量的季候风,和时而润泽大地、时而泛滥成灾的黄河,是影响中国命运的三大因素。它们直接或间接地促使中国要采取中央集权式的、农业形态的官僚体系。而纷扰的战国能为秦所统一,无疑的,它们也是幕后的重要功臣。为说明这三个因素,该书给出了黄土地带示意图、风向图、十五英寸等雨线三幅示意图(此处图略)。这三幅图配上简要的文字,既便于作者阐述,也便于读者理解①。

3.1.2 评黄仁宇大历史观的表述

黄仁宇在《中国大历史》的书末说明了他的大历史观,有文字阐释,也有图形示意。为说明本书的主题,下面撷取该书书末的部分内容以楷体字转述如下

---

① 黄仁宇.中国大历史[M].北京:生活・读书・新知三联书店,2007:23,25,27,29.

作为示例。

　　在结束本书时,我乘机解释写这本书的哲学立场。初看之下,宏观历史好像与道德全部相关。人类之行动在大范围内展开,只循着若干因果关系,不能由各个人意愿左右,更难因着他道德上的希望而迁就。在写作以上各章时,我更将前一时代所留下的影响昭然指出,就和以前的史书不同。传统的史学家通常将每朝代之初当作一段有创造性的时代,当日的人口和社会都带着可塑性,可以由一代伟人照着他的理想转折成器。我自信我的叙述比较近乎实情,可是也会造成一种定命的印象,亦即注定将发生的事物总会发生,道德与否和事实之来往无关。这样无人性的立论很可能扰乱读者的心情,更可能冒犯有些敏感的读者,然则这不是作者之本意。

　　下图①里面,实线部分表示我想象中历史之形成。它也是人类不断向前推进所留下来的记录。为简明起见,我们以三个较大的段落代表当中无数短程的进展。我们的路程连亘不断,朝以继夕,有如印度思想家所谓"羯磨"(或因果报应,karma)或如西方神学家所谓"定命"(predestination)。即从一个读史者的眼光看来,我们的自由,无论如何也只能始自我们祖先撒手的地点。自此向空伸出的箭头表示我们理想主义之倾向。道德也在这时候成为一种有力量的因素。大凡人类全体性的动作既有群众运动之参与,必带牺牲自我的决心,也包含着公平合理的性格。可是和这种倾向作对的有向心的力量,以较短的箭头表示。后者或称为"原罪",或如宋儒所提的"人欲"。弧线上的历史进程总是以上两种力量之总和,也就是阴与阳之合力。

　　历史之总意义,也如这图所示,在其整个的美感。人类整部历史不过一万年,在宇宙的生命里不过是极为短促的一部分。而我们所能理解的宇宙生命尚且可能是更大事物当中的又一小部分。如康德所说,"事物自身"(things in themselves 或 moumena)非人力可得而知。在弧线的前后,我以虚线画出,此不过根据人类历史,推想其来踪去迹。如此看来,实线的真实性也靠虚线之陪衬而得,并且也只有相对的意义。

---

① 　引者注:原图无序号和名称,本书依序编为图 3-1 并加名称。

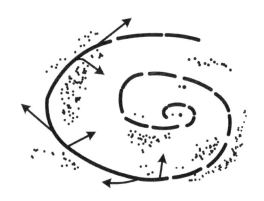

图 3 - 1   大历史观示意图

　　人类历史之大块文章,以长远的距离视之,属于神学领域。作者的经验识量有限,只好像鹦鹉学舌一样将大哲学家康德提出作为交代。除此之外我不能将我个人有限度的观测去推论无可知之数。同时,历史家的眼光总是以回顾为主,在广大空间划出几条短线,并无预言的意义。[①]

　　力学告诉我们:作用在质点上的几个力共同作用时产生的效果,如果与某一个力 F 的效果相同,那么这个力 F 就叫做几个力的合力。力 F 的方向就是几个力的合成之后的方向。

　　在黄仁宇给出的历史形成示意图中,有一个起点("始自我们祖先撒手的地点");由合力形成了历史的轨迹。在合力中,向外的力(箭头)表示人类的理想主义倾向、道德因素、公平合理的性格等;向内(向心)的力(箭头)表示人类的"原罪""人欲"。这两种力形成的合力就是人类历史的进程。

　　他认为:历史的总意义,正如该图所示,在其整个的美感。图中的实线(弧线)部分是已知的人类历史;虚线(即实线的前后两端的延长线)部分,则是作者根据人类历史推想的来踪去迹。

　　另外,在《近代中国的出路》一书中,为说明其历史观,黄仁宇也给出了类似的图,如图 3 - 2 所示。

①   黄仁宇.中国大历史[M].北京:生活·读书·新知三联书店,2007:348 - 350.

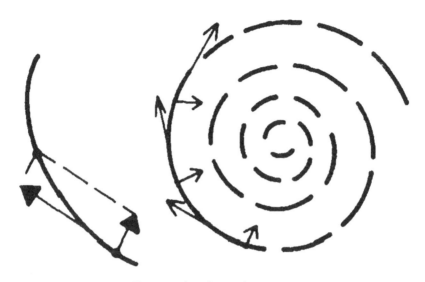

图 3-2　大历史观示意图之二

　　他解释说:"我的历史观旨在实事求是,无宣扬某种主义,或追求目的论的宏愿。圆上实线表示人类历史,最长也无逾万年,大概只有六七千年的样子。历史上长期的合理性无非表示刻下的立足点因过去事迹而产生。人类的企图与愿望,以向外的箭头表示,当然有创造及理想的成分。向内的箭头则代表自私、惰性和憧憬于过去的习惯,或者可以以基督徒'原罪'(original sin)的观念概括之。两者之合力即产生现阶段的历史,而标示着下次行动的立足点。这七千余年的历史符合康德所谓'现象',我们只能根据这段实线,设想遥远的过去和无从证实的未来,有如图上虚线,勉强凑合于康德所谓'本体'(noumena)或'超现象'。"①

　　作为史学家的黄仁宇所给出的上述两个图形、配上文字,完整展示了他的历史哲学,清晰而富有美感。这是史学家用图象语言表述的一个典范。

　　当然,黄仁宇当年曾经就读于南开大学电机工程系的专业背景值得注意。电机系的学生当然会学到物理学中的力学知识。

---

① 黄仁宇.近代中国的出路[M]//黄仁宇.我相信中国的前途.北京:中华书局,2015:51.

3.2 方东美哲学的图象语言和符号语言表达

3.2.1 方东美简介

方东美(1899—1977),安徽桐城人。现代著名哲学家,杰出的爱国诗人,被誉为中国现代哲学思想史上的"东方诗哲"、新儒学八大家之一。1920年毕业于金陵大学哲学系。1921年赴美入读威斯康星大学,以三年时间先后完成硕士论文和博士论文。1924年回国,先后任教于国内若干高校。1948年后任教于台湾大学哲学系。1973年退休后担任台湾辅仁大学哲学讲座教授。

他幼承家学,尤以博综著称,兼中、印、希、欧四大文化宗传;统科、哲、艺、教四大学术领域;集儒、道、释、西四大思想源流于一身。[①] 他创建了以"内在超越形而上学"为特征的旁通统贯、生生不已的生命本体哲学,以弘扬中华文化的精神价值为学术主旨,把原始儒家、原始道家、大乘佛学、新儒学看成中国哲学的四大传统。

方东美的许多哲学论著是集非文字语言表述之大成的典范,充分显示了他的研究深度和学术功力。他的论著中的一些示意图非常精美,可与数学论著的示意图媲美,堪为楷模。文字语言由于自身的局限性,常常难以表述深层次的思考;非文字语言(图象语言、符号语言等)的表述则对应较深层次的思考。学术大师的研究境界是与其对于非文字语言的娴熟运用分不开的,如此才能拓展研究的深度和广度。

用图形来表达深奥的哲理,在中国哲学发展过程中有着悠久的历史。如八卦、六十四卦、太极图等。方东美也继承了中国哲学家的这个传统,尽可能用图形来表述玄妙深奥的哲理。

方东美为什么会用符号语言? 也可以从他的早年经历中找到答案。

他长期研究西方哲学,又留学三年,曾经苦读黑格尔哲学,深受西方学术研究规范熏陶,形成了注重逻辑、严格推理的治学风格。1925年起,26岁的他任东南大学哲学教授,主要讲授西方哲学和逻辑学。[②]

逻辑学的教授当然会用符号语言。因此就不奇怪,他在1956年出版的《黑格尔哲学之当前难题与历史背景》一文中,用符号语言系统地介绍了一种完备

---

① 秦平.方东美[M].西安:陕西师范大学出版总社,2017:91.
② 秦平.方东美[M].西安:陕西师范大学出版总社,2017:11-14,59.

逻辑语言系统所含的要素。他写道:"数学及逻辑之抽象推理系统实为人类思想之彻底解放。纯数学家及逻辑学家不挟带偏见,甚至连实事实物世界之拘牵束缚亦予以扫除。任何观念、任何假定,只消其本身具有理趣,且可依据严密的推证步骤,生发精确理论的效果,便可构成广大无穷的系统。"①

3.2.2 方东美信函《与熊子贞先生论佛学书》

方东美在 1938 年 11 月写《与熊子贞先生论佛学书》时,尚未集中而深入地钻研佛经,但是与熊十力(子贞)谈起佛学,已经显示西式学术训练的犀利思辨。他认为"体"有五义:质体,似体,假体,实体,本体。其中意蕴如图 3-3 所示。②

3.2.3 方东美著作《中国人的人生观》

《中国人的人生观》原著为英文,由冯沪祥译成中文③。为说明本书的主题,下面撷取《中国人的人生观》第四章"广大和谐的生命精神"的部分图文作为示例④。

方东美说:"一般而言,在整个中国哲学的发展中,天人和谐的关系可分成六类,其中一半属于早期儒、道、墨三个伟大的系统,另一半则是汉代以后所次第完成,仍以儒家为主,而涵摄其他各种和而不同的思想。""前者与后者最显著的不同,就是其和谐关系都建筑在天人合德、生生不息之上,这个天人合德的关系可称为'参赞化育'之道。简单地说,它肯定天道之创造力充塞宇宙,而人道之生命力翕含辟弘,妙契宇宙创进的历程,所以两者足以合德并进,圆融无间;为求简明,我将以一系列的图例来说明这些关系。"方东美在给出下列六个小标题的同时,给出图 3-4 至图 3-9 所示的六张图,并各有文字解说。相关的文字解说此处从略。

(1)原始儒家:人类参赞化育,浃化宇宙生命,共同创进不已。

---

① 方东美.黑格尔哲学之当前难题与历史背景[G]//方东美.生生之德:哲学论文集.北京:中华书局,2013:158.
② 方东美.中国大乘佛学[M].北京:中华书局,2012:570.
③ 方东美.中国人的人生观[M].冯沪祥,译.北京:中华书局,2012:77-232.
④ 方东美.中国人的人生观[M].冯沪祥,译.北京:中华书局,2012:165,166,167,169.

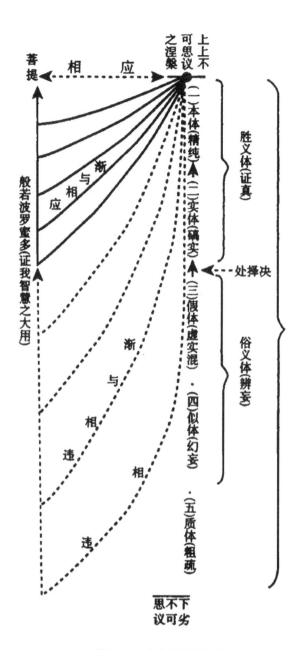

图 3 - 3   方东美"体"的意蕴

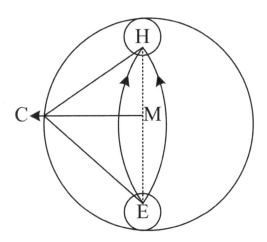

图 3 - 4 《中国人的人生观》引用图之一

（2）道家：环绕道枢，促使自然平衡，各适所适，冥同大道而臻和谐。

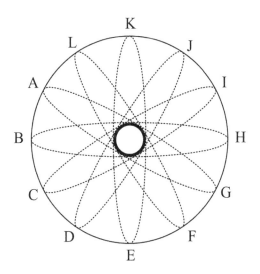

图 3 - 5 《中国人的人生观》引用图之二

（3）墨子：人与宇宙在兼爱之下和谐无间。

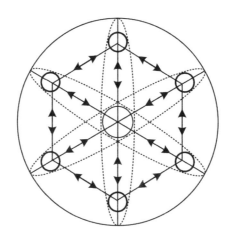

图 3‑6　《中国人的人生观》引用图之三

（4）汉儒：天人合一,或人与自然合一的缩型说。

图 3‑7　《中国人的人生观》引用图之四

（5）宋儒：人与宇宙对"天理"的一致认同。

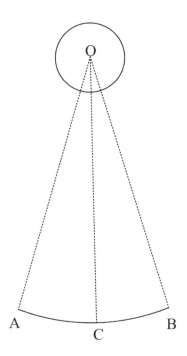

图 3-8　《中国人的人生观》引用图之五

（6）清儒：在自然力量相反相成、协然中律下的和谐。

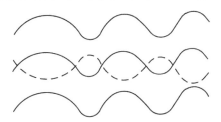

图 3-9　《中国人的人生观》引用图之六

3.2.4　方东美著作《中国哲学精神及其发展》

《中国哲学精神及其发展》原著为英文，由孙智燊译成中文[①]。为说明本书的主题，下面撷取该书的五幅插图作为示例，如图 3-10 至图 3-14 所示，相关文字解说从略[②]。

---

① 方东美.中国哲学精神及其发展[M].孙智燊,译.北京:中华书局,2012.

② 方东美.中国哲学精神及其发展[M].孙智燊,译.北京:中华书局,2012:185,262,267,373,375.

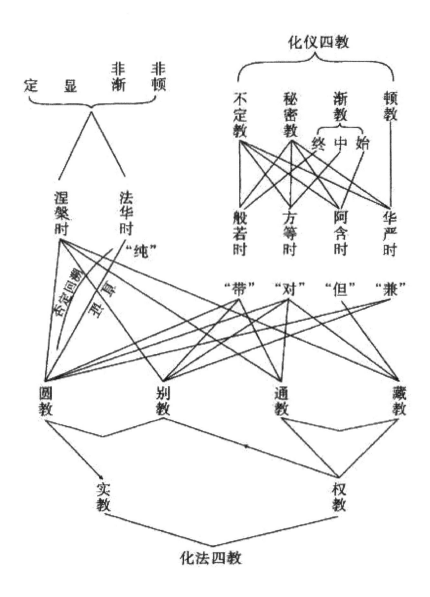

图 3-10 《中国哲学精神及其发展》引用图之一

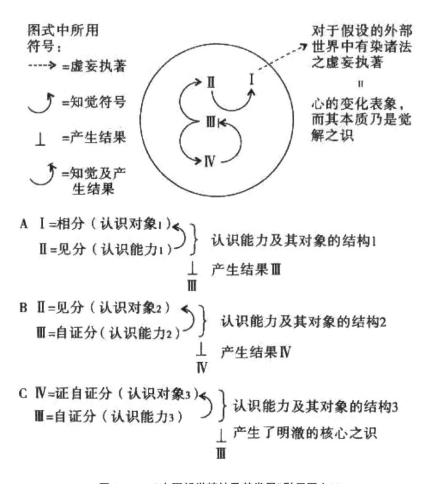

图 3‑11　《中国哲学精神及其发展》引用图之二

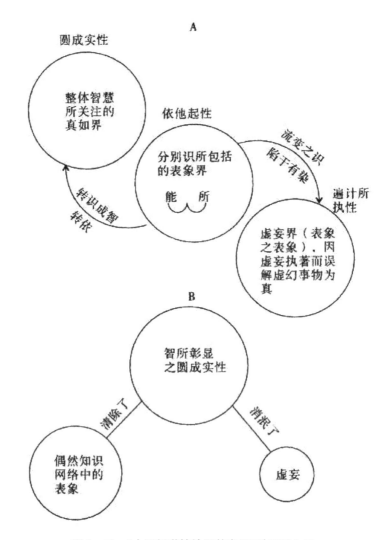

图 3-12   《中国哲学精神及其发展》引用图之三

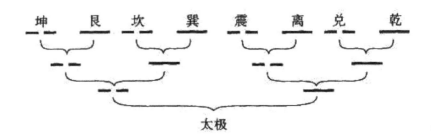

图 3-13   《中国哲学精神及其发展》引用图之四

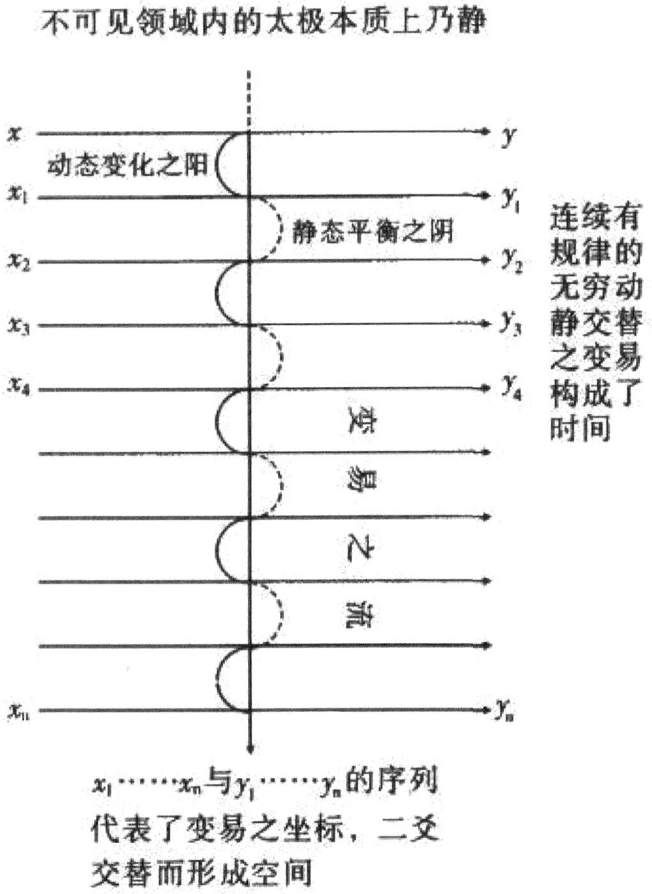

不可见领域内的太极本质上乃静

图 3-14　《中国哲学精神及其发展》引用图之五

3.2.5　方东美论文《哲学三慧》

方东美的论文《哲学三慧》[①]对照比较希腊人、近代欧洲人、中国人这三者的宇宙观和生命情调,勾勒出希腊、欧洲、中国之智慧轮廓,是方东美早年在哲学界的成名之作,曾被称为哲学界的奇文。该文于 1938 年 6 月 19 日在重庆版《时事

---

① 方东美.哲学三慧[G]//方东美.生生之德:哲学论文集.北京:中华书局,2013:109-127.

新报》副刊《学灯》刊出。① 方东美在 1938 年 6 月 15 日写的该文引言显示：该文原为"中国哲学会第三届年会论文"。据考证，中国哲学会首届年会 1935 年 4 月在北平召开，当时中国哲学会尚未成立。1936 年 4 月第二届年会在北平召开，期间成立中国哲学会。1937 年 1 月第三届年会在南京召开，会上宣读的论文就包括方东美的《哲学三慧》。② 因此，该文成稿时间应不晚于 1937 年 1 月。

基于本书的主旨，这里关注该文采用的西式格式。下面撷取该文甲、乙、丙三篇中的甲篇"释名言"以楷体字转述如下作为示例。

甲、释名言

1. 太初有指，指本无名，熏生力用，显情与理。

1.1 情理为哲学名言系统中之原始意象。情缘理有，理依情生，妙加连环，彼是相因，其界系统会可以直观，难以诠表。

1.2 总摄种种现实可能境界中之情与理，而穷其源、搜其真、尽其妙，之谓哲学。

1.3 哲学意境内有胜情，无情者止于哲学法门之外；哲学意境中含至理，违理者逗于哲学法门之前，两俱不入。

2. 衡情度理，游心于现实及可能境界，妙有深造者谓之哲学家。

2.1 情理境界有远近、有深浅、有精粗、有显密，出乎其外者末由窥测，入乎其内者依闻、思、修之程度而定其等差，故哲学家有大小之别。

2.2 人类含情而得生、契理乃得存，生存原为人类根本权利，故哲学之在宇内，势用可以周遍圆满。其有反对哲学，轻心以求生存者，常堕于无明，人之大患端在无明！

3. 人生而有知，知审乎情合乎理，谓之智。智有所缘之谓境，境具相状，相状如实所见，是谓智符。人生而有欲，欲称乎情切乎理，谓之慧。慧有所系之谓界，界阃精蕴，精蕴如心所了，是为慧业。

3.1 智与慧本非二事，情理一贯故。知与欲俱，欲随知转，智贯欲而称情合理，生大智度；欲随知而悦理怡情，起大慧解。生大智度，起大慧解，为

①　秦平.方东美[M].西安:陕西师范大学出版总社,2017:66.

②　左玉河.通向成熟的桥梁:中国哲学会及其年会[C]//中国社会科学院近代史研究所.中国社会科学院近代史研究所青年学术论坛 2001 年卷.北京:社会科学文献出版社,2002:606-655.

哲学家所有事,大智度大慧解为哲学家所托命。

3.2 知有是非,故智分真伪;欲有净染,故慧分圆缺。演事理而如如,趣于真智,挈情理而化化,依乎圆慧。是哲学家之理想生活。

4. 此标三慧,非闻思修,"闻所成慧,思所成慧,修所成慧",乃哲学境界之层次,哲学功夫之梯阶。闻入于思,思修无间,哲学家兼具三慧,功德方觉圆满。闻所成慧浅,是第三流哲学家;思所成慧中,是第二流哲学家;修所成慧深,是第一流哲学家。修而不思,思而无闻,为哲学之倒行;思不与闻修俱,为哲学之逆施;闻不与思修俱,为哲学之竭泽而渔。

4.1 哲学智慧生于各个人之闻、思、修,自成系统,名自证慧。哲学智慧寄于全民族之文化精神,互相摄受,名共命慧。本篇诠释依共命慧,所论列者,据实标名哲学三慧:一曰希腊,二曰欧洲,三曰中国。

试问:假设方东美的《哲学三慧》不是哲学领域而是法学领域的论文,20 世纪 30 年代的中国哲学界能够接受西式格式的论文,21 世纪 20 年代的中国法学刊物能够认可并刊发这种西式格式的论文吗?

3.3　牟宗三哲学的图象语言和符号语言表达

3.3.1　牟宗三简介

牟宗三(1909—1995),山东栖霞人,被誉为近现代中国具有原创性的智者型哲学家,现代新儒家的重要代表。

牟宗三 1933 年毕业于北京大学哲学系,曾任教于大陆若干高校。1949 年后,先后在台湾、香港任教[①]。

牟宗三的一生徜徉和往来于东西哲学特别是中西哲学之间,从西方哲学中尽可能充分地吸吮丰富的资源和智慧,配合中国哲学的伟大思想,在他的存在境遇和他对时代与世界的深切感受体验中酝酿出他的哲学思想,以他独特的个性、天才和风格,在从逻辑思辨到哲学架构的进路中,哲学地重建了以儒学为主

---

① 牟宗三相关信息参见:①牟宗三.中国哲学十九讲[M].贵阳:贵州人民出版社,2020:勒口。②牟宗三.理则学[M].南京:江苏教育出版社,2006:勒口。③杨泽波.走下神坛的牟宗三[M].北京:中国人民大学出版社,2018:勒口。④颜炳罡.牟宗三学术思想评传[M].北京:北京图书馆出版社,1998:307 - 321,附录牟宗三学术年表。⑤林瑞生.牟宗三评传[M].济南:齐鲁书社,2009:397 - 401,附录一牟宗三年表。

的中国哲学,独辟天地开创出"牟宗三哲学"。图 3-15 是牟宗三哲学的示意简图①,可以注意图中左下方的"逻辑学"。

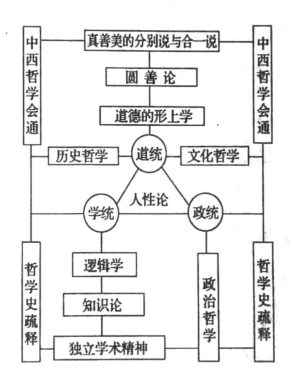

图 3-15　牟宗三哲学示意简图

牟宗三哲学贯通中印西,不仅是中国数千年哲学发展和衍生的产物,而且也是消融近现代西方哲学、逻辑与科学的成就的结果。西方众多古今哲学家、逻辑学家、数学家和科学家都对他产生过重要影响,成为其不可或缺的思想来源。

牟宗三的西方哲学进路与许多哲学家尤其是中国哲学家不同。他是从逻辑学进入西方哲学的;而大多数中国哲学家则是由西方哲学史进入西方哲学门槛的。因此,他的进路在中国哲学家中是比较特殊的。西方哲学的主流以逻辑思辨见长,并在逻辑思辨与系统架构中表现其主旨。如果逻辑训练不足,对逻

---

① 　该图引自:王兴国.契接中西哲学之主流:牟宗三哲学思想渊源探要[M].北京:光明日报出版社,2006:49.

辑的本性和技巧没有一定的了解,就很难接上西方哲学的大传统、把握其系统。所以,牟宗三对西方哲学的认识也是特殊而深刻的,有其独特的个性与洞见。正是在经历了对西方哲学的长期吸纳和消化后,他得到了西方哲学的"点金术",掌握了逻辑思辨的工巧与创造系统的本领,就像第一流的大哲学家一样,极富于原创性的思考能力,逻辑思辨的能力。他汇聚系统架构的能力与生命感触(或感应)的能力,在西方哲学方面培植了深厚的学力,为融通中西哲学与实现中国哲学的现代化、后现代化与世界化,做了必要的准备。

西方哲学对牟宗三哲学思想形成的影响,主要在两个方面:逻辑和哲学。这两个方面互相渗透和联系在一起。从逻辑方面讲,无论是传统逻辑或现代逻辑,还是逻辑哲学或数学哲学,对他都产生过重要影响。他不仅接上了西方逻辑学的传统,把握住主要的逻辑系统,而且消化与融摄它们,确立了自己的逻辑观,形成了自己的逻辑哲学和数学哲学,先后体现在《逻辑典范》(1941 年出版)、《理则学》(理则学是逻辑学的旧译名)(1955 年出版)、《认识心之批判》(上下册于 1956 年、1957 年先后出版)等著作中。这三本书中,《逻辑典范》和《认识心之批判》是学术专著;《理则学》是教科书,出版后相当长时期内一直作为台湾地区高校逻辑课程的首选教材。[①]

3.3.2　牟宗三著作《逻辑典范》

逻辑学著作本身一定离不开图象语言、符号语言(逻辑表达式和数学表达式等)的各种表述。因此,牟宗三在其逻辑学著作《逻辑典范》和教科书《理则学》中使用符号语言的例子,随处可见,不胜枚举。

以牟宗三著作《逻辑典范》为例,该书集图象语言和符号语言表述之大成。为说明本书的主题,下面撷取该书的六幅插图作为示例,如图 3-16 至图 3-21所示。书中相关的文字解说,此处从略。这六张图依次表示矛盾关系、涵蕴关系、相容关系、不相容关系、独立关系和五种关系的合成。[②]

---

① 参见:①王兴国.契接中西哲学之主流:牟宗三哲学思想渊源探要[M].北京:光明日报出版社,2006:3,49,77,111-116,208.②牟宗三.理则学[M].南京:江苏教育出版社,2006:勒口.
② 牟宗三.牟宗三先生全集 11:逻辑典范[G].台北:联经出版事业有限公司,2003:180,189,191,192,194,195.

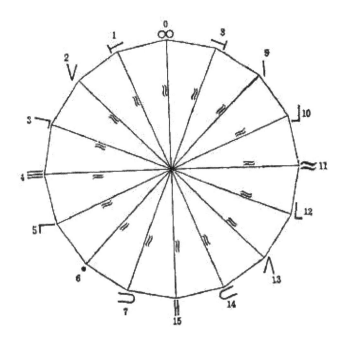

图 3 - 16   《逻辑典范》中的矛盾关系

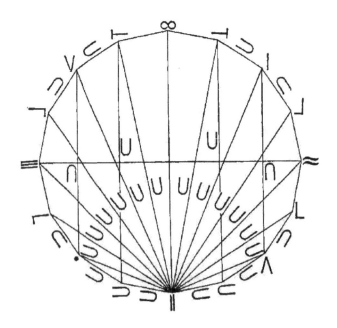

图 3 - 17   《逻辑典范》中的涵蕴关系

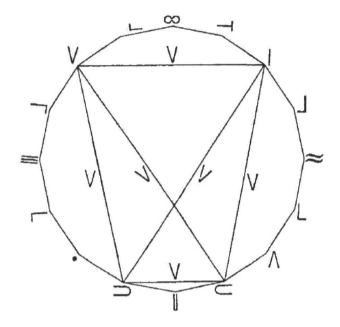

图 3‑18　《逻辑典范》中的相容关系

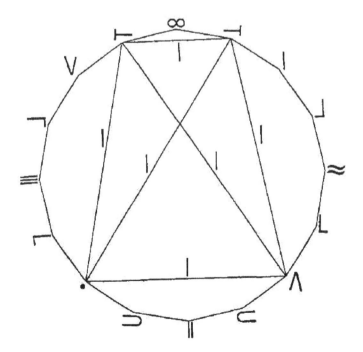

图 3‑19　《逻辑典范》中的不相容关系

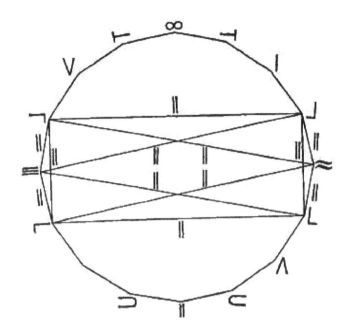

图 3‑20　《逻辑典范》中的独立关系

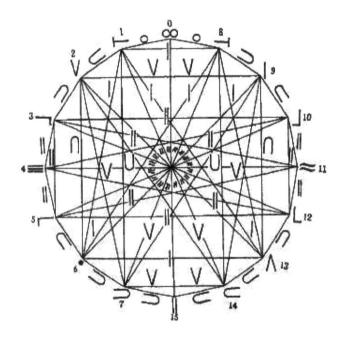

图 3‑21　《逻辑典范》中的五种关系合成

3.3.3　牟宗三著作《佛性与般若》

为说明本书的主题,下面撷取《佛性与般若》的三幅插图作为示例,如图 3 - 22 至图 3 - 24 所示。书中相关的文字解说,此处从略①。

华严宗与天台宗是中国佛教颇具影响的两宗,他们都认为自己是佛教的最高形态,是真正的圆教。牟宗三认为华严宗与天台宗两家的前提、入路、层次并不相同。他以图 3 - 22(华严宗之圆教)来解说华严宗的判教内容;以图 3 - 23(天台宗之圆教)来解说天台宗的判教内容;以图 3 - 24(两圆合一)来说明融华严及一切权教于天台,对东流一代佛学的一切教派的层位重新作出判别的结果。②

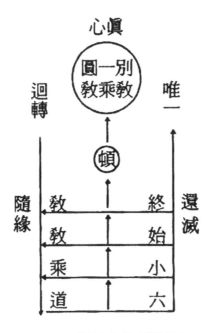

图 3 - 22　《佛性与般若》引用图之一

①　牟宗三.牟宗三先生全集 4:佛性与般若(上)[G].台北:联经出版事业有限公司,2003:557 - 558.

②　颜炳罡.牟宗三学术思想评传[M].北京:北京图书馆出版社,1998:165 - 167.

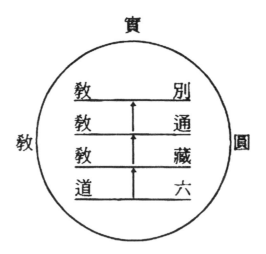

图 3‑23　《佛性与般若》引用图之二

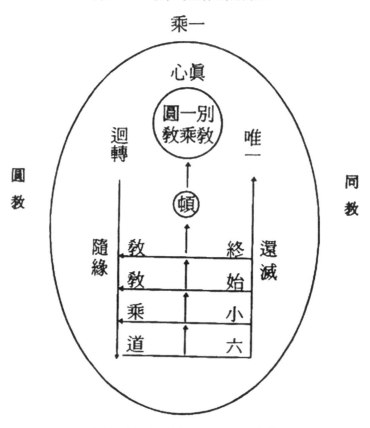

图 3‑24　《佛性与般若》引用图之三

3.3.4　牟宗三学术历程的启示

在致力于构建中国特色法学体系的今天,哲学家牟宗三的学术历程可以带来下列启示。

牟宗三以逻辑推理入西方哲学的进路,与中国哲学界多数人以西方哲学史入西方哲学的进路不同;他在强大的逻辑思辨能力基础上形成的自己的逻辑哲学和数学哲学,是其成为一代哲学宗师的独特优势。中国法学界的主体人群是纯法学背景的学者(从法学学士到法学硕士再到法学博士),另有少数人是由理工科专业背景进入法学领域从事法学研究的。理工科专业背景意味着曾经有过严格的逻辑训练,一般而言更擅长用图象语言和符号语言进行表述,更擅长逻辑思辨。中国法学界这个有理工科专业背景的非主体人群的学术优势,在当今中国法学范式环境下能否得到充分发挥?

未来的中国法学学术大师应当具备下列学术条件:会通文理,会通古今,会通中西(合称"三会通")。具体而言,应该有优良的高等数理知识基础,经过严格的自然科学训练,擅长逻辑思辨,善于使用图象语言和符号语言进行表述;熟悉中华法系、大陆法系、英美法系,熟悉中国特色社会主义法治体系。

3.4　汪丁丁文章的图象语言和符号语言表达

3.4.1　汪丁丁关于软件知识产权的文章

据百度百科词条介绍,汪丁丁生于 1953 年,著名经济学家。他 1977—1981 年就读于北京师范学院数学系,获理学学士学位;1981—1984 年就读于中国科学院系统科学研究所,获数学与控制理论专业理学硕士学位;1986—1990 年就读于美国夏威夷大学经济系博士班,获经济学博士学位。1997 年以后在北京大学国家发展研究院任经济学教授。

汪丁丁在 2001 年发表文章《中国如何应对"数字悖论"》,结合"数字悖论"讨论软件的知识产权法律保护问题,提出中国应当适度保护软件知识产权。文中采用了微积分公式,给出了数学坐标图。为说明本书的主题,下面将该文以楷体字全文转述如下[①]。

---

① 汪丁丁.中国如何应对"数字悖论"[M]//寿步,方兴东,王俊秀.我呼吁.长春:吉林人民出版社,2002:19-24.

在信息技术领域,知识产权的法律保护问题被人们称为"数字悖论"(the digital dilemma)。这一悖论是双重的——社会的和私人的悖论。

"信息"的最显著技术特征就在于:潜在购买者通常必须通过掌握和理解这一信息才有资格判断这一信息的价值。因此,信息一旦成为"私有的",它的所有者便面临"私人"数字悖论:要么允许潜在购买者占有这一信息(至少是部分地占有),要么干脆不出售这一信息。从"社会"的角度看,信息的技术特征要求社会全体成员免费享用,从而已经存在的信息得以为社会带来最大福利。但信息的"公共产权"将使那些被"自利"驱动(self-interested)的研究者们缺乏经济激励去研发尚未存在的信息技术,从而社会的未来福利将受到损害。

当一个社会试图保护信息占有者的知识产权时,它便面临着社会的"数字悖论",这是我打算解释的要点。以"数字(digital)"为主要载体的信息(定义为"节约人类劳动的知识载体"),也叫做"软件",它最显著的经济特征是:作为生产手段(机器、厂房、其他资本品),它的总成本(研发、生产、维护)的绝大部分是研发费用,它的再生产费用几乎是零,它的维护费用(学习、操作、参数设置和"个性化"等方面的费用)绝大部分是由最终用户承担的。如果忽略第一单位的信息产品与其后一切单位的信息产品的质的差别,我们可以用图一来刻画特定信息产品的"边际成本"曲线(MC),在这里,信息生产的第一单位的成本占了总成本的绝大部分。因此,它的平均成本曲线(AC)随总产量的增加而不断递减——所谓"收益递增"现象。从社会角度看(假设 $p_0 = MC(0) \gg D(0)$),使社会福利达到最大的价格(p_1)应当是 MC 与 D(对该信息产品的需求)的交点所对应的价格,总的"消费者剩余"($V = \int_0^q D(s)\mathrm{d}s$)减去总成本($C = \int_0^q MC(s)\mathrm{d}s$)在这一点($q = q_1$)处取得极大值(如果 $V - C \geqslant 0$ 成立)。但在这一价格水平 p_1,如图一显示,企业仍然要为每单位产品支付亏损($AC(q_1) - p_1$,除非社会允许企业独占全部市场,例如需求 $D(q)$ 所刻画的情形,这时社会福利最大化在总产出 q' 处实现,对应着价格。$p' = MC(q') = AC(q')$。

换句话说,为使企业不亏损,社会要么允许企业独占软件市场(从需求 D 扩张到需求 D^1),要么允许企业按平均成本原则定价(即图一的 $p_2 = AC(q_2)$)。在经济思想史上,前者是所谓"天然垄断",后者要求对竞争性企业的"边际成本定价"实行补贴。

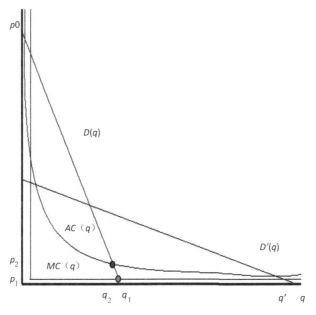

图一　假设完备信息和完全静态时的社会

但上述基本原理只适用于完备信息假设和完全静态的经济。对于动态的、经济发展的"过程"而言,由于信息不完备,社会允许企业对市场实行"天然垄断"或对企业给予"价格补贴"都可能导致所谓"过度保护"——由于压抑竞争和技术进步而产生的效率损失。另一方面,如果完全不保护信息知识产权,社会将放弃 $V-C>0$ 所蕴涵的全部社会福利。

对软件产品实行专利保护容易发生下列三种"过度保护"的情况:

(1)科学技术的进步从来不是孤立的,每一技术进步都在一定程度上免费占用了更基本的科学原理的"知识产权"。因此,当软件 A 的发明者申请专利保护时,便很可能通过其垄断权利阻止其他发明者继续免费占用这些更基本的科学原理的公共知识产权,这方面很常见的例子是"电讯标准"的产权问题。一个虽然荒唐却完全可以想象的情景是,有一天,专利权的滥用将把对软件基本语言使用权的垄断逐步扩展到对全人类使用"数字"的权利的垄断;更进一步,逻辑上完全可能发生,这些专利权的所有者甚至有权监督和干预我们用以"思维"的语言以及我们的思维过程。

(2)专利所有者通过对其专利软件与其他应用软件的"界面"的独占,

间接地控制了软件最终使用者自由组合各种软件的"消费权利"。让我用日常生活中的例子来说明这类消费权利。一位家庭主妇有充分的自主权决定她晚饭的菜单，而不必去菜市场征求各类菜肴的卖主的法律许可证。可是当我们使用软件时，我们却经常会害怕侵犯了我们软件"菜单"里各种"菜肴成分"的卖主的专利权。著名的美国"微软"公司在这方面为我们提供了昭彰天下的实例，其最新的"视窗"版本更进一步涉嫌侵犯我们每台计算机的"隐私权"。

（3）软件专利很可能禁止软件用户利用"逆向工程"（reverse engineering）方法建立最适合每一用户自己的应用程序的各种界面。利用这一"禁止权"，专利所有者可以从一项专利软件的卖主演变为我们每个最终消费者全部"消费生产"的干预者。从 Napster 案以来越演越烈的"音乐"专利案——一块音乐光盘的购买者是否有权为自己的汽车音响复制这块光盘——表明了专利滥用对消费者权益的这一潜在威胁。它的逻辑悖论在于：随着声像技术日新月异的发展，终于有一天，我们必须带上只能被自己听见的耳机听音乐光盘，因为这声音的专利不属于我们，让别人听见这声音可以把我们送上专利法庭。如果"微软"有权监督我们家里的每台计算机的使用过程，为什么"MGM"没有理由监督我们每人的耳机呢？！

自从"微软"起诉国内厂商使用盗版以来，"对知识产权应当保护到什么程度"已成为我们的信息技术产业必须严肃面对的一个具有核心重要性的制度问题了。回顾西方成熟市场经济的历史，纵观知识产权的统计数据，不难看到，没有一个国家，没有一个时期，实行过对知识产权的全面彻底的保护政策。

不仅如此，今天，在"女性自觉"和"绿色运动"之后，国际知识界兴起的另一运动，恰恰是"废黜知识产权运动"。这一知识运动所根据的理由是什么呢？大致有三：①如前述，知识的技术特征是"非排他"的，用我们中国人的话说，"知识是天下公器"，原本无需什么专利保护。我们固然无法非议为自己的知识申请专利保护的科学家们，但我们明白，正是那些在商业利润的诱惑下坚持不申请专利保护的科学家们代表着高尚的知识精神。这一精神，用他们自己的话表达出来格外感人："人类知识属于全世界"。②从经济效率角度看，任何专利保护，由于与法律和国家机器等强权站在一起,总倾向于过度保护自身利益。著名的"科斯定理"早就警告过我们这一点,即要么污染者的"污染权"损害受污染者的福利,要么受污染者的"索赔权"损害污染者的福利。从社会整体角度看,如果污染者和受污染者之间的谈判费用低于界定法律权利的费用,就应当放弃法律手段而听任自由谈判界定当事人的权利。③从当代世界各国之间的经济、政治、文化关系来看,第一项难以回避的事实是,大多数申请保护的知识都来自西方,其中不乏跨国公司从经济不发达地区获取局部知识(例如草药、偏方、人体基因和细胞样本),却以跨国公司名义申请专利权的"发明"。第二项难以回避的事实是,专利保护极大提高了知识使用者必须支付给跨国公司的费用,这一高昂费用在例如南非和巴西这样的发展中国家,在例如艾滋病治疗方面,严重阻碍了医护人员救治生命的努力。当面对着人类生命与商业利益之间的抉择时,我们的良心会让我们无动于衷吗?

我们认为,中国政府应当坚持寻求对软件知识产权保护的合适的"度"。在人均收入尚处于中等以下水平的社会里,对来自西方的软件的过度保护会压抑本土市场的需求。另一方面,对软件完全不予保护则会减弱本土软件研发的经济激励。我们需要本土的局部的知识来制定具体的符合中国国情的软件及知识产权保护政策。例如,中国政府应当对何种"发明"授予多少年的专利保护?是否允许和如何更新专利权?每项专利的"周边保护"即对标准和界面的垄断范围应当有多大?如何监督和防止专利权的滥用?这些议题的大部分,我们知道,即便是在根据生物技术发展的需要做了修改的新专利法中也还没有触及。更何况,随着中国"入世",本土的软件行业势必在激烈竞争中并入跨国公司的全球格局。目前审理的本土案件,例如这宗"方正对高术"案,都将通过"援引前例"而具有对未来法律的指导意义。

因此,我们由衷希望中国的司法人员和公众舆论在对待知识产权案件时充分考虑到上面讨论的诸多复杂因素,充分倾听最微弱的声音而不要被既得利益者的强大声音蒙蔽了我们的判断。

3.4.2　汪丁丁文章的启示

经济学家汪丁丁的专业背景是数学专业、数学与控制理论专业、经济学专业,他可以用微积分公式和数学坐标图来讨论软件知识产权问题。试问:中国有几位法学者能够用微积分公式和数学坐标图来研究法律问题? 中国法学刊物能够认可并刊发这种含有微积分公式和数学坐标图的文章吗?

保尔·拉法格在《忆马克思》中提到,马克思说过,一种科学只有在成功地运用数学时,才算达到了真正完善的地步。[①] 数学工具直接用于法学研究已有先例。如:1997年本书作者关于《计算机软件保护条例》职务软件和非职务软件规定的文章;2001年汪丁丁关于软件知识产权法律保护的文章。中国法学范式如果止步于初级阶段(文字语言)、不向中级阶段(图象语言)乃至高级阶段(符号语言)提升转型,是否还存在造就中国法学学术大师的学术空间?

---

① 拉法格.忆马克思[G]//拉法格,等.回忆马克思恩格斯.北京:人民出版社,1973:7.

第 4 章

问题的分析——法学教育的影响

范式通常没有明确的概括和清晰的表述,相应的科学共同体中的成员对于所在学科的范式往往也不具有自觉的认识,这就使得范式的学习或继承主要表现为一种潜移默化的过程。由于范式主要是通过范例来表现的,因此,需要重视对范例的学习和理解过程。就中国法学范式而言,其范例的典型代表就是各种法学教科书和法学论著。因此,考察当今中国的法学教育与法学范式之间的相互作用和影响,有助于了解中国的法学院学生是如何在潜移默化中通过范例来学习或继承当今中国法学范式的。

为后续讨论的需要,这里先明确当今中国全日制法科学生的几种不同培养层次和类型:

(1)法学本科生;

(2)(本科后全日制的)法学第二学士学位生(不同于在全日制非法学本科专业学习的同时进行的法学辅修专业学习);

(3)法学硕士生;

(4)法律硕士生(生源是法学本科)即"法本法硕";

(5)法律硕士生(生源是非法学本科)即"非法本法硕";

(6)法学博士生,至少包含三类生源:一是法学学士、法学硕士;二是非法学本科、非法本法硕;三是非法学本科、非法学类硕士。

4.1 中国法学教育以本科为主渠道的问题

一门学科能否用符号语言进行描述、是否实现形式化,是该学科门槛高低的一种标志。

形式化方法为科学研究提供了一种新的视角和思考方式,有助于提高理论的严格性和精确性,有助于揭示理论中的概念、范畴、命题的潜在逻辑含义和相互间的潜在逻辑关系,促使研究走向深入,有助于不同观点之间的比较、辨识、交流、批判。形式化方法代表着一种极度精确的思维。只有那些发展得比较成熟、逻辑关系比较清晰的理论才可能形式化,而那些发展得很不成熟、逻辑关系十分混乱的理论是无法形式化的。[①]

一般说来,学数学的,可以转行学任何专业;学理科的,可以转行学工科、文科;学工科的,可以转行学文科。如果反方向转行学习,就很困难。为什么?这是由不同学科的门槛高低而决定的。

4.1.1　从法科学生的角度看

如果法学教育的主渠道是本科教育,即从高中毕业生中直接招生读法学,由于法科的高考生源和法学本科培养方案的原因,法学本科生就失去了学习高等数理知识、进行自然科学训练的机会,就意味着法学本科起点的法科生基本失去了用图表尤其是逻辑式数学式思考问题的可能,意味着他们的法学研究成果一般只会使用文字语言而很少可能使用图象语言,更不可能使用符号语言。

2021 年 3 月中旬,本书作者在研究生中做了一个小范围调研,了解到:目前国内多个知名法学院在本科开设有逻辑课,但有的法学院没有单独开设逻辑课,只是在法学方法论课程中有 6 到 8 个课时讲逻辑。

如果说理工科本科生因为高等数理知识的课程内容本身已经嵌入足够多的逻辑训练而无须专门开设逻辑课,那么,法学本科生的逻辑课程本来就应该是必修课(这恐怕是法科学生唯一接触符号语言的课程)、才可能对其逻辑训练的先天不足有所弥补。只讲 6 到 8 个课时的逻辑,实在太少。这应该也是法科学生的论文常常显示思维不够缜密、逻辑不够严谨的原因之一。

4.1.2　从法科教师的角度看

如果法科教师没有法科以外的专业背景(尤其是理工科背景),自然就基本不会在自己的研究成果中采用图象语言、符号语言,也就基本不会指导法科学生用图表、逻辑式数学式去思考问题。这样就会出现法学研究成果"只能"使用文字语言的思维定式,不习惯也就不愿接纳包含图象语言、符号语言表述的法学论著,甚至连线性表文字化的表述也不接受,并将其视为不符合法学范式。

即使是有理工科专业背景的法科教师,在文科(尤其是法科)学术刊物难以

---

① 陈波.逻辑学十五讲[M].第二版.北京:北京大学出版社,2016:203-206.

接纳图象语言、符号语言的大环境下，经年累月潜移默化，也就习惯了用文字思考并写作，而将原本已有的用图表和逻辑式数学式思考并写作的"十八般武艺"束之高阁。环境使然，令人遗憾。

由此想起白鸦的典故。

乌鸦分布很广，通常都是黑色。白鸦虽然少见，但确实有。

《太平广记·卷第四百六十三·禽鸟四》载：晋文公焚林以求介推，有白鸦绕烟而噪，或集介子之侧，火不能焚。晋人嘉之，起一高台，名曰思烟台。种仁寿之木，木似柏而枝长软，其花堪食。故《吕氏春秋》云："木之美者，有寿木之华。"即此是。或云，此鸦有识，于焚介之山，数百里不复织网罗。（此"鸦有识于焚介之山数百里不复织罗网"，《拾遗记》三作戒所焚之山数百里居人不得设罗网。）呼之曰仁鸟。俗亦谓仁鸟白臆为慈乌，则此类也。（出自〔东晋/前秦〕王嘉（子年）撰《拾遗记·卷三·鲁僖公》）

白鸦如何在乌鸦群中生存？应该有两种方式：一是，尽量变色，至少灰色，最好黑色，以便合群；二是，不变白色，不忘初心，静默不语，以免关注。

当然，不忘初心的白鸦，不会永远沉寂，终究是要发声的。

现在提倡文理交叉、学科融合。就法科而言，如果是没有其他专业（尤其是理工科专业）背景的法学专家与理工科专业的技术专家进行交流，在没有范式交集的情况下，通常双方是无法找到共同语言、无法真正沟通的。试想，如果法科教师自己就有多学科专业背景、实现文理交叉和学科融合，那么他与相关领域技术专家的交流效果、他自己在法学与相关技术交叉领域的研究成果，比起他只是法科专业单一背景的情况是否会指数倍增？

假设有一天中国法学教育的主渠道由本科改为本科后，那么，未来大多数法科学生都将至少有一个非法学（尤其是理工科）的学士学位，有的还可能有非法学（尤其是理工科）的硕士学位、博士学位；再过几十年，法学教师、法官、检察官、律师等法律人的群体也都会演变为至少有一个非法学（尤其是理工科）学位的群体。

到那时，法律人群体普遍的思维从文字形式提升到图表形式、再提升到逻辑式数学式形式将成为可能；中国法学范式的转型、法学学科门槛的提升也将成为可能。

4.2　法学教育对非法本法硕背景的法学博士生的影响之一

当今中国的法学教育对不同专业背景学生的思维方式和表达方式的影响如何？本书作者就此与研究生们进行了讨论。下面是若干研究生的反馈情况。

4.2.1　信息管理与信息系统本科加法硕背景的法学博士生的反馈信息

在本书第 2.1 节已经介绍数据的线性结构（如线性表、栈、队列、串）和数据的非线性结构（如树状图、网状图）。这与人们的思维形式和表达方式直接相关。一位曾经学过数据结构课程的博士生，是这样讲述自己从信息管理与信息系统专业管理学学士、到法律硕士、再到法学博士生的思维习惯的转变过程的：

> 本科阶段，因为所学专业是在管理学科与计算机学科的交叉领域，所以在日常的课程学习、作业设计中，非常强调逻辑思维的培养和训练，常见的学习工具就是图表、公式、系统设计图。这就要求我们在分析问题时，习惯性地要画出结构图、流程图来分析对象之间的逻辑关系，再用文字辅助说明。毕业论文也是以系统设计为主。
>
> 在非法本法硕阶段，基本上靠自学，自己看法学论著，复习司法考试，复习其他考试。面对的都是整本整本的法学书籍，多是纯文字的表达，很少有图示说明。日常看书时，也只是在阅读完每一部分的内容后，将该章节的重要知识点以框架图的形式简单整理，列在该章节最前面，以便复习、备查。久而久之，也会因偷懒、懈怠，看完就过去了，框架图也没了。
>
> 到了博士生阶段，看的专著越多，读的论文越多，越是习惯于输入和输出纯文字的表达，进而慢慢忽视，甚至生疏于图示表达。这在某种程度上，是因为自己没有很好地将过去的不同专业特色进行融合，融会贯通掌握各类学习方法；同时，也能说明法科本身的学科特点对思维训练的潜移默化的影响。

本书作者也专门询问该博士生在看到本书第 1.1 节所引的用文字语言表述的内容提要时在头脑中的思考过程。答曰：

> 对于一篇文章的摘要，从繁至简，我基本上会习惯性地阅读三遍。

第一遍，先将摘要完整地阅读。好的文章摘要，一般会遵从基本的写作范式，在结构上合理地划分为三大部分，即介绍研究目的或背景，分析研究过程或方法，得出研究结论或观点。按此思路，我会将整段文字以断句的方式分割开，依次标上序号。如果很难做到这三部分的划分，大致也可以判断出文章的质量。当然，也不绝对如此，还是需要看正文的结构和内容。

第二遍，重点围绕研究过程，即摘要的中间部分做进一步的详细阅读，分析其论证思路，有意识地从文字表达所使用的连接词出发，对该部分内容进行逻辑关系的划分。例如：①并列关系：一是、二是；②转折关系：虽然、但是；③因果关系：因为、所以；④最明显的递进式表达：首先、其次、最后。在此基础上，将这一部分内容"结构化"地分解，便可清楚地明白文章的论证思路。

第三遍，分别抽取摘要中三大部分的关键词以及核心观点，作为阅读的梳理结果，罗列在整段摘要的旁边。也就是将整段的文字摘要变成了几个有层次的论述点。

4.2.2　对反馈信息的评论

我们确实可以看到，本科属于管理学科与计算机学科的该博士生，通过本科训练，确实学会了用图象语言和符号语言进行表述并且逐步习惯，但是，经过法律硕士阶段和法学博士生阶段的法科训练与潜移默化，其图象语言和符号语言的表述习惯逐渐退化消失。

作为上述结论的一个例子，我们注意到，在本书作者要求研究生画出与本书第 1.1 节所引的内容提要相对应的思维导图之前，该博士生确实没有想到将该内容提要改用思维导图的形式来表达和理解；而思维导图显然比该博士生自创的"三遍阅读法"的结果更加精炼、直观、清晰。

4.3　法学教育对非法本法硕背景的法学博士生的影响之二

4.3.1　交通运输管理本科加法硕背景的法学博士生的反馈信息

一位有着交通运输管理专业工学学士和法律硕士教育背景的法学博士生的反馈信息如下。

我本科是交通运输管理专业，工学学位，专业设置在经济管理学院。由于我在本科、硕士和博士研究生阶段分别接受了比较系统的工学、管理学和法学的教育，因此，下面对三个学科在研究方法、教学方法和应用工具三个方面做横向对比(见表4-1)。

表4-1　工学、管理学、法学的研究方法、教学方法、应用工具比较

	工学	管理学	法学
研究方法	定量分析	定量和定性结合（SWOT模型、波特五力模型）	定性分析（解释论、案例法）
教学方法	课程设计、实验	田野调查、沙盘模拟、创业计划设计	法律诊所、模拟法庭
应用工具	绘图软件、运筹软件、数据库软件等	统计分析软件等	知识管理软件、法律辞典、案例库、法规库

(1) 研究方法。工学和管理学多采用定量分析方法，因此结论具有精准性、可复制性等特点，且常常有相对标准化的研究模型可以直接套用。例如：管理学常用的SWOT模型、波特五力模型等。相对而言，法学则多采用定性分析方法，通过文字进行推演论证，经典的分析方法有解释论、案例法等。

(2) 教学方法。除了传统的课本教学方式外，三门学科分别有各自特色的教学方法：工学学科多采用课程设计的方式进行考察和训练，例如停车场设计、运输场站设计、物流仓储优化路径设计等。管理学多采用实证调查的方式进行教学，引导学生找到一个感兴趣的选题，然后通过调查得到一个结论。我印象较深刻的是沙盘模拟课程，通过团队的形式，模拟一家生产制造企业进行经营并分析盈亏。法学比较有特色的课程是法律诊所和模拟法庭，结合真实的案件进行演练。

(3) 应用工具。工欲善其事必先利其器，应用工具也可以反映出学科的特点和培养方式。工学根据具体课程需要，会采用不同的应用软件辅助

处理,因此需要掌握的工具数量较多,且多以专业性软件为主。管理学多采用统计分析的方法得出研究结论,因此对统计软件(SPSS、python)要求较高,其处理效率和展现形式都更具有说服力,但最重要的还是数据本身。法学多应用解释论的方法,因此工具一般是法律辞典、司法解释汇编、案例汇编等。

综上所述,工学和管理学的研究方法、教学方式和应用工具多样性明显,而法学教育在这三个方面都相对单一。工学是"人影响物"的学科,管理学和法学是"人影响人"的学科,因此在教学方法上应各有侧重。

法学教育的基础目标也是非常有挑战的目标:建立法律思维。法律思维中有很多是和社会一般认知存在出入的,比如法治理念、程序正义等。我在初期接受这些思维方式时是非常难受的,后来经过大量的书籍阅读、思考和训练分析才逐步形成法律思维。但是,我在学习过程中也感到了问题所在,目前法学学科的教学方式过于传统和单一,难以对庞大且水平不均的法科学生进行全方位的法律思维训练,也因此导致了法学学生的法律素养差异巨大。最后,尽管我接受了理工科、管理学的基础教育,学会了许多求生的技能,但对我的思维方式影响最大的还是法学。

4.3.2 对反馈信息的评论

这位博士生的反馈信息比较了工学教育、管理学教育、法学教育在研究方法、教学方法、应用工具三个方面的异同,结论是工学教育和管理学教育在这些方面多样性明显,而法学教育在这些方面显得比较单一。她认为,建立法律思维,是法学教育的基础目标,非常有挑战性。她的见解有独到之处。

本书作者认为,法律思维也是思维。根据本书第 2.2 节给出的思维形式、表述形式、学术门槛三者关系表,法律思维同样有必要从文字形式提升到线性结构、树形结构、网状结构的形式,再提升到逻辑式数学式的形式。法学教育之所以在研究方法、教学方法、应用工具等方面显得比较单一,原因之一就在于通常只有文字这一种思维形式,因此就缺乏图象语言和符号语言的表述。

4.4   法学教育对非法本法硕背景的法学博士生的影响之三

4.4.1   车辆工程本科加法硕背景的法学博士生的反馈信息

一位有着车辆工程专业工学学士和法律硕士教育背景的法学博士生的反馈信息如下。

这里从课程设置、学习方法、培养目标三个角度表述我的想法。

(1)课程设置。将车辆工程专业本科课程与非法本法硕课程的设置对比后可以看出:①在公共课中,两种学位课程都包含思想政治课和大学英语课;不同的是,车辆工程专业在此之外的几乎所有公共课都含有大量的公式、图表的教学,逻辑性较强。②在专业课中,法律硕士课程无论是学位课抑或选修课,主要是各部门法的理论学习,仅有的实践课程也只是法律谈判等语言交流课程;而车辆工程专业不仅有相关专业理论课还有设计课、实践课,课程设置较为完整,其中设计课的通过标准就是能否熟练使用相关工程软件,并将所学理论知识进行可视化的表达。

(2)学习方法。在本科学习微积分、概率论、大学物理等自然科学类基础课时,会大量学到公式、图表。学习专业课时,设计类专业课的课程数目甚至占全部专业课的三分之一,而设计课的宗旨就在于将所学理论知识实际运用于行业研究中,而其中必须运用到如 ANSYS、ABAQUS 之类的工程软件进行分析。在使用此类软件进行工程分析时,必须对分析对象的外观结构进行基本架构,方能直观感受所需实验效果。

图 4-1 是一张使用 ANSYS 软件模拟不锈钢板材电焊时的应力分析,可以直观感受到实验效果。这样简单的实验效果图胜过长篇大论的文字表述。

法硕阶段,除了基本的学业课程外,最主要的就是法律职业资格考试的准备、学位论文和资格论文的写作。

在准备法考时,不同法律概念之间逻辑关系的梳理是一项重要工作,这有助于更好地把握知识脉络。但可惜的是,大部分同学只是将个别概念写于草稿纸上,或者只是简单地用箭头标出不同概念间关系,并未使用思维导图的方式进行系统整理。

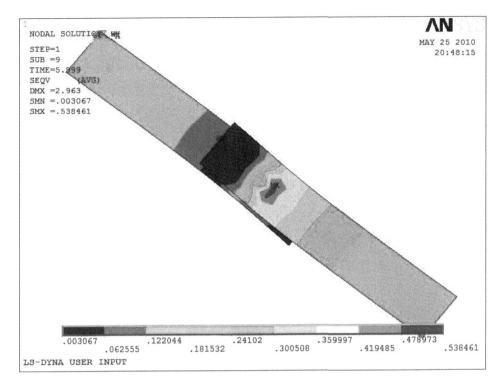

图 4-1 应力分析模拟

如果说法考成功的关键在于对法律知识的理解和运用,逻辑关系虽然重要还没有上升到决定成败的地位,那么,在毕业论文写作时,逻辑关系是否清晰、内在结构是否合理就成为论文成败的决定因素。我在进行硕士论文写作时,开题阶段就因逻辑混乱、章节安排不合理等原因被评审老师质疑。经过老师的指导,我重新谋篇布局,将"研究背景与现状""法律所面临挑战""应当作出的调整"这三个部分画在纸上,自顶向下逐步细化,最终形成完整的思维导图。预答辩时,我将该图放在演示的 PPT 中,得到了评审老师的好评,最终顺利通过。图表表达的优势可见一斑。

(3)培养目标。理工科专业的培养方案自然会重视学生逻辑思维能力的培养,公式、图表的表述甚至是答题的硬性要求。但在法硕培养过程中,却缺少涉及非文字表述技能的课程,甚至连一节逻辑课也没有。或许有人会质疑将工学学位与法学学位进行课程对比来探讨法学培养相关问题是否可行,但我认为,尽管学科知识内容并不相同,但培养过程中所养成的思维习惯、逻辑能力却应该是通用的。世界上有很多科学家在人文社科领域也有杰出的贡献(如罗素、莱布尼茨等)已经证明了这一点。

　　经过以思维导图通过硕士论文预答辩一事,我也反思,在本科时作为随身所备的普通技能,为什么在法硕阶段却成了提升毕业论文质量的救命稻草? 我认为,除了法硕的培养没有重视逻辑思维训练外,环境和懒惰也导致自己的工具技能的退化,放弃了以图表、公式学习的基本功,最终导致在硕士论文开题时遭遇质疑。因此,除了法科的培养方式需要考虑调整之外,我们自身也应当重视思维方面的不断的可视化训练。

4.4.2　对反馈信息的评论

　　与前面一位信息管理与信息系统专业本科和法硕背景的法学博士生的反馈信息比较,我们再次看到,在本科阶段已经经过图象语言和符号语言表达的大量训练的学生在法硕阶段两三年的法科训练过程中是如何逐渐失去这种表达能力的。再经过几年的法学博士生学习,他们在理工科本科所训练出来的图象语言和符号语言表达能力恐怕就将丧失殆尽。

4.5　法学教育训练对不同专业背景学生的影响

4.5.1　相关学生的反馈信息

　　下面是其他学生的反馈文字。

　　(1) 一位工科本科毕业后于 2020 年入学的法学第二学士学位生说:

　　"我对不同表述方式的认识经历过三个阶段,总体来看是一个'否定之否定'的螺旋上升的认识过程:

　　首先是在本科阶段的工科学习中,无论是工科老师还是所看的工科论文,都倾向于使用更多的图表而减少文字的使用,其原因主要在于工科课程有很多公式、定理、数据、实验结论,本身就难以用文字表述。[①]

　　进入法科学习后,发现能看到的几乎所有法学教材、文章都是纯粹的文字表述,初期只是浅显地认为这只是不同学科之间的差异,如同著作权法理论中,

---

① 引者注:思维的形式,从文字到图表、再到逻辑式数学式,在不断抽象的过程中已经经历了两次质的飞跃。工科的那些公式、定理、数据、实验结论,是已经经过一、两次的质的飞跃之后的表述。如果一定要用纯文字来表述它们,一般是可以做到的,但却是冗长繁复的。

对思想存在不同的表达方式,而工科的表达方式就是图表公式等,法科的表达方式则是文字,两者之间没有高低之分,只是由不同的学科特点造成的。

近期我认识到,文字、表格、图形、公式等虽然是属不同的表达方式,但是它们之间是有层次高低之分的,这高低的区分标准我理解为传递信息的效率高低。在相同的篇幅下,文字、表格、图形、公式所能包含的信息量逐渐递增,同时对于阅读者,接受信息的速度也是依次递增,因此可以说图表公式在表达方法的层次上是要高于文字的。

现阶段工科和法科之间此类表达方式选择上的差异,并非先前所以为的是学科特点限制了表达方式的选择,而是因为工科的高信息量的研究特点倒逼学者选择了层次更高的表达方式,否则无法进行学术交流。"

(2) 一位法学本科时曾经辅修金融学专业的法学硕士生说:

"记得在本科学习金融学二专时,经常接触图象语言、符号语言,在完成作业时也会使用图象语言、符号语言进行思考和表达。而在学习法学时,阅读的法学专著、论文多使用文字语言进行表述,我自己也习惯了用文字语言去表达观点,较少使用图象语言。

仔细想来,文字语言和非文字语言各有用武之地,今后在法学学习中也可以有意识地尝试适时使用图象语言——或用于替代相应的文字表述,或起到提纲挈领、突出重点等辅助作用。例如,在进行分类、对比时,可以使用表格;在解释法律概念或者阐释多方之间的法律关系时,可以使用图示。这样一来,不仅可以使文章内容更加清晰明了,也可以反过来促使自己理清逻辑、深入思考。"

(3) 另一位法学本科毕业的法学硕士生是这样说的:

"法学本科生在本科阶段接受的大多是以文字语言表达为主的教育,因此形成了以纯文字撰写论文的习惯和思维定式,同时对于阅读的法学论文主要以文字形式呈现也习以为常。

但不得不承认,对读者来说,非文字表达在大多数情况下要比纯文字表达更简单易懂,但对作者来说,熟练运用非文字表达却绝非易事。因此,进入研究生阶段,通过阅读不同类型的文章,了解不同学科的思维方式和表达习惯,结合个人研究方向的特殊性,开始在毕业论文中运用简单的图表,图文结合看起来会比纯文字更加充实。在阅读文献时也尝试运用思维导图画出中心思想和关键词句,便于后续查询。"

（4）一位法学本科背景的法律硕士生说：

"我的本科和研究生两个阶段接受的都是国内的正统法学训练。作为一个'纯'法学生来说，在思维方式上几乎是用文字组成的系统。虽然在论文写作或者课程学习中也会制作一些图表（譬如裁判文书的逻辑图），但这些图示的形成过程也是从文字再次'翻译'过来的，而非先在脑海里形成逻辑图再写成文字。"

（5）另一位法学本科背景的法律硕士生说：

"我是高中就选的文科，从高中时起就习惯用大段大段的纯文字表达思想，高中时数学是唯一接触图表的渠道。读法学本科后，没有开设高等数学课，法学课老师讲课时极少用图表，多是纯文字讲解法学知识，只有法律逻辑课用的三段论推理勉强可以说是图表。法硕阶段很多授课是让学生自己上台讲解案例，为了能让听众更好地理解，在学生自制的 PPT 中图表出现得相对较多。相比起来，老师们的 PPT 基本都是大段文字，只有当学生对于较为复杂的法律关系认识不清时，授课老师才会在黑板上画关系图以便同学理解。可见授课老师们是知道关系图这类的图表是易于理解的，但很少会在正式授课的 PPT 中使用。

我自己表达思想或者写论文时，也很少会想到用图表，因为图表已经在我的学习过程中消失得太久了。现在我也尝试着开始用图表来表达一些思想。"

（6）一位工学学士背景的法律硕士生说：

"我的体会是：①思维导图可以用于案例分析，在复杂法律关系中，图表语言比纯文字语言更能反映当事人之间的法律关系。②思维导图有利于训练自己把握整体法律关系的能力。③如果对比两个不同的案例，思维导图形式更容易发现其中的不同之处。"

（7）另一位工学学士背景的法律硕士生说：

"我的本科专业是电子科学与技术，在学习电路设计并进行编程时就需要厘清各模块之间以及模块内部的关系，图表往往是比较高效的方式。因此在学习法律时，也会习惯性地采用思维导图、表格的方式以辅助理解、记忆法律概念和内容。比如，在准备法考的刑法科目时，某老师的讲义就是采用思维导图，对学习的帮助很大。另外，在案例课堂也有老师会采用思维导图的形式对案例进行梳理，案件事实、法院说理都能以更直观的方式展现，也便于我们学生更容易地融入课堂。"

（8）一位管理学学士背景的法律硕士生说：

"读研选择法硕的过程比较突然，在这之前我对法律了解很少，也没有经过第二专业等系统训练。在大四准备法考时，就一直感慨，复习阶段看的文字比我四年来看的都要多，很不习惯。开始非法本法硕学习后一开始不太适应的是，大家上课都在用电脑疯狂打字，以前我一般是直接手写记下重点内容的笔记。后来，我也习惯在 PPT 旁记下大量文字说明，但在复习考试的时候，还是会自己画一下每一章知识点的思维导图，便于理解记忆。我也逐渐体会到了法律也有内在的公式和逻辑。"

（9）一位力学专业本科并曾辅修法学的法律硕士生说：

"思维导图辅助了我论文写作的各个阶段，在文献阅读、撰写论文的同时制作思维导图，使我快速明确文章内容的关键点，并将分散且有关联的内容连接起来，用以厘清文章各章节之间的逻辑关系。此外，思维导图将内容以平面展开的形式呈现，也激发了我对文献内容的联想与深入思考。

除了辅助论文写作，制作思维导图还产生了思维训练的效果。例如，在提取内容关键点时，其主要任务是关键词的细化处理，以及将内容尽量简化且符合上下层级的逻辑，这样的思维训练提升了我的逻辑思维能力。此外，因思维导图可以由任意一个点延伸无限的分支，制作思维导图的过程也训练了我同时思考多个问题、同时关注一个问题的不同角度的思辨能力。"

4.5.2　对反馈信息的评论

树状图（思维导图）是图象语言的形式之一，是法科学生容易掌握的工具。

本书作者现在要求所指导的研究生逐步做到：在提交学位论文的开题报告/论文初稿/论文定稿时，同时给出开题报告/论文初稿/论文定稿的思维导图。

这样，既便于学生自查开题报告/论文初稿/论文定稿的内在逻辑是否合理，也便于导师审核开题报告/论文初稿/论文定稿，尤其是可以训练学生学会并且习惯使用思维导图，以便未来在实际工作中使用这个工具。

4.6　法学科班出身的迷思

4.6.1　科班出身与所在学科的研究优势

1) 科班出身与半路出家

谈到中国法学界,就不能不涉及两个成语——科班出身和半路出家。科班,是旧时招收儿童,培养成为戏曲演员的教学组织。科班出身,常用来比喻正规的教育或训练。科班出身的反义词是半路出家,这是比喻原先并不是从事这一工作的,后来才改行从事这一工作,或者说是比喻半路上才学着干某一行,不是本行出身。① 注意到,在"汉文学网"(https://www.hwxnet.com)的"成语词典"栏目中,科班出身列为褒义词,其反义词是半路出家;半路出家列为贬义词,其反义词除了科班出身之外,还有训练有素。换言之,讲某人是半路出家时,隐含指其并非训练有素。

今天的高等教育有本科生、硕士生、博士生三个学习阶段。基于科班出身的本意,只要是在三个阶段中的任何一个阶段经过正规的法学教育就属于法学科班出身。但在中国法学界似已约定俗成的是——只有本科是法学专业的才算是"法学科班出身",只有本科、硕士、博士三阶段都是法学专业的才是受过"完整的法学教育"。换言之,只要本科不是法学专业的,就不是"法学科班出身";如果没有法学学士、法学硕士、法学博士三个学位,就没有受过"完整的法学教育"。

这里有两段文字为证:①"……他毕业于一所著名的政法院校,法学本科毕业,学历很正规,是严格意义上的法学科班出身"。② ②《北京大学法学院教学科研岗位招聘启事》中的"应聘条件"之一是"在国内外著名大学接受过完整的法学教育,获得法学博士学位"。③

2) 科班出身是否一定在学术研究上有优势

2006 年 4 月 3 日晚,一位心理学副教授在上海的一次心理学讲座中的一

---

① ①中国社会科学院语言研究所词典编辑室.现代汉语词典(2002 年增补本)[M].北京:商务印书馆,2002:36,710.②西北师范大学(前甘肃师范大学)中文系《汉语成语词典》编写组.汉语成语词典(增订本)[M].上海:上海教育出版社,1986:19.
② 喻中.法学方法论[M].北京:法律出版社,2014:17.
③ 北京大学法学院教学科研岗位招聘启事[EB/OL].(2022-02-18)[2022-02-22].https://www.law.pku.edu.cn/xwzx/ggtz/tzggx/135287.htm.

番话值得关注。他在讲他自己时自我调侃道:他是心理学学士、心理学硕士、心理学博士,是心理学科班出身,毕业后一直在高校任心理学教师。他这辈子在学问上是不会有太大的出息了。为什么?因为从上大学开始,头脑中已经灌满了心理学的各种流派:从冯特的构造主义心理学到詹姆士的机能主义心理学,从华生的行为主义心理学到弗洛伊德的精神分析心理学,从马斯洛的人本主义心理学到奈塞的认知心理学,等等。因此,他在心理学领域就很难有原创性的、颠覆性的创新了。他也介绍说:倒是有几位其他专业背景的科学家在心理学相关领域做出杰出贡献后获得了诺贝尔奖,如巴甫洛夫(Ivan Petrovich Pavlov)、司马贺等。

当年这位心理学老师讲课时,并不知道他的这段话给一位听众留下了深刻印象,以至于在十六年后还能找出当年的听课笔记写在这里。

当年这位心理学副教授如今已是教授、博士生导师,在心理学的应用方面取得了骄人的成绩;同时,也确实如他当年所说的,在心理学理论方面则是"守成有余、创新不足"。显然,这位心理学老师是非常有自知之明的。

单一学科的专业背景,可能限制人的思维和行为,形成对该学科既有路径的依赖。有道是,对于只有一把"锤子"的人来说,任何问题看起来都很像"钉子"。与此对照,跨学科的专业背景,可以拓展人的认知边界,为解决复杂问题提供更多的可能性。

4.6.2　法学本科教育与法科的学术门槛

1) 法学本科教育的定性考察

中国的法学专业本科教育"作为普通教育的一部分,所培养的对象与其说是法律职业人才,不如说是具备法律专业知识的通才"。[①]

"在中国,高等院校举办的法学学历教育(按:指本科教育)主要是以传授法学专业核心课的基本概念、基本理论、基本原则、基本规范和基本制度等知识体系为主。但法学知识只是法律人基本资质的一个部分,并非全部,大学法学学历教育也只是法律人培养模式(培养体制)的组成部分之一。""长期以来,在中国,一个高中毕业后仅仅接受了四年法律本科教育的人,在尚不具备法律人的三大基本资质(按:指掌握和了解法学学科体系的基本知识,具备法律职业的基

---

① 贺卫方,霍宪丹.法律硕士(JM)专业学位教育的改革与发展报告——建构统一的中国法律教育模式[M]//霍宪丹.中国法学教育反思.北京:中国人民大学出版社,2007:165.

本素养,掌握从事法律职业的基本技能)的情况下,就直接进入法律职业的岗位,并被要求以一个合格的法律人的标准胜任法律职业岗位。这显然是一种不切实际的过高要求和预期,确有不教而诛之嫌。"①

2)法学本科教育的定量考察

《法学类教学质量国家标准(2021年版)》规定:"法学类专业基本学制为四年,各高校可在四年制模式基础上,实行弹性学制,但修业年限不得低于三年。完成各专业培养方案规定的课程和学分要求,考核合格,准予毕业。符合规定条件的,授予法学学士学位。"

在法学院的法学本科培养方案中,在大学各专业都有的通识教育课程之外,才是本专业的教育课程和实践课程,另外还有少量的个性化课程。基于本书的主旨,只需要考察法学本科的"专业教育"课时和"专业实践"课时;这些课时可称为"法学专业教育总课时"。

以某法学院的本科培养方案为例,其中专业教育课时为:82(学分)＊16(课时/学分)＝1312课时;专业实践课时为:21(学分)＊16(课时/学分)＝336课时。即法学专业教育总课时为:103(学分)＊16(课时/学分)＝1648课时。

以此为参照标准计算的、完成法学专业教育总课时所需的教学周数如下:

(1)若以每周5日上课、每日上课6课时计,每周上课最大容量5＊6＝30课时。此时,所需教学周数为:1648(课时)/30(课时/周)＝54.93周≈55周。

(2)若以每周5日上课、每日上课8课时计,每周上课最大容量5＊8＝40课时。此时,所需教学周数为:1648(课时)/40(课时/周)＝41.2周≈41周。

有些高校的一个学年包含"两长一短"三个学期,即各有16个教学周的春季学期和秋季学期,再加上灵活安排教学和实践活动的有4个教学周的夏季学期;有些高校的一个学年仅包括各有18个教学周的春季学期和秋季学期。

在每学期有16个教学周和18个教学周这两种不同机制情况下,完成法学专业教育总课时所需的"学期数"如下:

(1)若以一个学期含16个教学周计算,则是在三个学期(一个半学年)即16＊3＝48周左右的时间内(41＜48＜55)可以完成法学专业教育总课时。

(2)若以一个学期含18个教学周计算,也是在三个学期(一个半学年)即

---

① 霍宪丹.中国法学教育反思[M].北京:中国人民大学出版社,2007:103.

18 * 3＝54 周左右的时间内(41＜54＜55)可以完成法学专业教育总课时。

因为法学专业教育总课时之外的通识教育课程是高校所有本科专业培养方案都有设置的,所以,凡是高校本科以上的毕业生,只要学习完成全部的法学专业教育总课时,就是完成了法学本科教育,就达到了法学科班出身的标准。换言之,要达到所谓法学科班出身的标准,并不限于法学专业本科生这一个途径。任何一个专业的"本科后",只要进一步完成了上述法学专业教育总课时的学习,就属于名正言顺的法学科班出身。

认清这一点,对于摆脱法学科班出身的迷思,非常重要。

3) 非法学学位获得者转修法学专业教育总课时所需时间估算

根据非法学学位获得者原有的其他专业学历层次,考虑他们的理解力和社会阅历的增长情况,可以估算他们转修法学专业教育总课时的实际所需时间:

(1)"本科后":非法学学位获得者"本科毕业后"转修需 1 年半～2 年;

(2)"硕士后":非法学学位获得者"硕士毕业后"转修需 1 年～1 年半;

(3)"博士后":非法学学位获得者"博士毕业后"转修需 1 年左右。

以上关于非法学学位获得者转修法学专业教育总课时所需时间的估算可汇总如表 4‐2 所示。

表 4‐2　非法学学位获得者转修法学专业教育总课时所需时间估算

法学专业教育总课时	完成法学专业教育总课时所需周数	完成法学专业教育总课时所需学期	非法学学位获得者转修法学专业教育总课时所需年数		
			本科后	硕士后	博士后
1648 课时	41～55 周	3 学期	1.5～2.0 年	1.0～1.5 年	1.0 年

4) 非法学学位获得者修完法学专业教育总课时后与法学本科毕业生的比较

非法学学位获得者修完法学专业教育总课时后,由于其原先的非法学学位专业背景(假设只有一个非法学专业背景),则其知识结构是"Ⅱ型",显然优于法学专业本科背景的"T 型"知识结构。一般情况下,就法律职业岗位上的工作"后劲"而言,前者应该优于后者。

如果有人本科是数学专业、硕士是 IT 类专业、再获得法律硕士学位和法学博士学位,则具有两个非法学专业背景加上法学专业背景,其知识结构是"倒

Ш型"(Ш是俄语字母)。在法学研究或法律实务工作中,你会认为此人的专业发展前景不如一位纯法学背景的人(即法学的学士硕士博士学位获得者)吗?

有些法律机构招收新人时不接受"本科非法学专业"的已有法学学位者(可能是法律硕士或者是法学博士),有的省级律师协会的会员系统中在律师的个人数据项中设置"本科是否法学专业"一项。他们对具有非法学专业背景的法律人的看法,不是很奇怪吗?

5)法科的学术门槛

在中国,高等教育转专业时一般的可行路径是:理科→工科→文科(含法科);反之,则很难做到(虽然确实有反向转专业的个案存在)。

以数学专业与工科类专业相比,数学专业《数学分析》课程中微积分的深度和广度要比工科类专业《高等数学》课程的微积分的深度和广度有很大的提升。因此,许多工科学生有吉米多维奇《数学分析习题集》,但是其中很多微积分习题还是看不懂、做不了。

只要具备正常的思维(且不说是否具备健全的逻辑思维),就可以学习法科。换言之,非法学的任何专业都可以转专业学习法科。高校设有"非法本法硕"(供本科是非法学专业的毕业生就读的法律硕士学位)就是证明。

4.6.3　法律职业考试和立法逻辑的视角

作为面向社会的法律类职业证书考试,国家统一法律职业资格考试制度("法考")从2018年开始设立,对应职业是律师、法官、检察官、公证员,从事行政处罚决定审核、行政复议、行政裁决的工作人员,以及法律顾问、法律类仲裁员。在此之前,有从2001年开始设立的国家司法考试制度("司考"),对应职业是律师、法官、检察官、公证员。再往前,有从1986年开始设立全国律师资格考试制度("律考"),考试周期在初期是每两年一次,后改为每年一次。

首次律考于1986年9月举行,不向社会开放。第二次律考于1988年9月举行,首次向社会开放。当年本书作者在国内经济很发达的某地级市参加第二次全国律考。考试结果是:全市只有4人通过,本书作者以高于合格线40分的成绩(340分)通过考试;而该市一知名大学法律系(当时尚未改称法学院)的教师和研究生有数十人参加考试,竟无一人通过。记得后来在该市司法局公证律师科领取律师资格证书时,该科科长曾经问本书作者:你没有法学学历,是怎么通过考试的? 答曰:我是计算机专业的研究生毕业,逻辑思维能力强。

　　与非法学专业背景的考生相比,法学科班出身者在法律职业考试中似乎没有明显优势。

　　逻辑学在中国没有得到重视,导致很多国人缺乏基本的逻辑常识,常常依靠生活习惯来思考,逻辑谬误无处不在。现实中的一些法律人也是依靠生活习惯来研究、办案甚至立法,悲哉。

　　张继成(1964 年生,中南财经政法大学法学院教授)撰文写道,近几年来,他运用逻辑规则分别对刑法、著作权法、民法典等规范文本进行了批判性检验,发现其中存在许多逻辑错误(其中有些是低级错误)。对于他的这些批评,许多学者、法官、律师常常用"法律具有自身的内在逻辑(规律)""法律的生命在于经验而不在于逻辑"等说辞来为这些逻辑错误进行辩解。但这种辩解在他看来都是不能成立的。因为许多国家也制定了民法典,这些法律也都反映了法律自身的内在逻辑,但为什么这些国家的法律法规并没有大面积地出现逻辑错误(虽然也或多或少地存在一些逻辑瑕疵)? 为什么中国制定的法律法规要反映法律自身的内在逻辑就必须以大面积违反逻辑的方式才能实现? 假如形式逻辑与法律内在规律之间是水火不相容的,为什么美国法理学家富勒还将包含逻辑矛盾的立法称之为失败的立法呢?

　　他认为,立法者的逻辑素养决定《民法典》的立法质量。要想成为一名合格的立法者就必须具备良好的逻辑素养,只有受过严格逻辑训练的人才能为法律规则找到准确的逻辑表达式。《民法典》之所以存在太多的逻辑错误,有些时候是因为立法者并没有把握住法律本身的内在逻辑(规律)进而没有找到与它对应的逻辑表达式(没有找到法律自身的内在规律,自然无法找到正确的逻辑表达式),有时候虽然找到了法律自身的内在规律而仅仅是因为不懂逻辑而没有找到与这种内在规律相适应的逻辑表达式。

　　他指出,要想避免逻辑错误百出的情况出现,立法者自己必须要有很高的逻辑素养,否则就不是一名合格的立法者。中国法律人逻辑思维能力普遍较差的根本原因在于我们的法学教育制度不重视逻辑教学,不重视法律人的批判性思维训练和培养。许多法学院不开设逻辑课;开设逻辑课的逻辑教师要么只懂逻辑,不懂法律,要么只懂法律、不懂逻辑;这种师资都无法理论联系实际。这种状况不彻底得到改变,法律人的逻辑思维能力就无法得到根本改变,真正的法治建设永无实现之日。[①]

本书作者认为,中国法学界主体人群的逻辑思维能力欠缺问题的根本原因,是在法学本科培养方案中欠缺高等数理知识教育,而对主要来自文科生源的法学本科生又无法进行高等数理知识教育。如果中国法学教育在人才培养中坚持以本科教育为主渠道,在师资招聘中坚持"法学科班出身""完整的法学教育"这样的要求,那么这个问题将永远无法解决。

法学教师有时用"理工科思维"来形容他们所不了解的理工科教育和训练,他们不知道理工科思维的本质就是逻辑思维。没有健全的逻辑思维,法律思维只能漏洞百出。逻辑思维的最佳表述形式,不是文字语言,而是符号语言中的逻辑表达式。

4.6.4　法学专业本科教育的局限性

与法学科班出身密切相关的一个话题是:法学专业本科教育的局限性。这个话题也是调研报告《法律硕士(JM)专业学位教育的改革与发展报告——建构统一的中国法律教育模式》(2001 年 8 月)[②]第四章"JM 教育应该成为法律教育的主渠道"第二节的标题。下面介绍该报告中相关的主要观点。

沿袭大陆法系法律教育的传统,中国的法律教育长期以来以本科教育为主体,将法律专业本科生作为法律教育的主渠道。从世界来看,"以本(科)为主"有着广泛的成功先例。目前,除了美国之外,几乎所有国家法律教育的起点都是本科生,即完成高中教育后便加入法律院校学习法律。

值得关注的是,近年来在世界范围内的法律教育有某种朝美国模式转向的趋势。其原因尚未得到深入探讨。一个重要的原因,可能是社会分工的日趋专门化和深化导致法律知识越来越复杂,从而使专业知识与一般常识之间的距离越来越拉大。当然,从内在的特质看,法律学本身就是一种实践理性。它不仅仅是一整套自洽的知识体系,更是一套以问题为指向的解决社会矛盾与冲突的方法。它要求教育者和受教育者都具有一定的社会生活经验,否则,法律教育就只能走向空泛的理论,而难以与社会事务的实际调整发生真正的关联和

---

① 张继成.逻辑规则何以能够作为立法质量的评价标准——法律与逻辑的内在关系[J].社会科学论坛,2020(6).

② 贺卫方,霍宪丹.法律硕士(JM)专业学位教育的改革与发展报告——建构统一的中国法律教育模式[M]//霍宪丹.中国法学教育反思.北京:中国人民大学出版社,2007:159-255.

契合。

"以本为主"的法律教育正是面临着这样的困难。学生在高中毕业后(18岁左右)开始学习法律专业知识,对于法律知识所对应的社会关系的关联性没有多少体验;没有达到一定的年龄、学历、阅历,难以形成与法律活动的复杂性相适应的心智,难以充分把握法律领域的专业知识,难以胜任对法律问题复杂性的把握和处理。因此,他们的学习过程就只能是从书本到书本,满足于教师的灌输,将法学变成一种记诵之学。更因为此前他们对人文科学社会科学的基本知识了解不多,所以又不得不分出很多心力去修习这方面的课程,以完成大学教育将受教育者培养成"博雅之士"的使命。学习时间只有短短的四年,又必须在法学之内和法学之外"两线作战",学生因年龄较小而无法真正领悟法学真谛、把握法律职业的必要技能。于是我们的法律教育进退失据,左右为难。近年来,随着法律教育的发展和社会对法律实务人员要求的提升,"以本为主"的法律教育越来越显得捉襟见肘,实务界辄有怨言,当然不是偶然的。①

注意到,上述调研报告写于 21 年前。该报告的主持人、撰稿人,不论是法学教师还是政府官员,除了个别撰稿人目前在网上无法查到其本科学历情况之外,其他可以查到的,都是法学本科毕业即法学科班出身。他们对法学专业本科教育的局限性能有如此深刻的反思,是难能可贵的。

在上述调研报告的观点之外,本书就此问题补充几点:

(1)在高中阶段文理分班、有学习理工科潜力或者兴趣的学生通常已经分到高中理科班的情况下,来源于高考文科生源的法学本科生通常没有学习高等数理知识的意愿,法学本科培养方案通常也不开设高等数理知识课程。另一方面,高考理科生源很少会主动报考法学专业,即使因为有的学校法学专业文理兼收而被录取在法学专业,他们也往往希望转到理工科专业;即使他们在法学专业留下来,也没有开设高等数理知识课程。

因此,法学本科毕业生往往难以适应现实中越来越多的法学与其他领域(特别是技术领域)的交叉领域的工作需要,不论是从事法学研究工作(即使他们后来成为法学硕士、法学博士),还是从事法律实务工作。

(2)关于法学专业本科教育的局限性,上述调研报告主要是从法学本科毕

① 贺卫方,霍宪丹.法律硕士(JM)专业学位教育的改革与发展报告——建构统一的中国法律教育模式[M]//霍宪丹.中国法学教育反思.北京:中国人民大学出版社,2007:191-192,197-198.

业生无法适应社会对法律实务人员要求提升的角度来谈,本书则要从社会对法学者要求提升的角度来谈。中国在网络安全法、数据安全法等交叉领域的立法实践已经证明,中国法学界的既有研究成果与国家现实的立法需求之间的差距很大,具有相关专业技术背景的、适应立法需求的法学者太少。

因此,推动中国法律教育的主渠道由法学本科教育向非法本法硕的转变,势在必行;推动法学者群体由法学科班出身为主体人群向以"至少有一个非法学学位(尤其是理工科学位)"为主体人群的转变,势在必行。

4.6.5   输出相同时输入越少则系统越好

从系统工程的角度,把系统与外部环境相互作用所反映的能力称为系统的功能。它体现了一个系统与外部环境之间物质、能量、信息的输入与输出的转换关系。系统工程的任务在于提高系统的功能,特别是系统的处理和转换的效率,即在一定的输入条件下,输出越多,则系统越好;换言之,在一定的输出条件下,输入越少,则系统越好,即输出相同时,输入越少,则系统越好。

设有系统 A,若用 X_1,X_2,X_n 表示系统的 n 个输入,Y 表示系统对输入进行处理和转换后得到的输出,则如图 4-2 所示。

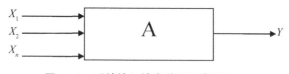

图 4-2   系统输入输出关系示意图之一

系统工程的上述原理也可用于对人的评价。

如今在法学院校,应聘者的法学学士、法学硕士、法学博士学历往往是标配。引进者经过若干年之后,通常从讲师/助理教授开始、晋升副教授、再晋升教授。教育经历与职称评审的关系可以简化如图 4-3 所示。

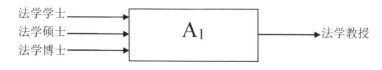

图 4-3   系统输入输出关系示意图之二

在 21 世纪以前,大量的法学教师在晋升教授前并没有法学博士学位,他们晋升教授的历程如图 4 - 4 所示。

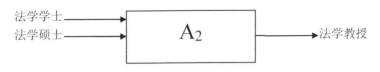

图 4 - 4　系统输入输出关系示意图之三

根据"在一定的输出条件下输入越少系统越好"的原理,系统 A_2 应该是优于 A_1。但后来的实际情况却是颠倒过来:大约在 20 世纪末开始到 21 世纪初,大批已经晋升教授、甚至已经成为博士生导师的教师回过头去攻读博士学位(如图 4 - 5 所示)。似乎不是系统 A_2 优于 A_1,而是系统 A_1 优于 A_2。

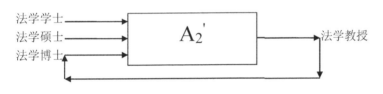

图 4 - 5　系统输入输出关系示意图之四

一种政策归因的解释是:个人是否获得博士学位、机构人员的博士学位比例,后来成为各种考评体系的指标之一。问题在于:在这样的政策导向之下,机构人员的博士学位比例数是"好看"了,但是否导致资源的浪费? 教授、博导再去读博士,是否既浪费宝贵的社会资源又浪费自己的时间精力?

现在经常看到一些招聘简章中的要求写明"博士教授"。显然,在招聘单位的心目中,"博士教授"优于"硕士教授","硕士教授"优于"学士教授"。若是这样,本书作者在小学阶段曾经跳过两个年级,是否还应该倒回去重新读完小学那两个年级? 他们知道"在一定的输出条件下输入越少系统越好"这个原理吗?

了解"在一定的输出条件下输入越少系统越好"的原理,了解文理交融的要求,就不难理解,为什么一个有工学学士和工学硕士学位、凭借法学研究成果逐级晋升法学副教授和法学教授的人(如图 4 - 6 所示)会在每学期新上课时这样自豪地自我介绍:"我是法学院里唯一没有博士学位的教师,也是唯一没有法学学位的教师。"

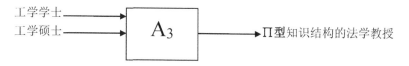

图 4-6　系统输入输出关系示意图之五

《法律硕士(JM)专业学位教育的改革与发展报告》中有这样一段话:"法律职业素养的构成包括:职业语言、职业知识、职业思维、职业技术、职业信仰和职业伦理六个方面(按:该报告认为前四者构成法律职业的技能)。法律职业素养的统一,则形成一个统一的法律共同体。……法律职业素养的统一主要是靠法律教育的统一。未经法律专业训练者绝不可能在实践中靠自学、靠摸索而掌握一整套法律职业技能与伦理。即使是法律职业伦理,也只能靠法律专业学习过程中结合法律原理才得以理解和培养。"[1]

关于其中的最后两句话,需要说明的是,实际上在中国确有例外。这种例外,不论是在法学界还是在法律界,都存在。因此"绝不可能"这四个字可以商榷。

注意到,在《法学类教学质量国家标准(2021 年版)》中对"教师专业背景"的要求中写明:法学类专业的"专任教师应具有 5 年以上本学科专业教育背景"。因为法学本科教育是四年制,法学硕士生和法律硕士生是两年制到三年制,法学博士生通常是三～四年制,所以,"5 年以上本学科专业教育背景"的规定实际上是要求具有两个以上的法学学位。同时,该标准中对"教师专业背景"的要求中也写明:"教师队伍中应有一定数量的教师具有海外留学经历或跨学科教育背景。"这里写明"跨学科教育背景"是值得赞赏的。

如果将《法学类教学质量国家标准(2021 年版)》的上述两点要求与本书的理念综合起来,就可以认为:拥有非法学学位(尤其是理工科专业学位),加上法律硕士和法学博士两个法学学位,具有跨学科教育背景的法学专任教师,是符合国家标准的、适应未来法学教学研究需要的法律人才。

---

① 　贺卫方,霍宪丹.法律硕士(JM)专业学位教育的改革与发展报告——建构统一的中国法律教育模式[M]//霍宪丹.中国法学教育反思.北京:中国人民大学出版社,2007:168.

第5章

问题的分析——法学论著的剖析

一个学科的范式,源于该科学共同体在多年研究中形成的共识。这种共识产生的基础,是其中绝大多数人基本相似的专业背景、教育记忆、培养模式和时代烙印。

为了解当今中国法学界的学术论著中使用文字语言和非文字语言进行表述的情况,本书作者在2021年3—5月间查阅了具有代表性的若干作品,以其为样本进行分析。基于本书的主旨,将不讨论这些著作本身的理论价值,而只是关注其使用非文字语言(即图象语言和符号语言)的情况。

5.1 样本1:《中国法学向何处去》

5.1.1 邓正来《中国法学向何处去》及其评论文集

这里涉及两本书:一是邓正来著《中国法学向何处去:建构"中国法律理想图景"时代的论纲》①(这里简称"邓正来专著");二是《检视"邓正来问题":〈中国法学向何处去〉评论文集》②(这里简称"评论文集")。

据百度百科词条介绍,邓正来(1956—2013),1978—1982年就读于四川外语学院英语专业本科,1982—1985年是外交学院国际私法研究生。此后独立从事学术翻译和研究工作。2003年起先后受聘为吉林大学法学院教授、复旦大学国际关系与公共事务学院教授。该词条介绍,邓正来的法学代表作《中国法学向何处去》于2005年发表后,仅发表在CSSCI刊源上的评论文章就有近百篇,开创了中国"自民国以降法学界集中评论一位学者某部著作的最大盛

① 邓正来.中国法学向何处去:建构"中国法律理想图景"时代的论纲[M].第二版.北京:商务印书馆,2021.

② 孙国东,杨晓畅.检视"邓正来问题":《中国法学向何处去》评论文集[G].北京:中国政法大学出版社,2011.

况"。该书还被日本法学家全文译为日文出版,是当代中国法学界极少数被译为日文出版的学术专著。

注意到,邓正来是由英语专业转到法学专业的。英语专业也属于文科类专业。换言之,他没有高等数理知识基础。

5.1.2　对邓正来专著及其评论文集的评论

本书重点考察邓正来专著及其评论文集中使用非文字语言(即图象语言和符号语言)表述的情况。

邓正来专著第 2 版全书 367 页,以每页的版面字数 30×26＝780 计算,全书的版面字数约 28.6 万字,全部都是文字语言表述,没有任何非文字语言表述。

评论文集是从评论邓正来专著的 140 余篇文章中遴选 40 篇具有代表性的文章汇编而成,对"邓正来问题"即"中国法律理想图景"问题进行了较为全面的检视。全书 489 页,版权页显示的版面字数是 53.5 万字。

在评论文集收录的 40 篇文章中,只有 3 篇文章包含非文字语言表述(其中 1 篇文章有一张图和一个表格;另外 2 篇文章是各有两个表格),其他 37 篇文章全部是文字语言表述。在这 40 篇文章之外,书的开始是主编之一撰写的长达 51 页的"代序",书的末尾附录有邓正来撰写的《中国法学向何处去》第二版序和《中国法学向何处去》部分评论文章辑目(2005—2010),也全部是文字语言表述。

表 5-1 是分别以篇数和作者数对评论文集中使用非文字语言情况的统计结果。

表 5-1　评论文集使用非文字语言的情况统计

项目	总数	使用非文字语言数	使用非文字语言占比	未使用非文字语言占比
篇数	40	3	7.5％	92.5％
作者数	44	3	6.82％	93.18％

邓正来专著的副标题是"建构'中国法律理想图景'时代的论纲"。一部建构中国法律理想"图景"的专著,为什么竟然没有一幅"图"来描绘这个"图景"?讨论如何建构这个"图景"的评论文集汇集了 44 位作者的 40 篇评论文章,为什么竟然只有 3 位作者的 3 篇文章使用了图和/或表,其中只有 1 位作者的 1 篇论文使用了图?

一叶知秋。这实际上反映了中国法学界使用非文字语言表述的大体情况。由于专业背景、学科训练、学术视野、思维定式等多方面的因素,大多数中国法学者不会用或者不习惯用非文字语言进行思维和表述,应是不争的事实。

5.2　样本 2:《国家政治语境中的"法律与文学"》

5.2.1　陈文琼的文学法学政治学交叉领域著作

现在分析陈文琼著《国家政治语境中的"法律与文学"》[①]。该书是南宁师范大学法律与社会学院教授陈文琼在其博士论文基础上修改完成的。该书的序言和后记显示,作者的教育背景是文学本科、法制史硕士生、政治学博士生,也就是说,作者没有高等数理知识基础。

根据国务院学位委员会和教育部颁发的《学位授予和人才培养学科目录(2011 年)》和后来的相关规定,中国现有 14 个学科门类:哲学、经济学、法学、教育学、文学、历史学、理学、工学、农学、医学、军事学、管理学、艺术学、交叉学科(详见百度百科词条"学科门类")。

在各学科门类下之又各有若干一级学科,各一级学科之下又各有若干二级学科。如,"文学门类"下有中国语言文学、外国语言文学、新闻传播学这三个一级学科;"法学门类"下有法学、政治学、社会学、民族学、马克思主义理论、公安学这六个一级学科。

因此,陈文琼的本科属于文学门类;硕士和博士阶段同属于法学门类,分属于该门类下的法学一级学科和政治学一级学科。她从本科到硕士的专业转变属于在大文科范围内的跨学科,即从文学门类到法学门类;她的硕士和博士阶段则属于在同一个法学门类之内的跨学科。

注意:一个人的专业背景,在大文科范围内的"跨学科"与从理工科到大文科的"跨学科"(后者属于文理交融)有很大的差别。因为理工科的学术门槛与大文科的学术门槛不同。

5.2.2　对陈文琼交叉领域著作的评论

先看该书的目录,采用的是中式格式。

再看该书在使用文字语言之外使用图象语言和符号语言的情况。

---

① 　陈文琼.国家政治语境中的"法律与文学"[M].北京:中国社会科学出版社,2013.

一方面,在该书全文中,没有任何使用图象语言和符号语言的情况。之所以如此,应该仍然是源于"大文科"的专业背景。

另一方面,也不难看到,在该书的某些章节其实本来是比较容易抽象凝练使用图象语言的(这里不再考虑难度更高的符号语言)。以下试举该书导论中的两处为例。

其一,导论谈及西方"法律与文学"的基本理论架构,介绍了广义的"法律与文学"包括四个分支:"文学中的法律""作为文学的法律""通过文学的法律""有关文学的法律",另外还有"作为法律的文学"。作者用了很多文字加以说明。在此情况下,如果经过抽象凝练、采用图表形式来表述,应能简练直观许多。

其二,导论的第六节用了整整四个页面介绍"文本的结构安排",尤其在最后一段是介绍该书的四章内容之间的逻辑关系。若是在该节采用一两张图表、辅之以文字表述,也能简练直观许多。

5.3 样本3:《计算法学导论》

5.3.1 张妮、蒲亦非合著《计算法学导论》

下面分析张妮和蒲亦非合著的《计算法学导论》①。

在该书两位作者中,张妮是法学博士毕业,现任四川大学图书馆副研究馆员;蒲亦非是四川大学电子信息学院博士毕业,现任四川大学计算机学院教授。

该书作者之一张妮在代序中介绍,该书所称的"计算法学是以具有数量变化关系的法律现象作为研究的出发点,采用统计学、现代数学、计算智能等技术方法对相关数据进行研究,旨在通过实证研究评估司法的实际效果,反思法律规范立法的合理性,探究法律规范与经济社会的内在关系。""计算法学作为一门新兴的学科,其以实证和计量的方法来研究具有数量和数理变化关系的法律现象,颠覆了传统法学的研究范式,不仅对传统法学是一种补充,更是一种研究视角的转换,计算法学的研究具有十分重要的学科研究和社会实践意义。"

如果研究者自己就有从理工科到大文科的跨学科的专业背景,那是"跨度"最大的跨学科形式(可称为"肉身文理交叉"),也是学科交叉研究的最佳形式。如果研究者自己是大文科的专业背景,在涉理工科的跨学科研究中,与理工科

① 张妮,蒲亦非.计算法学导论[M].成都:四川大学出版社,2015.

专业学者的通力合作也是学科交叉研究的可行形式。

本书关注该书颠覆传统法学的研究范式的具体情况。

看该书的目录格式。该书目录采用了西式格式。

看来，如果要颠覆传统法学的研究范式，就要从论著的目录、标题序号采用西式格式做起。因为西式格式与树状图（思维导图）有着天然的对应关系，而法学体系又与树状图同构。

当然在现实中，要将法科论著的目录、标题序号由中式格式改为西式格式而发表，难度不小。

看该书使用图象语言和符号语言的情况。

在第 2 章"建立刑事量刑模型"中，作者用模糊数学的方法，通过对量刑制度的提取，确定隶属度函数，建立模糊量刑模型。在第 3 章"立法文本的实证分析"中，作者为进行实证分析而建立了两个样本数据库，以这两个数据库为基础进行专题分析。在第 4 章"建立民事裁判模型"中，作者建立了 BP 人工神经网络裁量模型，通过实例误差分析和个案赔偿额差异两个实验，证明人工智能裁量模型的运行结果更接近于法官的实际判决。在第 5 章"建立法律本体检索模型"中，作者针对法律关键字检索存在的问题，以精神损害赔偿为例建立了规范性文件与案例互为补充的法律本体结构。

形式与内容相适应、相一致。基于上述内容，该书出现了较多的线性表、坐标图、饼图、直方图、树状图、网状图、数学表达式（包括矩阵）、数学公式等。

为说明本书的主题，下面撷取《计算法学导论》的部分内容以楷体字转述如下作为示例。

【例 1】[1]

下面我们通过具体的案件来说明模糊评价在量刑中的适用。以荣某强奸案为例，2010 年 11 月 3 日，荣某酒后将 5 岁的和某某骗至蜂德山家火塘边，后采用暴力手段，试图强行与和某某发生性关系，致和某某面部受伤，阴部受伤，但处女膜未见破裂。

具体在此案中，量刑情节 U 可以表示为：

---

[1]　张妮,蒲亦非.计算法学导论[M].成都:四川大学出版社,2015:57-58.

$$U_{量刑情节} = (U_1, U_2, U_3, U_4, U_5, U_6, U_7, U_8)$$

$$= (以强凌弱, 成年人, 欺骗引诱, 幼女, 隐蔽地方, 身体受伤,$$
$$坦白, 初犯)$$

本案例的社会恶劣影响的综合隶属评价 V 可以表示为：

$$V = U_{量刑情节} \times A_{量刑情节}$$

$$= (0.10, 0.04, 0.13, 0.13, 0.09, 0.24, 0.12, 0.15)$$

$$\times \begin{bmatrix} 0.64, 0.32, 0.04 \\ 0.50, 0.32, 0.18 \\ 0.33, 0.29, 0.38 \\ 0.48, 0.21, 0.17 \\ 0.31, 0.20, 0.49 \\ 0.41, 0.28, 0.31 \\ 0.31, 0.54, 0.15 \\ 0.26, 0.65, 0.09 \end{bmatrix}$$

$$= (0.41, 0.36, 0.23)$$

根据最大隶属度原则，此处对该案件的综合评价为 0.41，最高量刑为 10 年，可知根据本模型计算的量刑为 4.1 年。此案属强奸幼女未遂，比照强奸案既遂减半处理，其最高量刑为 10 年，减半后为 5 年，实际判决结果为 4.5 年，拟定量刑与实际量刑相差 4 个月。

拟定量刑与实际量刑的差异如图 2-1 所示。

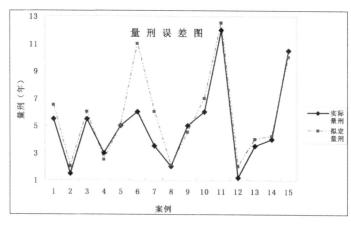

图 2-1　拟定量刑与实际量刑的差异图

同样的方法,我们对一组案例进行了考察,有的实际判决结果严重偏离了拟定的量刑,但大多是与该模型的拟定量刑是一致的。模型量刑偏差的原因主要有:①不同时期量刑考虑的情节及各个情节的权重比例会不一致,而本文给出的是一个经验值,需要不断地"学习"和修正。②量刑的相关信息来源于法官判决书,而当前在判决书并不规范的情况下,法官未将所有影响量刑的因素都——列出。③网络、媒体、行政权的介入,法官往往得用量刑去平衡民意和来自政府的压力。④量刑除考虑量刑情节和惩罚的统一性之外,政府还有执行成本、维护社会稳定等方面的要求,如严打时的量刑明显偏重。

【例 2】①

赔偿额的曲线能够反映精神损害赔偿案例的整体趋势,尽管因案例选择带有一定的随机性,但不同案例库获得的总体趋势是一致的。为了进一步论证赔偿额的总体趋势,我们用"医疗"和"精神损害"为关键词在北大法宝中获取了更多的自 2001 起至 2010 年止的十年的典型案例 315 例,去除不支持精神损害赔偿的 48 例,用剩余的 267 例进行总体分析。经比较,两案例库最高额有区别,一个为 16 万,另一个为 12 万,但总体走向一致。

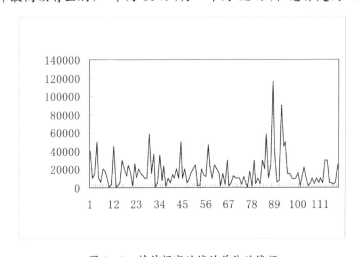

图 3 - 3　精神损害赔偿的总体赔偿额

①　张妮,蒲亦非.计算法学导论[M].成都:四川大学出版社,2015:82 - 83.

图 3-3 表明,透过案例可以发现受害人在诉讼中获得精神抚慰金赔偿额不是很高。为进一步的明确赔偿额的分布情况,参见图 3-4。排除个别的案例,赔偿额基本在 6 万元以下,有 75% 的案例中精神损害赔偿集中在 2 万元以内。上图表明,我国精神损害赔偿额处于不高的状态,且赔偿额比较集中,主要以抚慰为目的。

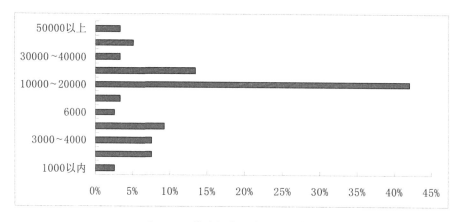

图 3-4　精神损害赔偿额的分布图

【例 3】①

如图 4-3 所示,BP 神经网络通常包含三层,即输入层、隐含层和输出层。其中输入层用 $v_1, v_2, \cdots, v_n$ 表示,可以记为向量形式 $v_n = [v_1, v_2, \cdots, v_n]$,隐含层包含多个节点,输入值与不同节点的权重可用 w 表示,即连接权值为 $w_1, w_2, \cdots, w_n$ 为,可记为 $w = [w_1, w_2, \cdots, w_n]$。输入层到隐含层的传输函数使用比较常用的 S 型激活函数 Sigmoid 函数。输出值用 y 表示,BP 精神网络根据输出值自动调整输入值的权重,从而不断训练该模型,减少输出值与人们期望值之间的误差。

---

① 张妮,蒲亦非.计算法学导论[M].成都:四川大学出版社,2015:137-138.

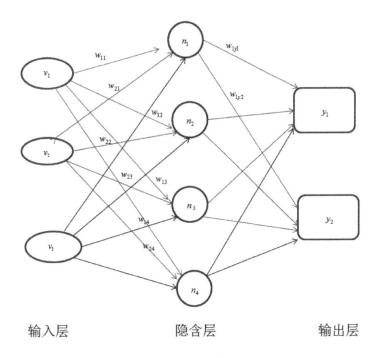

图 4-3 神经网络算法结构图

输入函数可表示为：

$$net = x_1 \cdot w_1 + x_2 \cdot w_2 + \cdots + x_n w_n$$

输出函数则表示为：

$$y = f(net) = \frac{1}{1 + e^{-net}}$$

实质上,神经网络算法就是一个多自变量单变量的函数,通过特殊的迭代方法得到满足条件的函数。

【例 4】[1]

如何查询案例？案例的相关特征并非直接来自孤立的法律法规,而是包含了诸多的酌定因素,获取案例特征的最好方法则是自底向上的方法,通过总结案例获取某一类案例的特征。我们通过观察近 10 年发生的 256 个医疗纠纷中精神损害赔偿的案例,发现该类案例具有下述特征,其法律

---

[1] 张妮,蒲亦非.计算法学导论[M].成都:四川大学出版社,2015:180.

本体结构如图 5-7 所示。

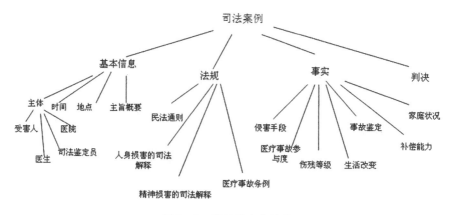

图 5-7　案例的本体结构

5.3.2　对《计算法学导论》的评论

根据本书第 2.2 节给出的思维形式、表述形式、学术门槛三者关系表,该书的表述形式已经达到了高级阶段(3.0 版),这在当今中国的法学著作中是少见的。

如果有"法学范式创新奖",则这本《计算法学导论》当之无愧。

与该书相关的若干问题如下。

张妮在代序中写道:"2004 年······我们便开始思索如何用计量的方法减少司法判决差异的问题。三年前我完成博士论文时,便有了写一本用计量方法研究法学问题相关专著的冲动,但那时一方面自己对于何谓计算法学的思考不够成熟,另一方面也担心计算法学的提法将招致传统法学者的激烈反对,而直接导致五年的艰辛博士历程不能获得一个结果,因此,博士论文只是对建立 BP 神经网络裁量系统进行了初步的论述。毕业之后的三年时间,我一直在试图回答两个问题:以具有数量变化关系的法律现象为研究对象,应用现代技术建模的这类研究,是否是法学的研究分支? 这些相关的研究对法学的发展是否具有一定的参考意义?"

由此引出三个问题:

(1)"担心计算法学的提法将招致传统法学者的激烈反对,而直接导致五年的艰辛博士历程不能获得一个结果"。是什么样的学术环境导致一位博士生出现这种担心?

2021 年 6 月 11 日该书作者张妮在微信朋友圈转发《孟勤国：我心目中的马俊驹老师》一文时写了这样一段话："犹记课堂上马老如数家珍讲述其亲历的民法发展，各种枯燥的法学概念在他口中说起来都像谈论老朋友。印象最深的是我的博士论文预答辩现场，几位教授不仅对论文提出了批评意见，更严重的是对法学研究中加入数学公式、人工智能的方法提出了质疑，当我快泪崩时，马老不紧不慢地为我的研究进行了总结和提炼，并用武大他支持赵廷光教授为例，希望众教授对我的研究宽容以待。"

由此可见作者在博士论文预答辩时的遭遇。

(2)"……这类研究，是否是法学的研究分支？"探索中的一个学科交叉新领域，既可能是原有一级学科的分支，也可能是将要超越原有一级学科的范畴、成为未来新的一级学科的雏形。导师如果指导不了博士生在学科交叉新领域的探索，导师和博士生该怎么办？

(3)培养单位通常对博士生有发表资格论文的要求，如果博士生投稿的目标刊物并不接受使用图象语言和符号语言的论文，博士生该如何应对，是削足适履以求发表吗？

张妮在代序中又写道："计算法学作为一门新兴的学科，其以实证和计量的方法来研究具有数量和数理变化关系的法律现象，颠覆了传统法学的研究范式，不仅对传统法学是一种补充，更是一种研究视角的转换，计算法学的研究具有十分重要的学科研究和社会实践意义。"

作者这里只是说计算法学"对传统法学是一种补充"。如果作者是在用"牛刀"来"杀鸡"，为什么不说"可能是对传统法学研究范式的一种超越"呢？

5.4　样本 4：《网络安全法教程》

5.4.1　法学教材的范式与法学论文的范式

法学教材的范式与法学论文的范式，都属于法学的范式。

法学教材是法学人才培养和法学知识传承的重要载体。在法学教育中断多年之后，以 20 世纪 80 年代初由司法部法学教材编辑部组织编写的一套《高等学校法学试用教材》为代表，中国大陆的法学教材编撰开始"复兴"。

此后，中国的法学教材与时俱进，不断更新和发展，成就卓著。当然，也有遗憾——绝大多数权威性高、影响力大的法学教材，仍然停留在文字语言的初级阶段,并没有进化到尽可能用图象语言的中级阶段,更没有进化到采用符号语言的高级阶段。这显然与中国法学界主体人群的专业背景、学术视野、教学传承有关。

说明:

(1)这里所说的图象语言表述,是指在教材中将需要传承的理论知识本身用图表的形式表述,当然不包括因为内容原因本来就需要引入图表加以说明的情形(例如在教材中讲到美术作品时中加入一幅国画或者油画等);相应地,在学术论文中用图象语言表述,就是将研究的思路乃至结论用图表的形式表述。

(2)这里所说的符号语言表述,是指在教材中将需要传承的理论知识本身用逻辑式数学式的形式加以表述;相应地,在学术论文中用符号语言表述,就是将研究的思路乃至结论用逻辑式数学式的形式表述。

与权威的法学教材习惯于文字表述形成对照的是,在许多法学自习辅导书和法学考试辅导书中,早就可以看到各种清晰明了、一目了然的图表表述。为什么在法学辅导书中经常可以看到的各种图表表述,在法学教材和论著中却很少看到?难道文字表述才是"阳春白雪"、图表表述只是"下里巴人"?

是在法学教学过程中、在法学论著阅读过程中,经年累月关于文字表述的阅读、让法学者们潜移默化习惯于只用文字表述、不习惯或者没有能力用图表来抽象和凝练法学研究成果吗?为什么不能让读者通过图表对法学论著的内容要点了然于胸、对其内在逻辑一目了然,而是让读者自己费神费力去揣摩和提炼作者论述的内容要点和内在逻辑呢?

5.4.2　法学教材采用图象语言表述的范例

令人欣喜的是,国内已有法学教材进入了尽可能用图象语言表述的中级阶段。这就是夏燕和赵长江主编的《网络安全法教程》[①]。该书各章从内容提要到正文,都有思维导图和其他各种图表,并且加入二维码,以便读者扫描二维码进而阅读正文涉及的相关文献。

为说明本书的主题,下面撷取《网络安全法教程》的部分内容转述如下,作为示例。

---

① 夏燕,赵长江.网络安全法教程[M].西安:西安电子科技大学出版社,2019.

【例1】该书第一章网络与网络安全基础的内容提要图①。

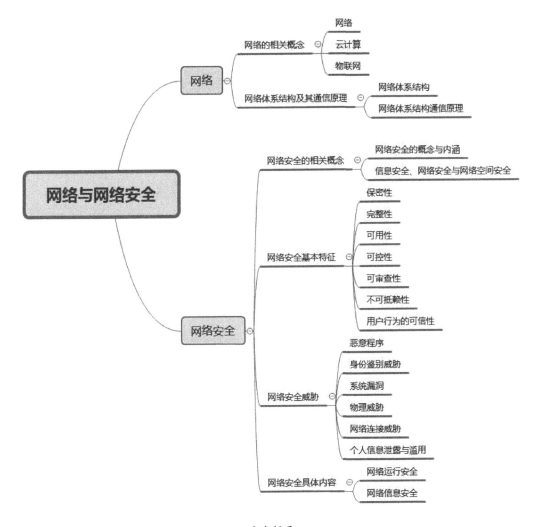

内容提要

① 夏燕,赵长江.网络安全法教程[M].西安:西安电子科技大学出版社,2019:1.

【例2】该书图 6.1.1　第二级及以上网络的定级流程①。

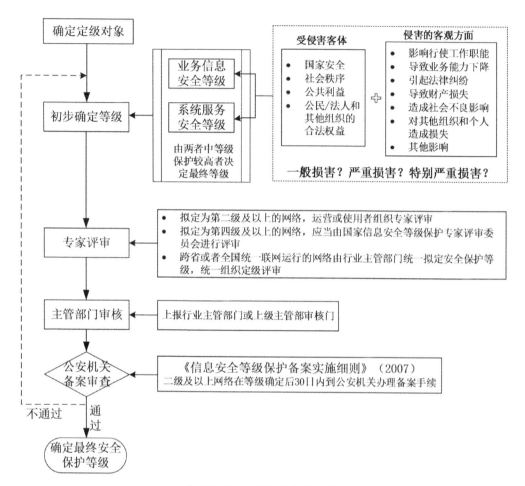

第二级及以上网络的定级流程

---

①　夏燕,赵长江.网络安全法教程[M].西安:西安电子科技大学出版社,2019:100.

【例 3】该书图 6.2.1　网络设备、产品和服务有关的安全要求①。

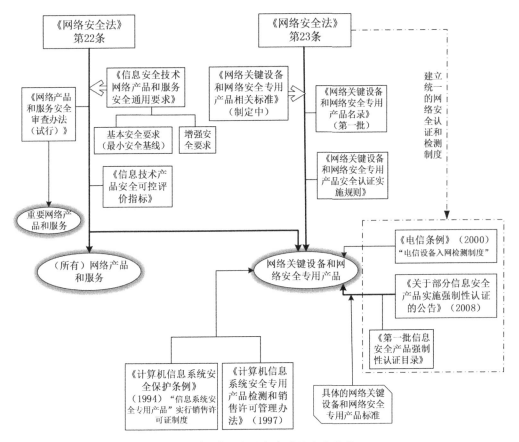

网络设备、产品和服务有关的安全要求

① 夏燕,赵长江.网络安全法教程[M].西安:西安电子科技大学出版社,2019:116.

【例4】该书图 6.2.2　我国信息安全类产品的认证检测制度发展史①。

2016	《网络安全法》 提出网络关键设备和网络专用产品经检测认证合格后方可销售或提供
2010	《关于信息安全产品认证制度实施要求公告》 认证制度的名称定为"国家信息安全产品认证制度"
2009	《关于调整信息安全产品强制性认证实施要求的公告》 将强制性认证的强制实施时间延至2010年5月1日，同时出台了13项信息安全产品的强制性认证实施规则
2008	《关于部分信息安全产品实施强制性认证的公告》 将强制性认证的实施时间定为2009年5月1日，同时公布了《第一批信息安全产品强制性认证目录》
2004	《关于建立国家信息安全产品认证认可体系的通知》 提出建立统一国家信息安全产品认证认可体系，明确认证的内容为产品的信息安全保障功能
2003	《国家信息化领导小组关于加强信息安全保障工作的意见》 提出"要推进认证认可工作，规范和加强信息安全产品测评认证"
1997	《计算机信息系统安全专用产品检测和销售许可证管理办法》 要求相关产品进入市场销售之前，必须申领《计算机信息系统安全专用产品销售许可证》
1994	《中华人民共和国计算机信息系统安全保护条例》 提出"国家对计算机信息系统安全专用产品的销售实行许可证制度"

我国信息安全类产品的认证检测制度发展史

　　该教材的主编、重庆邮电大学网络空间安全与信息法学院教授夏燕曾向本书作者介绍该教材的编写情况。她说：在该教材编写过程中，编写组请试听本课程的网络空间安全专业学生提意见。学生们提出，能用图表表述的就不要写太多文字。编写组中的工科教师赞同学生的意见，认为图表更有利于展现教材的内容。于是编写组确定统一使用思维导图和相关图表，并由工科教师专门将一些原先的文字表述提炼为图表形式。另外，教材正文中加入二维码是源于出版社编辑的建议。编辑认为如果将教材原先所附的相关文献印刷出来会占很多篇幅，建议将二维码印在教材中以便检索相关文献，这样也实现了教材本身从纸质版走向"立体电子化"。

　　虽然该教材是作为高等学校网络空间安全专业（属于工科）的规划教材编

---

① 夏燕，赵长江.网络安全法教程［M］.西安：西安电子科技大学出版社，2019：122.

写的,但是,该教材从内容到形式都有创新,尤其是在形式方面,代表了法学教材范式的未来,其示范和引领作用并不限于"面向工科的"法学教材。因为"面向工科"的法学教材的基本内容仍然是法学知识、而不是工学知识,所以,该教材示范和引领的方向应当适用于"面向所有专业"的法学教材。

如果有"法学教材创新奖",则这本《网络安全法教程》应获此奖。

第 6 章

问题的分析——法学交叉研究的困境

不同学科的学术门槛高低不同。一般情况下,学数学的可以转专业学任何其他专业;学理科专业的可以转专业学工科、文科专业;学工科专业的可以转专业学文科(包括法科)专业。如果反方向转专业学习,在中国则很少有人能够做到。因此转专业的一般可行路径可以表述为:理科→工科→文科(含法科)。

这样的路径限制,就导致以法学科班出身为主体人群的中国法学界在进行法学与技术领域交叉研究时必然出现困境。

6.1   法学研究如何实现学科交叉

6.1.1   法学者面对的技术领域如同冰山

现用图 6 - 1(该图片选自百度图片"冰山")说明学科交叉在不同情况下可能涉及的深度广度,限于法学与技术领域的交叉研究。这一座冰山表示法学研究正在关注的某个技术领域。

如果法学与技术领域的交叉研究采用的是纯法科专业背景的法学者与理工科专业技术专家交流沟通的形式,那么,法学者看到的往往只是这个技术领域的冰山水上部分的"表层",冰山水上部分的"内部"看不到,冰山的占比巨大的"水下部分"更看不到。

这样的学科交叉,实际效果堪忧。这样的交叉研究成果,如果涉及的正好是社会热点的某个技术领域,作为法学论著通常比较容易发表,但是,这些成果通常只涉及冰山的水上部分的表层,即法学者用自己熟悉的法学概念去描绘自己并不熟悉其原理机制的技术领域。因此,这种形式的交叉研究不会出现关于该技术领域法律问题的具有原创性的或颠覆性的研究成果。

从文艺复兴到 19 世纪,科学经历了三次大的分化。首先是哲学与自然科学的分化,接着是社会科学与哲学的分化,然后是自然科学与社会科学的分化。

图 6‑1　冰山

20 世纪初,科学分化的趋势加速,各学科越来越细分化。在专业分工越来越细、学科交流越来越少的情况下,推进学科间交流合作和交叉领域的研究就成为自然的呼声。第二次世界大战后,一方面,学科分化仍然继续;另一方面,人类面临的复杂问题越来越需要采用多学科综合研究的方法来解决,不同学科间的交流合作也进一步发展。①

单一学科(intradisciplinary)研究是常见的研究形式,即在单一学科、单一领域、单一研究分支范围内进行研究。这时,研究者通常有共同的学科模板(disciplinary matrix)、研究方法论。多学科(interdisciplinary/ multidisciplinary / transdisciplinary)②研究是在一项研究活动中涉及一个以上不同学科的合作,对不同学科的学者从各自学科出发对同一问题的研究成果进行汇总,对不同学科的学科模板、研究方法论进行整合。

---

① 蒋逸民.社会科学方法论[M].重庆:重庆大学出版社,2011:81.

② 韦氏词典(Merriam-Webster Dictionary)[DB/OL].[2022‑04‑28]. multidisciplinary、transdisciplinary、interdisciplinary 三者同义。①multidisciplinary 的含义是结合或涉及一个以上的学科或研究领域。https://www. merriam-webster. com/dictionary/multidisciplinary. ②transdisciplinary 的含义是 interdisciplinary。https://www. merriam-webster. com/dictionary/transdisciplinary.③interdisciplinary 的定义是涉及两个或多个学术、科学或艺术学科。https://www.merriam-webster.com/dictionary/interdisciplinary.

一个人如果具有一个以上学科的背景,则意味着对这一个以上学科的学科模板、研究方法论比单一学科背景的人有更多的了解,对同一个问题就可以从不同学科角度进行研究。这样的人在进行多学科研究时自然具有优势。所谓"肉身文理交叉"就是这样的例子。

6.1.2　法学与技术领域交叉研究的门槛

最佳有效的学科交叉形式是肉身文理交叉,即法学者自己就有从理工科到法科的跨学科专业背景。

以人工智能(Artificial Intelligence,简称 AI)法律问题研究为例(这里只限于 AI 技术带来的法律问题,而不涉及所谓的"法律人工智能"即 AI 技术在法律法学相关领域的应用,"法律人工智能"本质上并不是法律问题)。AI 是计算机科学与技术的一个分支,它是计算机科学的前沿研究,也是计算机技术的非平凡的应用。因为一般的计算机类本科专业只是学习计算机科学与技术的基础知识,较少涉及 AI 技术的专门知识,所以,进行 AI 法律问题研究的理想人才,应该或有一般的 IT 类专业的硕士以上学位,或有专门的 AI 专业的学士以上学位,再有法学背景。

以生物科技法律问题研究为例。本书作者曾经咨询过一位内行专家——什么样的技术背景才适合进行生物科技法律问题的研究,得到的答复是:应该在生物科技领域获得博士学位,然后再拿下法律硕士学位。而该专家就是这样的学术背景。

可见,进行法学与技术领域的交叉研究是有门槛的。

法学者撰写与某一个技术领域相关的交叉领域研究论著时,除了法学界自己的"法言法语"之外,能否掌握和熟练应用该技术领域的"科言科语",本身就是衡量其交叉研究深度的一个标志。所谓的"科言科语",除了体现在使用该技术领域的专业术语之外,就体现在这种交叉领域研究成果是否使用了图象语言和符号语言。这两方面是密切相关的。

没有线性结构、树形结构、网状结构的思维,就不可能有图象语言的表述;没有逻辑式数学式的思维,就不可能有符号语言的表达。

未来的中国法学学术大师应当具备下列学术条件:会通文理,会通古今,会通中西,即应该有优秀的数理基础,经过严格的自然科学训练,擅长逻辑思辨,善于使用图象语言和符号语言进行表述;熟悉中华法系、大陆法系、英美法系,熟悉中国特色社会主义法律体系。当然,学术大师只可能是极少数人,更重要的是整个法学研究主体人群的学术背景的改变。

顺便提及,某省级律师协会的会员系统中的个人数据项中有"本科是否法学专业"一项。可以推测,此项信息统计背后默认的价值观应该是期待和赞赏律师的本科是法学专业;否则,此项信息的名称就应该变更为"是否有至少一个非法学学位",以体现对复合型人才的期待和赞赏。

试问:如果有医学本科专业的法律人做医事方面的律师、有 IT 类本科专业的法律人做 IT 方面的律师、有金融本科专业的法律人做金融方面的律师,在相关领域的服务效果不是更专业吗? 客户不是更欢迎吗?

已有至少一个非法学学位尤其是理工科学位的人在"本科后"不论是通过法学第二学士学位、还是通过非法本法硕的学习,其"Ⅱ型"知识结构与纯法学背景的"T型"知识结构相比,都有其优势。

有着至少一个非法学学位尤其是理工科学位而进入法学研究领域的人,有着相应的数理基础,有过正规的逻辑训练,有过使用图象语言和符号语言的训练,不论是在传统法学领域的深入研究方面,还是在法学与技术交叉领域的开拓研究方面,都有其优势。

6.2 中国软件版权保护研究回顾

温故而知新。下面以计算机软件著作权保护这一领域在中国的研究历程(尤其是学术研究与立法、司法的互动)为例,考察在交叉领域如何进行法学研究。

6.2.1 中国软件版权保护研究的先行者

计算机软件的法律保护问题,最初在 20 世纪 60 年代由德国学者提出。后来,包括英、美、德等国学者在内的许多国家的学者就此问题提出了多种保护方案。世界知识产权组织也成立了专门的工作小组,于 1978 年发表了《保护计算机软件示范法条》,对各国保护软件提出立法建议。世界知识产权组织还于 1983 年提出了《计算机软件保护条约》草案,以期建立软件的国际保护制度。由于多种原因,这些建议和方案最终都未能成为现实。

在实践中,软件技术先进的发达国家(特别是美国)一直在不断寻求具体的保护手段。美国在 20 世纪 60 年代曾试图以软件的实用特性为根据,采用专利法对软件进行保护。但在具体实施过程中,计算机程序本身是否能够成为专利保护对象、审批周期长、审查比较困难等因素,使专利保护无法成为对计算机软件进行普遍保护的途径。此后,美国于 1980 年修改版权法,明确用版权法保护计算机程序,并结合计算机程序的特点作了一些具体规定。这样,主要是在软件大国美国的影响下,采用版权法保护软件在世界上成为大势所趋。

根据本书作者收集的资料,国内最早讨论软件版权的论文是《软件产业》1984 年 9 月创刊号刊发的应明的《计算机软件的法律保护》。应明早年毕业于复旦大学数学系,退休前任电子工业部计算机与微电子发展研究中心副主任兼总工程师,是 1991 年《计算机软件保护条例》的主要执笔人。应明的《计算机软件的版权保护问题》一文[①]是 1990 年前后国内软件版权研究的代表作。

当时在国内最早介绍国外软件版权保护的著作是《计算机、软件与数据的法律保护》[②]。作者郑成思是纯法学背景,后来被誉为"中国知识产权第一人"。在当年国内获取国外的学术文献比较困难的情况下,这部著作给国人开辟了新视野。

这部著作是将计算机—软件—数据的法律问题有机地联系在一起进行讨论的,其内在逻辑是:计算机系统由硬件和软件组成;计算机系统处理的对象是数据或信息。基于这个逻辑,郑成思介绍了保护计算机—软件—数据的主要法律领域,国外当年有关计算机—软件—数据的法律保护的各种建议,若干国家和地区的法律以及国际公约对计算机—软件—数据的法律保护情况,最后提出了他自己关于计算机—软件—数据的法律保护的发展趋势和设想。

值得注意的是,郑成思提出了从知识产权法扩展到"信息产权法"的理论设想。他说:"信息社会既然已经(或将要)把信息财产作为高于土地、机器等有形财产的主要财产,这种社会的法律就不能不相应地对它加以保护,就是说,不能不产生出一门'信息产权法'。""信息产权法将不仅包括传统知识产权法的内容,而且将增加(并已经增加了)新的内容。""在信息财产中,除专有的财产外,还有更多的原先处于公有领域;也有一部分信息财产原先是靠保密来体现它的价值。这些则是传统的知识产权法难以过问的了。"他特别提道:"在许多发达

---

①　据介绍,该文完成于 1989 年 5 月,宣读于 1990 年 5 月在成都召开的"全国版权理论研讨会",摘登于《工业产权》1990 年 8 月第 3 期,刊登于《电子知识产权》1991 年 10 月创刊号。详见:电子知识产权编辑部.电子信息产业知识产权研究[M].北京:电子工业出版社,1998:153－168.

②　郑成思.计算机、软件与数据的法律保护[M].北京:法律出版社,1987.

国家,随着电子计算机的广泛使用而出现了各种旨在保护电子计算机所存储的数据(亦即信息)的法律。"①显然,当今的数据保护、个人信息保护等相关法律问题已经被囊括在郑成思设想的信息产权法之中了。

在 20 世纪 80 年代,在中国著作权法处在"十年磨一剑"的起草过程的同时,作为软件产业主管部门的电子工业部也就软件保护问题采取行动。

据相关资料介绍,1984 年 5 月,电子工业部组建中国软件技术公司,在公司内设立软件管理工作研究部,其任务包括软件法律保护的调查研究。1985年 4 月,在电子工业部就建议抓紧制定《软件法律保护条例》一事请示国务院后,国务院法制局通知由电子工业部负责起草软件保护法;同年 8 月,电子工业部牵头的《软件法律保护条例》工作组成立;同年 11 月,该工作组下属的软件保护条例起草小组成立,由应明等人组成,执行起草工作。1989 年 11 月,《计算机软件保护条例》(送审稿)及其起草说明由电子工业部与机械工业部合并后组建的机械电子工业部正式上报国务院;国务院法制局将其转发全国征求意见。《计算机软件保护条例》于 1991 年 5 月国务院常务会议通过,6 月 4 日由国务院令发布,10 月 1 日起施行。②

《计算机软件保护条例》发布后,作为该条例起草工作的研究成果,应明的专著公开出版③。由于作者自己的数学专业背景和软件产业管理工作经历,这部著作对软件版权问题从理论和实践两方面进行了系统介绍,在当时有其重要的现实意义,在今天有其开拓性的历史意义。

6.2.2 中国软件版权保护研究的后来者

《计算机软件保护条例》于 1991 年 10 月 1 日施行。1992 年 11 月,北京市海淀区人民法院受理了国内第一起软件著作权侵权案。此后各地法院受理的软件著作权纠纷案件越来越多;知识产权法官通过审理此类案件不断积累经验,审判水平逐步提高。

从 1989 年开始到 1999 年,本书作者陆续在各种报刊、会议论文集、网站上发表学术论文约三十篇,与国内为数不多的软件版权学者切磋软件版权的理论问题,与审理软件版权案件的知识产权法官商榷司法实务问题。其中部分文章

---

① 郑成思.计算机、软件与数据的法律保护[M].北京:法律出版社,1987:190-193.
② 电子知识产权编辑部.电子信息产业知识产权研究[M].北京:电子工业出版社,1998:364-382.
③ 应明.计算机软件的版权保护[M].北京:北京大学出版社,1991.

后来成为著作《计算机软件著作权保护》(清华大学出版社 1997 年 11 月版)的若干章节的内容。

该书的创新之处包括但不限于：

(1)"创意/表达两分法"原则问题。

以"六个范畴、一张图"，通过图象语言和符号语言的推理，用图象语言给出该原则的全新诠释(详见本书第 1.5 节)。

(2)职务软件和非职务软件问题。

1991 年施行的《计算机软件保护条例》在职务软件和非职务软件如何分类、构成条件如何、权利归属如何等方面的规定有明显的缺陷。采用逻辑代数工具进行解析研究，得到了可靠的结论，最终体现在 2002 年实施的新版《计算机软件保护条例》中(详见本书第 1.4 节)。

(3)"同一程序的源文本和目标文本是否同一作品"争议问题。

1991 年施行的《计算机软件保护条例》规定："计算机程序包括源程序和目标程序。同一程序的源文本和目标文本应当视为同一作品。"由此引出关于"同一计算机程序是否可以具有两种形式？同一程序的源文本和目标文本是否应当视为同一作品即同一版权标的？"的学术争议。因为研究传统作品的版权法学者不理解这一点，所以提出否定的观点。此后本书作者发表论文，以翔实的论据肯定了上述规定。该文的发表事实上结束了这一争论。在 2002 年实施的新版《计算机软件保护条例》已将原条款中的"视为"直接修改成"为"。

(4)软件著作权的复制权问题。

同一计算机程序可以分为"三个层面"(即存贮形式、感知结果和文本形式)。这三个层面的变化并不影响其作为版权意义上的同一作品的存在。程序复制的实质是对程序作者创意之表达的再现，所改变的是程序的载体和/或程序的存贮形式，而不是对程序的新创作和演绎。

由感知结果而不是存贮形式区分不同的作品。一般作品的数字化，只是其存贮形式的变化。数字化作品与原作品是同一作品。特别地，就程序而言，即使感知结果不同，如果其不同仅在于文本形式的不同(即分别为源文本和目标文本)，则其仍为同一作品即同一版权标的。

上述对一般作品感知结果和存贮形式的划分，对研究数字化作品的版权问题也有指导意义。例如有人认为：数字化后所得作品与原作品不是同一作品。

基于"三个层面"说,本书作者认为这两者仍然是同一作品。这一观点于 1993 年提出,与 1996 年 12 月通过 WIPO 版权条约的外交会议关于该条约相关条款的议定声明的观点不谋而合。该议定声明指出:"《伯尔尼公约》第 9 条所规定的复制权及其所允许的例外,完全适用于数字环境,尤其是以数字形式使用作品的情况。不言而喻,在电子媒体中以数字形式存储受保护的作品,构成《伯尔尼公约》第 9 条意义下的复制。"

(5)软件登记作为起诉前提问题。

1991 年施行的《计算机软件保护条例》出于保护国人利益的考虑,规定办理软件著作权登记是就软件著作权纠纷提起诉讼的前提。本书作者认为:该条例是行政法规。该项规定涉及诉讼程序,限制了民事主体的起诉权和人民法院的审判权,因此是越权规定,自始无效。这一观点提出后,得到了参加 1995 年全国著作权理论研讨会的专家的认同。时任国家版权局副局长沈仁干当场据此指出:当年中美知识产权谈判中关于此项规定的争执实质上是一个"历史的误会"。

(6)从软件产品和软件作品两个视角看构成软件的程序和文档问题。

软件业界通常认为:软件＝程序＋文档。中国 1990 年以来的著作权法规定"计算机软件"是"一类"受该法保护的作品。那么,从版权保护角度看,程序与文档两者是否可以分割开来呢? 基于区分"产品"和"作品"的思路,本书作者提出了两个公式:

一是,软件产品＝程序＋文档。程序和文档是一个完整的软件产品的两个组成部分,从软件产品的商业完整性看是不可分割的。

二是,软件作品＝程序作品＋文档作品。从作品的角度看,程序作品和文档作品是可分割的,它们各自成为不同的版权标的。事实上,在计算机程序出现之前,文档作为文字作品本身就是受著作权法保护的。因此,中国著作权法规定为"一类"作品的"计算机软件"应该修改为"计算机程序";"文档"则直接归入文字作品。

(7)软件著作权纠纷案例问题。

中国的软件著作权纠纷案例从 1992 年开始出现。对于中国司法界来说,这是一种新型的知识产权案件,需要积累经验。本书作者通过对国内法院审理的一系列软件案例的评析,也通过对自己代理的软件版权纠纷案件的总结,对其中许多问题提出了自己的见解,特别指出了一些案件审理中的不当之处。这些问题包括:侵权主体的确定;赔偿数额的确定;证据保全公证是否合法;技术鉴定中的比较基准;诉讼费和律师费的负担;含有回溯约定的软件著作权转让合同及其备案是否有效;雇员的活动与单位的责任;精神损害赔偿的漏判;汇编作品的双重著作权认定;委托作品与职务作品的区分;原作品版权状态不明时改编者的责任与权利;对程序的功能性使用与版权意义上的使用的区分;软件著作权保护范围的确定;技术保护措施的合法性等。

这些见解中的一些在司法实践中已被采纳;或者在司法解释中得到了解决。

正因为该书是有计算机专业研究生背景的法学者的原创性的思考结果,所以,当年郑成思在看过该书后给本书作者的回信中说:"实践则证明您的不妄言、不盲从,方才出了精品。"他评价该书:"这才是真正的学术著作,也是我较少能在国内学者著作中读到的一部。"

此外,在中国软件版权保护法治进程中引起最大争议的,是围绕软件最终用户使用未经授权软件是否构成侵权和如何承担法律责任问题(简称"软件最终用户问题")的两阶段的论战:第一阶段是 1999 年由微软诉亚都案引发的论战;第二阶段是 2001 年年底至 2002 年年初关于新版《计算机软件保护条例》的论战。

1999 年 5 月,在中国驻南斯拉夫大使馆被炸后不久,美国微软公司在北京市第一中级人民法院起诉北京亚都科技集团在办公电脑中使用未经授权软件一案由媒体曝光。这是在特殊的历史背景下,由特殊的原告就中国当时广泛存在的最终用户使用未经授权软件问题进行诉讼的案件,因此引起社会舆论和各界人士的广泛关注。微软诉亚都案所涉及的软件最终用户问题,在版权界内外引发了从 1999 年 8 月至 12 月的第一阶段学术论战。

作为论战一方的代表,本书作者提出的主要观点(含"三个台阶论")是①:

① 寿步,方兴东,王俊秀.我呼吁[M].长春:吉林人民出版社,2002:77-130. 寿步在 1999 年 8 月至 12 月撰写的四篇评论如下:①寿步.软件侵权如何界定——从微软诉亚都案谈起[N]. 计算机世界,1999-08-09.[EB/OL].(1999-08-12)[2022-05-02].http://tech.sina.com.cn/news/computer/1999-8-12/4035.shtml. http://tech.sina.com.cn/news/computer/1999-8-12/4036.shtml.②寿步.正常水平还是超世界水平——再论软件侵权如何界定[EB/OL].(1999-09-13)[2022-05-02].http://tech.sina.com.cn/news/review/1999-9-13/6494.shtml.③寿步.经济实力与知识产权保护水平——三论软件侵权如何界定[EB/OL].(1999-10-26)[2022-05-02].http://tech.sina.com.cn/news/review/1999-10-26/9565.shtml.④寿步.专家评论微软起诉亚都被驳回一事[EB/OL].(1999-12-19)[2022-05-02].http://tech.sina.com.cn/news/it/1999-12-19/13708.shtml.

（1）一个国家的知识产权保护水平应当与其经济、科技、社会和文化发展水平相适应。知识产权保护对于发展中国家是一把"双刃剑"。在遵守相关"世界水平"的前提下，我国的知识产权保护水平应当与我国的经济科技社会文化发展水平相适应。

（2）根据著作权法原理，著作权本来并不延伸到最终用户对侵权作品的使用，即所有作品的最终用户使用侵权作品本来都不构成侵权。所以，最终用户使用未经授权软件本来也不构成侵权。

（3）在最终用户使用未经授权软件问题上，法律保护水平可以归纳为"三个台阶"：①"第一台阶"是并不将软件侵权的最终界限延伸到任何最终用户。WTO（世界贸易组织）的 TRIPS 协议（即《与贸易有关的知识产权协议》）就属于第一台阶。②在一些发达国家和地区，将软件侵权的最终界限延伸到部分最终用户，这是"第二台阶"。例如，区分是营利性使用还是非营利性使用，是商业目的使用还是非商业目的使用，是单位使用还是个人使用等。③"第三台阶"是将软件侵权的最终界限延伸到所有最终用户，即不论单位、家庭还是个人，不问其使用目的如何，只要使用未经授权软件就构成侵权。

（4）坚决反对在中国实行"第三台阶"即超世界水平的保护。

（5）根据当时有效的软件保护条例追究最终用户责任的法律依据不足。

1999 年的微软诉亚都案没有实质性的判决结果，即在司法实践中并没有就软件最终用户问题给出结论。

此后，与中国 2001 年 12 月 11 日加入 WTO 相同步，新版《计算机软件保护条例》于 2001 年 12 月 20 日公布，自 2002 年 1 月 1 日起施行。从总体上看，新版条例在这一问题上达到了超世界水平的"第三台阶"，即最终用户使用未经授权软件并不区分是否营利、是否商业行为都应承担法律责任，因此与中国经济科技社会文化的现实发展水平脱节。

在新版软件保护条例出台前后，主张"合理保护软件知识产权"的学者们以若干网站为阵地发起了新的一场论战。①

---

① 详见：①新浪网专栏《软件知识产权大争论》（2022 - 05 - 03 访问下列网址仍然可见）：http://tech. sina.com.cn//hotnews/2001 - 12 - 23/129.html；②搜狐网专栏《软件保护立法大争论》（2022 - 05 - 03 访问下列网址已不可见）：http://it.sohu.com/46/31/itchblank15783146.shtml；③ChinaByte 网站专栏《软件知识产权保护专题》（2022 - 05 - 03 访问下列网址已不可见）：http://www.chinabyte. com/20011224/1428635.shtml。

在坚持反对在中国实行"第三台阶"即超世界水平保护的同时,本书作者进一步提出:中国作为发展中国家本来应当定位在"第一台阶",但考虑到中国扶持发展软件产业的需要和软件的特殊性,考虑到一些发达国家和地区的相关立法现状,中国可以定位在"第二台阶"。①

与此论战配合,同时迅速出版了文集《我呼吁》②,成为这一场"入世后中国首次立法论战"的有力载体。该书体现了"知识产权保护水平应当与国家的经济科技社会文化发展水平相适应"和"应当合理保护知识产权"的学术思想,打破了国内知识产权学术研究和立法司法中长期形成的"学美学欧学日本"、将知识产权推上神坛、知识产权保护水平越高越好的倾向,面对中国国情发出了中国学者自己的声音。从学术角度看,这是在知识产权领域的原创的、颠覆性的成果。

在 2002 年 3 月全国人大和全国政协"两会"期间,一些全国人大代表和全国政协委员认为:对我国软件保护水平问题,应当重视各界呼声,顺应民意。他们为此分别提出了议案和提案。

民间呼吁引起了最高人民法院方面的重视。这一论战所提出的观点最终在最高人民法院后来公布的著作权法司法解释中得到认可。2002 年 10 月 15 日起施行的《最高人民法院关于审理著作权民事纠纷案件适用法律若干问题的解释》规定:计算机软件用户未经许可或者超过许可范围商业使用计算机软件的,依法承担民事责任。司法解释这一规定的关键词是"商业使用"。这样,司

---

① 详见寿步 2002 年 1 - 2 月撰写的四篇评论(这四篇文章 2022 - 05 - 03 在下列四个比特网〈www.chinabyte.com〉网址已不可见,但在下列四个新浪网〈www.sina.com.cn〉网址仍然可见;通过搜索引擎也可在其他网址找到它们。另外,前两篇文章也可见:寿步,方兴东,王俊秀.我呼吁[M].长春:吉林人民出版社,2002:6 - 19.后两篇文章当时来不及收入《我呼吁》):①寿步.新软件保护条例给中国人带来了什么[EB/OL].(2002 - 01 - 14). http://www.chinabyte.com/20020114/1430141.shtml.寿步.评新软件保护条例[EB/OL].(2002 - 01 - 18)[2022 - 05 - 03]. https://tech.sina.com.cn/it/e/2002 - 01 - 18/100103.shtml②寿步.从台湾地区著作权法看软件最终用户问题[EB/OL].(2002 - 01 - 24). http://www.chinabyte.com/20020124/1430932.shtml.寿步.从台湾著作权法看软件最终用户问题[EB/OL].(2002 - 01 - 30)[2022 - 05 - 03]. https://tech.sina.com.cn/it/e/2002 - 01 - 30/101592.shtml③寿步.从日本著作权法看软件最终用户问题[EB/OL].(2002 - 02 - 06). http://www.chinabyte.com/20020206/1431815.shtml.寿步.从日本著作权法看软件最终用户问题[EB/OL].(2002 - 02 - 20)[2022 - 05 - 03]. https://tech.sina.com.cn/s/n/2002 - 02 - 20/103518.shtml④寿步.从中国"入世"看软件最终用户问题[EB/OL].(2002 - 02 - 15). http://www.chinabyte.com/20020215/1432049.shtml.寿步.从中国"入世"看软件最终用户问题[EB/OL].(2002 - 02 - 25)[2022 - 05 - 03]. https://tech.sina.com.cn/s/n/2002 - 02 - 25/104046.shtml.

② 寿步,方兴东,王俊秀.我呼吁[M].长春:吉林人民出版社,2002.

法解释在软件最终用户问题上就将我国的软件保护水平明确定位在"第二台阶"。这是顺应民意、符合国情、遵循法理的重要规定。至此,我国软件著作权保护的相关规定总体而言趋于合理。我国软件版权的理论研究和司法实践,已经基本定型。

以 20 世纪末微软诉亚都案引发的论战和对知识产权的反思为契机,国内各界开始从本质上深入认识知识产权,开始注重以维护本国利益和寻求权利人利益与公众利益的平衡作为建构和实施知识产权法律制度的出发点。

总之,在中国软件版权领域从 20 世纪 80 年代开始到 21 世纪初的学术理论研究、行政法规和司法解释的制定修改、司法审判实践中,如果不是具有理工科专业背景的学者的深度参与,是不可能达到后来这样的水准的。

6.3　网络游戏虚拟装备刑事案件中的法理

6.3.1　中国法学者需要独自面对技术领域新问题

如果说,在 20 世纪 90 年代到 21 世纪初,在软件版权这一法学与技术的交叉领域,中国的法学者还可以在"学美学欧学日本"的基础上,基于 IT 技术背景提出自己具有原创性、颠覆性的学术观点,那么,21 世纪以来中国在经济科技社会文化发展的某些领域的领先情况,已使中国法学者不得不与国外研究者"齐头并进"地面对、甚至是独自地面对越来越多的技术领域新型法律问题,换言之,现实已经要求中国法学者应该具备"并肩跑"甚至"领着跑"的能力。

网络游戏领域的法律问题就是这类问题之一。

中国的网络游戏产业在 21 世纪初发轫于上海。网络游戏领域的法律问题(包括但不限于网络游戏软件的法律问题和网络游戏产业的法律问题)自然引起关注。网络游戏软件是一种计算机软件,因此,计算机软件法律问题的一般原理当然适用于网络游戏软件。但是,在网络游戏的开发和运营过程中又面临一些前所未有的特殊法律问题,如虚拟物(虚拟装备)、外挂软件(外挂)、私设服务器(私服)等。境外的网络游戏没有中国如此庞大的玩家群体,这些问题的法律应对在境外很少有先例可循,因此,需要中国的法学者进行真正具有原创性的研究。

本书作者从 2003 年开始组织团队进行网络游戏法律政策研究。团队成员既有计算机专业背景的法学者,也有计算机技术人员和法学专业人员,还有网络游戏资深玩家(包括网络游戏的外挂开发者和私服架设者)。这样的研究团队可以真正理解虚拟物(虚拟装备)、外挂软件(外挂)、私设服务器(私服)的机制,得出高价值的研究成果。[①]

6.3.2　网络游戏虚拟装备刑事案件审判的遗憾

技术领域带来的新型法律问题,不仅给法学者带来新课题,也给审理相关纠纷的法官带来新问题。如果对案件的关键原理机制不了解,就无法得出准确的裁判结果。

下面以某地法院审理的制作销售网络游戏虚拟装备的刑事案件为例。[②]

该案第一被告人王某某以"非正常途径"制作网络游戏虚拟装备并销售牟利一案被一审法院在 2007 年 3 月以职务侵占罪判刑 5 年。但本书作者认为,2007 年时的中国刑法对于在网络游戏中以非正常途径产生虚拟装备并销售牟利的行为并无明确规定。王某某等人的行为属于"法无明文规定不为罪"的情形,不应定罪处罚。

该案案发前,王某某在某网络游戏运营商的游戏项目管理中心运维部任副经理。他于 2005 年 9 月被刑事拘留,同年 10 月被逮捕。他销售网络游戏虚拟装备的合作者(不在王某某所在公司工作的)金某和汤某也先后被捕。王某某被刑事拘留时的罪名是破坏计算机信息系统罪;被批捕和起诉时的罪名是侵犯著作权罪;一审判决时的罪名是职务侵占罪。一个案件在三个阶段的不同定性,说明该案给中国刑法的适用出了一个难题。该案二审时,受王某某亲属的委托,本书作者成为其二审辩护人,因此有机会直接了解该案的情况。

本书作者此前曾经写道:采用"虚拟物"一词指代在网络游戏虚拟世界中可能受到法律保护的客体。在虚拟世界中,虚拟物的范围包括:虚拟金币(货币),

---

① 国内最早的一批关于网络游戏法律问题的论文中包括:①寿步.网络游戏产业发展中的若干法律问题[J].上海法学研究,2003(4).②寿步.网络游戏产业发展的若干政策法律问题[C]// 浦增平,俞云鹤,寿步.软件网络法律评论.上海:上海交通大学出版社,2004:199-215.此后,关于网络游戏法律问题,寿步研究团队的十多篇论文在相关刊物陆续发表;四部著作先后出版:①寿步,陈跃华.网络游戏法律政策研究[M].上海:上海交通大学出版社,2005.②寿步.网络游戏法律政策研究 2008[M].上海:上海交通大学出版社,2008.③寿步.网络游戏法律政策研究 2009:网络虚拟物研究[M].上海:上海交通大学出版社,2009.④寿步.网络游戏法律理论与实务[M].上海:上海交通大学出版社,2013.

② 该案详见:①寿步.网络游戏法律政策研究 2008[M].上海:上海交通大学出版社,2008:69-111.②寿步.网络游戏法律政策研究 2009:网络虚拟物研究[M].上海:上海交通大学出版社,2009:75-81.③寿步.网络游戏法律理论与实务[M].上海:上海交通大学出版社,2013:76-107.④寿步.软件网络诉讼代理实务[M].上海:上海交通大学出版社,2013:206-234.

虚拟装备(武器、装甲、药剂等),虚拟动植物(宠物、盆景等),虚拟角色(虚拟人,ID账号)。[①]

在该案中所称的虚拟物,仅指虚拟装备。在该案中,结合王某某等人的实际行为,本书作者提出了虚拟物的三分法,即根据虚拟物在玩家数据库中是否存在"出生记录"(即什么时间从什么怪物身上打出来的记录)和是否有唯一的ID识别代码的不同,可以将网络游戏中的虚拟物分为三类:①正常途径产生的虚拟物:有"出生记录",ID识别代码也唯一。②克隆的虚拟物:这是直接复制玩家现有的正常途径产生的同类装备的结果。它们没有"出生记录",并且ID识别代码与现有同类装备的ID识别代码重复。③"非正常途径产生的虚拟物":它们没有"出生记录",但ID识别代码却是唯一的。这是王某某制作虚拟装备的实际途径。

本书作者在二审过程中与身在看守所的王某某见面时,专门核对了他制作虚拟装备的实际过程。他是利用其工作中的职务之便,在服务器中找到游戏中的玩家通过正常途径产生虚拟装备时尚未用过的ID识别代码字段,作为他自行制作的虚拟装备的ID识别代码,因此这种虚拟装备有唯一的ID识别代码,不会与正常途径产生的虚拟物的ID识别代码相重复。但因不是在正常玩游戏的过程中产生的虚拟装备,所以它们没有"出生记录"。

据王某某介绍,该案各阶段的办案人员从未有人问过他这一情况,该案的鉴定人员也不了解这一情况。

尽管从逻辑上讲可能存在第四类虚拟物(即有"出生记录",但ID识别代码与现有同类装备的ID识别代码重复的虚拟物),但在游戏中不可能实际存在(见表6-1)。

表 6-1　网络游戏虚拟物的分类

虚拟物的产生途径	出生记录是否有	ID识别代码是否唯一
正常途径产生	是(1)	是(1)
克隆	否(0)	否(0)
非正常途径产生	否(0)	是(1)
(不存在的第四种途径)	是(1)	否(0)

[①]　寿步,陈跃华.网络游戏法律政策研究[M].上海:上海交通大学出版社,2005:35.

王某某的行为确实破坏了运营商制定的游戏规则。但是,我们应当避免采用"合法产生的虚拟物"和"非法产生的虚拟物"这样的简单分类法,以免混淆运营商制定的游戏规则(游戏中的"法")和现行法律规则(现实社会的"法"),以免混淆游戏规则不认可的行为和违背现行法律规则的行为。

王某某的行为并不构成职务侵占罪。从职务侵占罪构成的客体要件来看,王某某等出售的"非正常途径产生的虚拟物"并非刑法第 271 条所指的"本单位财物"。因为这类"非正常途径产生的虚拟物"本来就不是网络游戏运营商所有的财产。正因为运营商自己也不认可这类"非正常途径产生的虚拟物"是它的财产,所以运营商一旦发现就予以没收。运营商不可能对其并不认可的虚拟装备享有财产所有权。既然王某某的"非正常途径产生的虚拟物"并不属于该公司的"本单位财物",职务侵占罪的定罪就不能成立。

法院判决认定网络游戏运营商为该案"被害单位",并判决将王某某等三人约 200 万元"退赃款"发还该运营商。这样的处理明显不当。因为法院的判决对网络游戏运营商、王某某等三被告人、购买被告人出售的"非正常途径产生的虚拟物"的玩家这三者之间法律关系的性质认定不准确。

一方面,从玩家和运营商之间的娱乐服务合同关系看,运营商有义务维护游戏系统的安全,保护玩家的利益。该案中出现"非正常途径产生的虚拟物",是网络游戏软件本身存在技术漏洞、网络游戏运营商内部又存在管理漏洞的结果。因为玩家无法识别"非正常途径产生的虚拟物"与"正常途径产生的虚拟物"的区别(该案的司法鉴定书和一审判决书都认定两者"完全一致"),所以玩家放心购买。在该问题上该公司是有过错的。

另一方面,该案所涉 200 万元实际来源于购买三被告人的"非正常途径产生的虚拟物"的其他玩家,并非该公司的损失。玩家购买"非正常途径产生的虚拟物"后,一旦被该公司删除、没收,就真正受损。判决将这 200 万元"退赃款"发还该运营商,就意味着王某某不仅不是该公司的"罪人",反而是该公司的"功臣",因为他给该公司无中生有地创造了 200 万元的财富。

该案的核心问题是如何制定虚拟物的删除规则。在网络游戏中,除正常途径产生的虚拟物外,一般只有克隆虚拟物。运营商对克隆虚拟物通常是一概删除没收。但对于该案所涉的"非正常途径产生的虚拟物",运营商可能采用的删除规则至少有两种：①认可而不是删除和没收"非正常途径产生的虚拟物"。同时在网游运营商公司内部加强管理、杜绝此类虚拟物的再度出现。这种情况下这些玩家就不会有任何损失。②删除和没收"非正常途径产生的虚拟物"。此时受到损失的就是购买此类虚拟物的玩家。网游运营商此时就是把由于自己管理不善造成的不良后果转嫁给其他玩家。这种情况下，该公司应当首先主动赔偿被它删除没收了此类虚拟物的那些玩家；然后可以向王某某等追偿。

所以，我们不能因为网络游戏中一个规则设定的标准不同，就将原本应该只是民事法律调整的问题，转到刑法规制的领域中去处理。在该案情况下，刑法应发挥谦抑精神。在刑法没有明文规定的情况下，不宜进入本来完全可以由民事法律调整的领域。

据了解，该案审理过程中，一审法院曾经向上级法院层层请示。因此，二审法院 2007 年 6 月裁定驳回上诉维持原判就并不奇怪。问题在于：对案件关键的原理机制如果不了解，就终究难以抓住实质、准确定性。

新技术日益渗透到社会生活的各个领域，法学研究要跟上形势发展，对有理工科专业背景的法学者的需求就日益凸显。同理，法院、检察院等也需要法学教育机构培养和输送具有理工科专业背景的法科毕业生。

6.4　《民法典》的瑕疵——人云亦云、积非成是的"网络虚拟财产"

随着中国的迅速发展，中国法学者不得不与国外研究者"齐头并进"地面对甚至是独自面对越来越多的技术领域新型法律问题。网络虚拟物的财产权问题是其中之一。

从 2017 年 10 月 1 日起施行至 2021 年 1 月 1 日起废止的《民法总则》，到 2021 年 1 月 1 日起施行的《民法典》，都在第一百二十七条有涉及"网络虚拟财产"的规定："法律对数据、网络虚拟财产的保护有规定的，依照其规定。"

在法律中使用"网络虚拟财产"的表述是不妥的。

6.4.1　"虚拟物"抑或"虚拟财产"

本书作者在 2005 年出版的《网络游戏法律政策研究》一书第二章"网络游戏虚拟物的法律问题"中已经专门讨论过"虚拟物"（即"虚拟物品"，下同）抑或"虚拟财产"的问题。其中写道：

（1）"本章给出了文中包括'虚拟物'在内的若干术语的使用说明，讨论了虚拟物的范围、形式、分类和一般虚拟物的特征，……探讨了可受保护虚拟物的财产权性质，得出了虚拟物不具有物权属性但兼具著作权和债权属性的结论。"

（2）"本章不采用'虚拟财产'的提法。论者使用'虚拟财产'是指代所讨论的在虚拟世界中可能受到法律保护的客体。但使用'虚拟财产'一词存在问题：一是可能进一步引出'虚拟财产的财产权'的提法，导致混淆法律保护的客体与客体上所存在的权利二者的区别；二是可能让读者将此项'财产'理解为在法律上是'虚拟'的，不是'真实'的，而这往往与'虚拟财产'使用者的本意相反。

本章采用'虚拟物'一词指代在虚拟世界中可能受到法律保护的客体。"

（3）"本章也不采用'虚拟物权'的提法。一方面，论者使用'虚拟物权'时往往隐喻对'虚拟物'的保护应采用物权的方式的预设结论，这与本章的研究结论（应采用著作权和债权的保护方式）相冲突；另一方面，'虚拟物权'的提法可能让读者将此项'物权'理解为在法律上是'虚拟'的，不是'真实'的，而这往往与'虚拟物权'使用者的本意相反。

（4）本章采用'虚拟物的财产权'这一提法指代'虚拟物'上可能存在的财产权，并不预先隐喻该财产权的性质究竟是物权、是债权还是知识产权等。"

（5）"在虚拟世界中，虚拟物的范围包括：①虚拟金币（货币）；②虚拟装备（武器、装甲、药剂等，即'item'）；③虚拟动植物（宠物、盆景等）；④虚拟角色（虚拟人，ID账号）。"

"网络游戏客户端技术中对虚拟物的表示分为三层：物理层，数据层，应用层。装备图像存在于应用层；数据层是装备对应的数据代码所处的层面，它通过解释物理层来获得数据的意义；物理层只是电磁记录。

与此相对应，同一虚拟物具有三种不同的形式：

①存储形式：虚拟物体现为存储在游戏服务器上的电磁记录。这一形式决定了现有法律中涉及计算机信息系统中存储数据的规定可能适用于虚拟物；这一形式也引出虚拟物是否可用物权保护的讨论。

②感知形式：虚拟物体现为虚拟世界中的美术作品。这一形式决定了虚拟物作为作品可享有著作权保护。

③效用形式：虚拟物体现为玩家与运营商之间的权利义务凭证。这一形式

决定了虚拟物的法律本质是债权的凭证。”①

上述第(5)部分的文字也可以表 6－2 表示。

表 6－2　虚拟物的层次、内容、形式和可能的权益

虚拟物的层次	虚拟物的内容	虚拟物的形式	虚拟物上可能的权益
应用层	图像	感知形式	著作权
数据层	数据代码	效用形式	债权
物理层	电磁记录	存储形式	物权?

6.4.2　“网络虚拟物”抑或“网络虚拟财产”

21 世纪初以来，从最初在网络游戏《传奇》中出现玩家所谓的“虚拟装备”，引出法学界跟进讨论所谓“虚拟财产”，进而在《民法总则》和《民法典》中写入所谓“网络虚拟财产”，法学界走完了研究网络游戏“虚拟装备”的全过程，即从不了解网络游戏的原理机制、到不求甚解的望文生义，从人云亦云、到积非成是，最终以一个不当术语写入法律。

法律中“网络虚拟财产”的提法不能不说是一个败笔。理由如下：

第一，法律中使用“网络虚拟财产”指代在网络空间中可能受到法律保护的客体，就会进一步引出“网络虚拟财产”的“财产权”的提法，从而导致可能受法律保护的客体(所谓“网络虚拟财产”)与该客体上可能存在的权利(所谓“网络虚拟财产的财产权”)在名称上的混淆。如图 6－2 所示。

该客体上可能存在的权利	网络虚拟财产的**财产权**?
↑	↑
可能受法律保护的客体	网络虚拟财产?

图 6－2　客体及客体上可能权利的名称混淆

第二，我们可以用“有形”与否作为划分财产的标准，进而说，财产包括有形财产和无形财产；即财产不论是“有形”还是“无形”都是财产。不论用“有形”还

① 寿步，陈跃华.网络游戏法律政策研究[M].上海：上海交通大学出版社，2005：34－36.

是"无形"作为"财产"的定语,得到的有形财产和无形财产都仍然是财产。

但是,我们可以用"虚拟"与否作为划分财产的标准吗?"虚拟"的反义词是"真实"。《心经》中有"真实不虚"的说法。"真实"才能"不虚";"虚拟"就不"真实"。"人"如果加上"虚拟"作为定语而变成"虚拟人",那还是真实的"人"吗?"财产"如果加上"虚拟"作为定语而变成"虚拟财产",那还是真实的(即受法律保护的)"财产"吗? 如果法律上说"财产包括真实财产和虚拟财产",在语义上和逻辑上能够自圆其说吗? 如图6-3所示。

图6-3　无形财产与虚拟财产的混淆

第三,"虚拟装备"是网络游戏业界包括玩家习惯使用的一种俗称,是相对于"真实装备"而言。若从法律角度称呼,则本应称为"无形装备"。所有可纳入"虚拟物"范围的,本来都属于"无形物",这样,一旦某无形物成为法律保护的客体,在该客体上的财产权就对应属于"无形财产"。但在"可能受法律保护的客体"这个层面,如果不称为"无形物"而称为"虚拟物",还不至于发生前述的可能受法律保护的客体与该客体上可能存在的权利在名称上的混淆,既可兼顾网络游戏业界包括玩家对于"虚拟装备"的称呼(虚拟物的范围并可扩大到网络空间的其他类似客体),又可与法律上关于财产的"有形财产"和"无形财产"的两分法不相冲突。因此,如果用"虚拟物"代替"虚拟财产"、用"虚拟物的财产权"代替"虚拟财产的财产权",则采用"虚拟财产"提法的弊端就自然消失。"财产"只能是"真实"的而不能是"虚拟"的;而"物"则可以或者是"真实"的,或者是"虚拟"的。如果"物"是"虚拟"的,只要法律规定确认,"虚拟物"上的"财产权"就是"真实不虚"的。如图6-4所示。

该客体上可能存在的权利　　　　　　网络虚拟物的财产权

↑　　　　　　　　　　　　　　　　↑

可能受法律保护的客体　　　　　　　　网络虚拟物

图 6-4　客体及客体上可能权利的名称区分

第四,其实,不论是在《民法总则》第一百二十三条还是在《民法典》第一百二十三条,都已经给出了解决类似问题的立法例。该条规定:

"民事主体依法享有知识产权。

知识产权是权利人依法就下列客体享有的专有的权利:

(一)作品;

(二)发明、实用新型、外观设计;

(三)商标;

(四)地理标志;

(五)商业秘密;

(六)集成电路布图设计;

(七)植物新品种;

(八)法律规定的其他客体。"

该条第二款列明了各种知识产权的客体、而不是客体上的权利,明示权利人是针对这些客体享有专有权利。例如:著作权保护的客体是作品;作品上存在的权利是著作权,等等。如图 6-5 所示。

客体上的权利:著作权/专利权/商标权/地理标志权/商业秘密权/集成电路布图设计权/植物新品种权/其他客体上的权利

↑

受保护的客体:作品/发明、实用新型、外观设计/商标/地理标志/商业秘密/集成电路布图设计/植物新品种/法律规定的其他客体

图 6-5　知识产权的客体及客体上权利的名称区分

同样的立法例也存在于《民法典》第一百二十七条本身之中。该条所涉及

的既有"数据"也有所谓的"网络虚拟财产"。这里,"数据"显然是可能受到法律保护的客体;与"数据"并列的"网络虚拟财产"也应该是可能受到法律保护的某种客体而不是在某种客体上可能存在的权利。

因此,在《民法典》中应当——

(1)用"虚拟物"替代"虚拟财产";

(2)用"虚拟物的财产权"替代"虚拟财产的财产权";

(3)用"网络虚拟物"替代"网络虚拟财产";

(4)用"网络虚拟物的财产权"替代"网络虚拟财产的财产权"。

显然,法学者如果无法深入理解网络游戏的原理机制,在法学研究进入网络游戏领域、起草制定网络游戏相关法律规定时,就可能出现"网络虚拟财产"这样的人云亦云、积非成是的表述。

所以,中国法学界需要有更多的理工科专业背景的人投入法学与技术的交叉领域研究,以适应中国法学者不得不与国外研究者"齐头并进"地面对,甚至是独自面对越来越多的交叉领域法律问题的现实。因为美欧日的法学研究和立法进程在相关领域可能并没有走在中国的前面,中国已经无法"学美、学欧、学日本"了。

6.5　网络安全法的困境——逻辑自洽和名称定位

在网络安全法等交叉领域,中国法学界的研究成果与现实的立法需求之间的差距很大,原因也是具有相关专业技术背景的法学者太少。

6.5.1　网络安全法的逻辑自洽和名称定位问题

针对计算机安全/网络安全/网络空间安全问题,虽然国外有该领域的许多法律规范,但对中国而言,可以像过去在知识产权领域那样"学美学欧学日本"直接借鉴的却很少。中国必须另起炉灶,因为中外之间在立法理念、国家体制、监管机制等许多方面都有很大区别。立法要达到富有时代特征、彰显中国特色、体现世界水平的要求,很不容易。

从20世纪90年代开始,中国将该领域的相关规定渗透融入相关的各种规范性文件中,其内容涉及网络监管、等级保护等多方面。21世纪以来特别是2012年以后,为适应网络安全工作的新形势新任务,我国全国人大常委会从2013年起将网络安全方面的立法列入当届的立法规划,组成工作专班,开展法律的研究起草,通过多种方式听取意见、进行调研,了解突出问题,掌握立法需求,形成法律草案,提交审议,又将法律草案和草案二审稿向社会公开征求意见,最终审议通过《网络安全法》。相关部门为起草制定这部法律,可谓殚精竭虑。

尽管如此,《网络安全法》的立法情况仍然反映出中国法学界的理论研究准备与现实立法需求之间的差距,其原因就在于具有 IT 专业背景(尤其是网络安全/网络空间安全专业背景)的法学者太少。

《网络安全法》定义的"网络""是指由计算机或者其他信息终端及相关设备组成的按照一定的规则和程序对信息进行收集、存储、传输、交换、处理的系统。"显然,该法所称的"网络",是 network,而不可能是 cyberspace / cyber。

在国际标准化组织和国际电工委员会共同制定的国际标准 ISO/IEC 27032 ：2012(以下简称"ISO 27032")中给出的"网络空间"(the cyberspace)定义是指"不以任何物理形式存在的,通过技术设施和网络接入其中的,由因特网上(on the Internet)的人员、软件、服务的相互作用所产生的复杂环境。"①

是"网络安全法"还是"网络空间安全法",该法名称应该如何定位?

《网络安全法》定义的"网络安全""是指通过采取必要措施,防范对网络的攻击、侵入、干扰、破坏和非法使用以及意外事故,使网络处于稳定可靠运行的状态,以及保障网络数据的完整性、保密性、可用性的能力。"

该定义实质上是由两部分构成:前半部,"通过采取必要措施,防范对网络的攻击、侵入、干扰、破坏和非法使用以及意外事故,使网络处于稳定可靠运行的状态"可谓是"网络运行安全"或称为"硬件系统安全";后半部,"保障网络数据的完整性、保密性、可用性的能力",这里给出的就是"信息安全"的三性。因此,该法的"网络安全"定义的范围,只涉及"网络运行安全/硬件系统安全"和以完整性、保密性、可用性三性为内容的"信息安全"这两方面。

但实际上,该法还涉及个人信息保护、违法信息管控、数据跨境传输、知识产权保护、未成年人网络保护等内容。因此,该法实际规范的范围超出了"网络安全"定义的范围。如何才能实现该法的逻辑自洽?

6.5.2　网络安全法问题的解决之道

《网络安全法》实际规范的事项(网络运行安全,以完整性、保密性、可用性

---

① 此处及后续的来自 ISO 27032 术语的定义均由本书作者译出。

三性为内容的信息安全,加上个人信息保护、违法信息管控、数据跨境传输、知识产权保护、未成年人网络保护等)已不限于该法定义的"网络"之中也已不是该法定义的"网络安全"可以囊括,而是出现在 ISO 27032 定义的"网络空间"之中,可以由 ISO 27032 定义"网络空间安全"和"网络空间安全态"囊括。

ISO 27032 给出的"网络空间安全"(cybersecurity /cyberspace security)定义为"在网络空间里(in the cyberspace)保护信息的保密性、完整性、可用性。此外,像真实性、可追责性、不可抵赖性、可靠性等特性,也可提及。"注意到,"网络空间安全"的定义比 ISO/IEC 27000:2009 中"信息安全"(information security)的定义只是增加了"在网络空间里"(in the cyberspace)。当我们将"数据"对应于"信息"时,《网络安全法》的网络安全定义中涉及的"网络数据的完整性、保密性、可用性"与 ISO 27032 的"网络空间安全"定义就是对应的。

ISO 27032 还给出了"网络空间安全态"(cybersafety)的定义,"是一种状态,可免受身体的、社会的、精神的、财务的、政治的、情感的、职业的、心理的、教育的或者其他类型或后果的失败、损害、错误、事故、伤害或者其他在网络空间中可以视为不希望发生的事件。"

保持"网络空间安全态"的要求本身,已经为个人信息保护、违法信息管控、数据跨境传输、知识产权保护、未成年人网络保护等提供了依据。这是在中国立法中引入"网络空间安全态"的意义所在。

(1) 个人信息保护就与"网络空间安全态"定义中涉及的在网络空间中出现的身体的、精神的、情感的、职业的、心理的等方面的负面情况直接相关。

(2) 违法信息管控就与"网络空间安全态"定义中涉及的在网络空间中出现的社会的、财务的、政治的、教育的等方面的负面情况直接相关。

(3) 数据跨境传输就与"网络空间安全态"定义中涉及的在网络空间中出现的社会的、政治的等方面的负面情况直接相关。

(4) 知识产权保护就与"网络空间安全态"定义中涉及的在网络空间中出现的社会的、精神的、财务的等方面的负面情况直接相关。

(5) 未成年人网络保护就与"网络空间安全态"定义中涉及的在网络空间中出现的身体的、社会的、精神的、情感的、心理的、教育的等方面的负面情况直接相关。

因此,如果能够以 ISO 27032 关于"网络空间安全态"的定义为依据、在法律中给出其定义,则可以为规制包括个人信息保护、违法信息管控、数据跨境传输、知识产权保护、未成年人网络保护等任何负面情况提供依据。

与"网络空间安全态"的概念相关,ISO 27032 还给出了"网络空间犯罪(态)"(cybercrime)一词,其定义"是指在网络空间中的服务或应用程序被用于犯罪或者成为犯罪目标的犯罪活动,或者网络空间是犯罪来源、犯罪工具、犯罪目标或犯罪地点的犯罪活动。"

ISO 27032 也对与"网络空间安全"相关且容易混淆的五个相关概念("信息安全"information security,"应用程序安全"application security,"网络安全"network security,"因特网安全"internet security,"关键信息基础设施保护"critical information infrastructure protection)分别给出了定义,进行了区分,提供了它们之间相互关系的示意图,如图 6 - 6 所示。

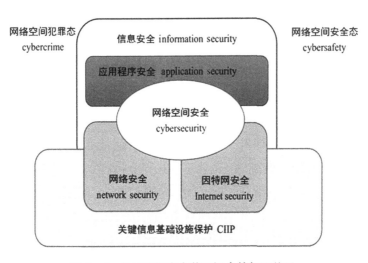

图 6 - 6　网络空间安全若干概念的相互关系

通常在法学研究中极易混淆的网络空间安全、信息安全、网络安全、因特网安全这些概念在 ISO 27032 都有清晰的区分。

法学研究涉及技术问题时,当然应该以业界的技术标准为准,而不应该是研究者自己想当然地任意发挥。

从图 6 - 6 中可以看到,"网络空间犯罪(态)"是与"网络空间安全态"相对的概念。它们共同构成网络空间安全的两种极端状态。网络空间安全的实际状态通常是处在这两个极端状态之间。

因此,《网络安全法》未来应当更名为《网络空间安全法》,不再以"网络""网络安全"等概念为基础界定该法的调整范围,特别是不以"网络安全"作为该法的最核心概念;该法应当以 ISO 27032 为依据,以网络空间、网络空间安全、网络空间安全态、网络空间犯罪这四个术语为逻辑起点,将网络空间安全与信息安全、应用程序安全、网络安全、因特网安全、关键信息基础设施保护等进行明确区分,以此为基础构建自洽的逻辑体系,将个人信息保护、违法信息管控、数据跨境传输、知识产权保护、未成年人网络保护等都包含在该法中。①

网络安全法涉及网络安全/网络空间安全这一高度专业的技术领域。而技术领域自有其反映客观规律的内在逻辑体系。在技术领域立法时,不能不以技术领域的内在逻辑体系为前提。立法时如果不了解,没有遵从技术领域的内在逻辑体系,制定的法律本身就可能在逻辑上无法自洽。这既是涉及技术领域的规范制定者应该清楚的,也是技术领域法律问题的研究者应该了解的。

要掌握某个技术领域的内在逻辑,当然是该领域的技术专家最有优势。如果该交叉领域的法学者本身又是该领域的技术专家即肉身文理交叉,其研究成果具备"高价值"的可能性当然就高。在此基础上进行的立法,当然就比较容易达到逻辑上自洽的要求。

就网络安全法而言,如果没有 IT 专业背景,就很难想到去找与网络安全/网络空间安全相关的国际标准,也就不会找到 ISO 27032。找到了这个国际标准,就找到了反映网络安全/网络空间安全领域客观规律的内在逻辑体系的权威文件,相关立法就有了可供参考的技术基础,或许从法律起草开始就可以避免逻辑上无法自洽的问题。在此基础上起草的法律,就可能达到富有时代特征、彰显中国特色、体现世界水平的要求。

另外,关于网络安全法的名称定位问题,不仅涉及英文是对应 network security law 还是 cybersecurity law / cyberspace security law 的问题,而且涉及 cyber / cyberspace 的中文如何翻译的问题。前面说《网络安全法》未来应当更名为《网络空间安全法》,只是目前的权宜说法。cyber 即 cyberspace 应该如

① 详见:①寿步.我国网络空间安全立法的技术基础和逻辑起点[J].汕头大学学报(人文社会科学版),2016(4):20-24.②寿步.网络安全法基本概念若干问题[J].网络信息法学研究,2018(1):3-20.③寿步.网络空间安全法律问题研究[M].上海:上海交通大学出版社,2018:1-15.

何翻译? 下面介绍三种观点。

一是本书作者基于佛经"五不翻"原则的观点。

本书作者认为:根据 ISO 27032,不论在中文还是在英文中不论是从内涵还是从外延看,网络空间安全(cybersecurity)都不同于网络安全(network security)。因此,中文的"网络空间安全"就不应该简称为"网络安全"。不能因为英文的 cyberspace 可以简写为 cyber,英文中的 cyberspace security 可以简写为 cyber security 进而合成一个词 cybersecurity,就将中文的"网络空间"简称为"网络",将"网络空间安全"简称为"网络安全"。因为 cyberspace = cyber ≠ network。如果能以 ISO 27032 为基础在中国的网络空间安全立法中定义并且区分使用这些概念,则可避免在相关法律中这些术语的混淆和争论。

仔细思考将"网络空间安全"简称为"网络安全"的缘由,不难看出存在一个思维误区:cyberspace = cyber + space,既然对 space 译为"空间"没有异议,用"网络空间"翻译 cyberspace 又似乎是约定俗成的,则意味着译者已经默认 cyber 应该译为"网络"。但这与 cyberspace =cyber ≠ Network 矛盾。由此形成悖论。

显然,问题的关键在于译名。如果我们不用"网络空间"而用其他术语来翻译 cyberspace,就可以避免这个悖论。

这里可以参考唐代玄奘法师主持翻译佛经时制定的"五不翻"原则:

(1)多含不翻:如"薄伽梵",是佛陀名号之一,又含有自在、炽盛、端严、吉祥、尊重等义;又如"摩诃",含有大、殊胜、长久及深奥等义。

(2)秘密不翻:如楞严咒、大悲咒、十小咒以及各种经咒,一经翻出,就会失去它的神秘性。

(3)尊重不翻:如"般若",不可直译为智慧;"三昧"不可直译为"正定";"涅槃"不可直译为圆寂或解脱等。

(4)顺古不翻:如"阿耨多罗三藐三菩提"不可直译为"无上正等正觉";"阿罗汉"不可直译为"无生";"菩萨"不可直译为"觉悟"等。

(5)本无不翻:"本无"即中国没有。如阎浮树,中国没有,所以不翻。

cyber 的翻译涉及上述五种情况中的三种:多含,尊重,本无。参照"五不翻"原则,宜音译,即为"赛博"。这样,对于同以 cyber 作为词根的不同的英文组合词,就可以得到一致的译名。例如,cybernetics 可译为"赛博学";

cyberspace 可译为"赛博空间";而不宜将 cybernetics 译为"控制论",又将 cyberspace 译为"网络空间"。现在"控制论"与"网络空间"的译法就无法使(不知道它们的英文原文的)中文读者了解到它们在英文中是源于同一个词根。

将 cyberspace/cyber 译为"赛博空间"应是最佳译法。这样,cyberspace security 就译为"赛博空间安全",cybersafety 就译为"赛博空间安全态",cybercrime 就译为"赛博空间犯罪"。当 cyberspace security 简写为 cyber security / cybersecurity 时,在中文中就自然可以表述为"赛博空间安全",简称为"赛博安全"。这样,在英文和中文中都不会与 ISO 27032 另有定义的 network security(网络安全)和 Internet security(因特网安全)相混淆。

需要指出,目前国内用"网络空间"翻译 cyberspace、用"网络空间安全"翻译 cyberspace security 似已约定俗成,似乎只能暂且使用"网络空间安全"的译法。但如果将"网络空间安全"简称为"网络安全",则完全不妥。①

二是杨义先基于世界观和方法论的观点。

杨义先(北京邮电大学教授)要为维纳的著作 Cybernetics 当年被误译为"控制论"而"平反",认为应该译为"赛博学"。他批评了这样的现象——拿"赛博"当网络;甚至在权威英汉字典中,都理直气壮地将"cyber(赛博)"翻译成"网络",还有人拍脑袋将"赛博"翻译成"网电"等更奇怪的名词。

他认为,与三百余年来人类的主流世界观即以牛顿力学为基础的世界观不同,"赛博"是一种新的世界观。①赛博世界是不确定的;②赛博时间是不可逆的;③赛博世界是熵的世界;④中国"天人合一"的远古哲学理念,在赛博世界中,重新被广泛尊崇;⑤信息就是信息,不是物质也不是能量。

他指出:可能正是因为信息通信的巨大成功,才使许多人将信息通信系统(包括网络等),误认为就是赛博系统本身。新一代 AI、大数据分析等方面的众多成果,将是赛博世界中即将出现的新的成功案例;相信到那时,人们就不会再把"赛博"误以为"网络"了。

他认为,"赛博"是一种新的方法论。在赛博空间中最主要的方法论有:统计理论,反馈机制,黑箱逼近理论,数学理论,表示理论。赛博系统以偶然性(随机性)为基础,根据周围环境的随机变化来决定和调整自己的运动,因此它与传

---

① 寿步.网络安全法基本概念若干问题[J].网络信息法学研究,2018(1):3-20.

统牛顿力学方法论是完全不同的。

他说,赛博真的不仅仅是专家们所指的网络,无论那网络有多么庞大![①]

三是汪丁丁基于观念史的观点。

汪丁丁(北京大学教授)认为:在观念史视角下,"网络空间"是一个误导性的汉译。他从字源学角度认为,汉译的误导来源于 cyberspace ＝ cybernetic ＋ space 中前者的希腊词源的意思"卓越驾驶"。

他认为:有些中文作者注意到这一误导,故主张译为"赛博空间";这样翻译的代价就是汉语意义不明,迫使读者追溯它的西文单词。他提到《纽约》杂志曾经对"赛博"(cyber)的评论并认为其接近英文世界的理解:"赛博是这样一个完美的前缀。因为没有人知道它的含义,故而它可成为任何一个老词的前缀,于是获得新的酷意——也因此令人感觉诡异或恐怖。"他认为:我们应寻求关于"赛博空间"的比"网络空间"这一误导性翻译更好的翻译。显然,将赛博空间翻译为"虚拟空间"并不恰当,尤其是,赛博空间的安全问题绝非虚拟的。[②]

综合上述三种观点,cyberspace 不可译为"网络空间",以免误导读者;将其译为"赛博空间"是当前的最佳方案。cyber 音译为"赛博",可为其未来内涵的深化和外延的拓展留出足够的空间。

这样,cyberspace security 就译为"赛博空间安全"。当 cyberspace security 简写为 cyber security / cybersecurity 时,"赛博空间安全"即可简称为"赛博安全"。"赛博安全"不会与也不该与"网络安全"(network security)和"因特网安全"(Internet security)相混淆。它们各有自己的定义。

6.6　交叉领域法学论著的发表与审稿人的资质

法学与技术交叉领域的研究成果,能否得到发表、出版机会,与法学领域审稿人的资质密切相关。下面介绍本书作者的两次投稿经历,一次成功,另一次不成功。

6.6.1　一次成功的投稿经历

1996 年本书作者在《中国法学》杂志上看到香港中文大学"中国法制研究计划"《法律实践丛书》的征稿启事,就将自己的文稿整理后投出。这是一部关

---

① 杨义先.关于"赛博"的认识与纠错[J].汕头大学学报(人文社会科学版),2016(6):105 - 108.
② 汪丁丁.网络空间与安全问题的观念基础初探[J].汕头大学学报(人文社会科学版),2016(4):8 - 10.

于中国软件版权判例研究的书稿《中国软件版权诉讼实务》。不久之后,该研究计划复信告知:书稿已经评审完毕,决定出版该书。复信同时附上评审意见(审稿人匿名),其中的核心部分是:"内容十分充实具体,技术性和专门性很强,是一部难得的杰作,由'中国法制研究计划'出版,深具学术价值。"如图 6 - 7 所示。

所寄壽步著"中國軟件版權訴訟實務"一書已閱畢,內容十分充實具體,技術性和專門性很強,是一部難得的傑作,由中國法制研究計劃出版,深具學術價值。我認為值得出版。

图 6-7 《中国软件版权诉讼实务》的评审意见(核心部分)

当年在香港要找既有技术背景又有法学背景的专业人士来评审该书稿,应该并不困难。该书后于 1997 年 7 月香港回归时由香港中文大学香港亚太研究所在香港作为香港中文大学"中国法制研究计划"《法律实践丛书》第一种、《香港亚太研究所研究丛刊》第 35 号作品出版。[①]

6.6.2　一次不成功的投稿经历

2017 年,本书作者曾向国内某高校学报(哲学社会科学版)投寄一篇论文。该文认为中国网络安全法因核心概念的选择问题导致无法自洽,且核心概念无法与英文用语对应;提出以国际标准 ISO/IEC 27032:2012《信息技术—安全技术—网络空间安全指南》关于四个基本概念的定义为逻辑起点,构建自洽的网络空间安全法逻辑体系。

后该刊转来一份审稿意见,审稿人不认可该文。本书作者针对该审稿意见向编辑部提交了答复意见。首先,质疑审稿人是否有技术和法学双重专业背景、是否有网络安全法领域的研究经历;其次,对审稿意见逐句加以批驳;最后的结论是拒绝接受审稿意见。

---

① 　寿步.中国软件版权诉讼实务[M].香港:香港中文大学出版社,1997.

第 7 章

问题的分析——人工智能与哲学交叉研究的启示

如果没有线性结构、树形结构、网状结构的思维，就不可能有图象语言的表述；如果没有逻辑式数学式的思维，就不可能有符号语言的表达。

法学者撰写与某一个技术领域相关的交叉领域研究论著时，除了法学界自己熟悉的"法言法语"之外，能否掌握和熟练应用该技术领域的"科言科语"，本身就是衡量其交叉研究深度的一个标志。所谓的"科言科语"，除了体现在使用该技术领域的专业术语之外，也体现在这种法学论著是否使用了图象语言和符号语言。这两者是一体两面的关系。

如果没有高等数理知识基础，法学者就很难有图象语言和符号语言的表达，就很难在法学与新技术交叉领域研究时真正掌握和熟练使用该技术领域的"科言科语"，就很难得到以"法言法语"与"科言科语"相结合形式体现的、具有相当深度的交叉领域研究成果。

AI 相关的哲学社会科学问题现已成为中国哲学社会科学的研究热点。作为计算机应用专业 AI 研究方向的工学硕士，本书作者下面从 AI 相关哲学社会科学若干领域的论著入手，考察相关论著作者的专业背景与其表述形式的关系。

根据《学位授予和人才培养学科目录（2011 年）》和《普通高等学校本科专业目录（2020 年版）》，哲学门类下只有一个一级学科即哲学。在哲学一级学科下，有四个本科专业：哲学，逻辑学，伦理学（属于特设专业），宗教学（属于国家控制布点专业）。本章标题中的"哲学"是指哲学门类或哲学一级学科，即 AI 涉及的伦理、逻辑等问题也都属于 AI 的哲学问题；但在分节讨论时则按照哲学、逻辑学、伦理学的分类进一步展开。

7.1   人工智能相关哲学研究示例

7.1.1   徐英瑾著《心智、语言和机器》

徐英瑾著《心智、语言和机器》,是一本关于 AI 哲学的著作[①]。作者 1978 年生,复旦大学哲学系本科毕业和(硕博连读)博士,现任复旦大学哲学学院教授。

作者在该书导论中说:AI 哲学的任务就是从哲学的角度对 AI 科学的观念前提和工作方法进行反思性的研究。作者在该书中采用了英美分析哲学的方法即逻辑分析和论证的方法,而不是欧洲大陆式的思辨型哲学。这两者之间的最大区别是:前者以追求论证之明晰性为第一要务,而不追求学者个性之表达;后者则更偏好行文之深邃性和由此带来的文学审美情趣,并伺机表露出更多的"才子气"。

该书以易懂性、集成性、指导性、明晰性为写作目标。书中采用了大量的图象语言表述,为此该书开头专门给出《本书技术插图信息汇总》,其中包括 90 张图。尽管作者考虑到易懂性而对数理表达方式的数量和深度做了尽量的压缩,但该书中仍有大量的符号语言表述。

就本书的主旨而言,该书是哲学家研究 AI 的典范,其表述形式是在高级阶段(3.0 版)。

作者在导论中归纳的该书的四个特征值得关注:

一是不再过多纠结于"AI 是否可能"这个概念性的问题,而是更多关注"如何做 AI"这个工程性的问题,具有更强的实践导向性;

二是打开了维特根斯坦哲学研究的新视野,开拓了一种将维特根斯坦哲学"工程学化"的新路向;

三是该书对王培的纳思系统(非公理化推理系统 Non-Axiomatic Reasoning System,缩写 NARS)做了全面系统的介绍,在写作方式上将哲学研究与特定路向上的工程学研究相结合(本书作者认为,这样在写作形式上就体现为"哲言哲语"与"科言科语"相结合);

四是在 AI 与哲学的关系之外,还穿插有逻辑学、认知语言学、认知心理学

[①]   徐英瑾.心智、语言和机器:维特根斯坦哲学和人工智能科学的对话[M].北京:人民出版社,2013.

的大量知识点,使得该书除了具有来自哲学的"思辨"面相和来自 AI 的工程学
面相之外,还具有某种贯通两者的"科学"面相。

本书作者也关注哲学专业背景的徐英瑾为什么能在该书中大量运用计算
机科学、经典逻辑和各种非经典逻辑等领域的知识? 除了他在该书后记中谈到
他在研究过程中进行了大量的知识补习之外,本书作者也查阅了复旦大学哲学
专业本科的课程设置情况。复旦大学哲学专业(尤其是科学哲学与逻辑学方
向)的课程设置中包含数学分析原理(注意这是"数学分析原理"而不是工科各
专业开设的"高等数学")、概率论、集合论、可计算性理论、证明论、数理逻辑、模
态逻辑、高等逻辑、非经典逻辑、数学哲学等课程,这些课程为未来的跨学科研
究打下了必要的知识基础。①

美国天普大学计算机与信息科学系教授王培对该书有这样的评价:

"和很多哲学家站在人工智能之外对其评头论足不同,徐英瑾此书的最大
特点就是真正进入这个领域之中,对工作技术方案的哲学前提和后果进行分
析。因此,对于希望对这个领域进行深入思考的读者,尤其对在相关问题上工
作的研究人员来说,阅读此书应当会是一次既有挑战又有收获的思想历程。"

"由于人工智能的领域特征,其中有大量的哲学问题。我们甚至可以说只
有在哲学上正确的方案才存在技术上成功的可能。但不幸的是,很多人工智能
工作者缺乏在哲学层面上检讨其理论预设的兴趣和能力,而哲学工作者又常常
缺乏深入了解技术问题的勇气和基础。

在这种情形下,徐英瑾的《心智、语言和机器——维特根斯坦哲学和人工智
能科学的对话》代表了一种难能可贵的眼光、决心和才能的结合。尤其是其不
跟风、不怕难、不惧做少数派的态度,更是当前学术界所需要的。

我希望这本书的出版会对人工智能的哲学研究起到促进和示范的作用。
在这个领域,人工智能工作者和哲学工作者相互理解的努力是会使双方受
益的。"②

在"豆瓣读书"的"心智、语言和机器的书评"中,一位网友的长篇评论中的

---

① 复旦大学哲学学院 2020 级本科生课程学习手册[EB/OL].[2021 - 06 - 12] http://philosophy.
fudan.edu.cn/py/list.htm.

② 徐英瑾.王培对我的《心智、语言和机器——维特根斯坦哲学和人工智能科学的对话》的评介[EB/
OL].(2018 - 10 - 31)[2021 - 06 - 13].https://user.guancha.cn/main/content? id=49502&page=
0.

两段话或许有助于我们了解作者徐英瑾的写作意图：

"人工智能作为人类对自身存在久已有之的幻想的现代表达，大可以被看作是反思人类自身的哲学的延续和实践。从最早的图灵机对人类思维的高度抽象以及在哲学界对这种模型的批判，到最近兴起的具身机器人对能动者（按：此处'能动者'是指 agent）和环境交互模式的模拟以及在认知领域对这种尝试的反思，无不反映了哲学和人工智能领域的亲缘性。正如本书的副标题所提示的，本书正是沿着哲学和人工智能高度亲缘性的道统，从一种特别的哲学立场出发同人工智能的当代实践展开的对话。如果人工智能的科学实践是形而上问题的形而下探索的话，那么本书就是对这种形而下探索的形而上反思，一种对具有高度反思性的科学工作的再反思。

读本书的目录就可以看出作者的野心。本书并不是要批评某种特定的人工智能进路，也不是要停驻在某个特定的问题上给出一个解决方案，而是想集天下之大成，进而从作者所心仪的维特根斯坦哲学出发，为整个领域的研究开出药方。要按部就班、娓娓道来、包罗万象只要有耐心其实并不难，但是要在分裂零散、莫衷一是的人工智能领域，从一个纵观大局的视角，论证一个特定的融贯的立场却很难。尤为困难的一点是，维特根斯坦哲学往往被认为是对种种形而上学持否定态度的批判性哲学，而人工智能的研究则不得不对人的智能甚至人类本身存在给出一个形而上学性质的抽象模型才得以进行，从传统的角度看两者势同水火。而本书的作者立场在坚持一个维特根斯坦主义者的立场上，竟然是对最为传统的符号−表征主义的人工智能持同情态度，实属自立门户独树一帜。"①

为说明本书的主题，下面撷取该书中以图象语言和符号语言表述的部分内容以楷体字转述如下作为示例。

【例 1】②

第二个函数是激发函数（activation function），也就是说，这个函数将以上一个函数的输出值为输入值，以便规定出整个人工神经元的激发水平。

---

①　佚名.萝卜（robot）是现代人的浪漫［EB/OL］.（2014 − 05 − 18）［2021 − 06 − 13］. https://book.douban.com/review/6673178/.

②　徐英瑾.心智、语言和机器：维特根斯坦哲学和人工智能科学的对话［M］.北京：人民出版社，2013：47，图 1 − 3，图 1 − 4.（注：原文引用）

激发函数分很多种。最原始的激发函数是一种阶跃函数（step function），换言之，若上一个函数的输出值 i_j（作为本函数的自变量）没有达到预设的阈值 θ，那么激发水平（作为本函数的应变量）a_j 就一直是零。若过了此值，那么激发水平就会突然跃迁到"1"的高度。下面是相关的函数图以及其代数表达：

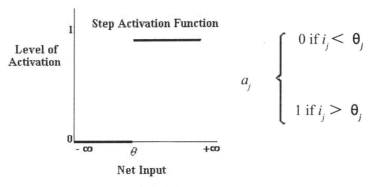

Step Activation Function：阶跃函数

Level of Activation：激发水准　　　Net Input：净输入

图 1-3　阶跃函数的图像

但是在自然神经元那里，神经元放出的动作电位是不可能在瞬间就升到"激发"的水平的，而需要一个从"不激发"到"激发"的过渡。阶跃函数显然难以模拟这种过渡。因此就有人使用了另一种激发函数去代替阶跃函数，此即 S 曲线函数（sigmoid function）。其函数图像以及代数表达如下：

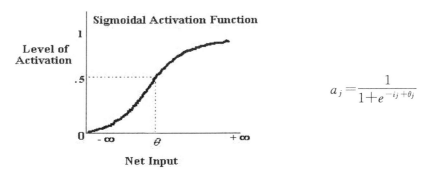

Sigmoidal Activation Function：S 曲线函数

Level of Activation：激发水准　　　Net Input：净输入

图 1-4　S 曲线函数的图像

【例2】①

小司马光和小伙伴们嬉戏,其中张三不慎落入满满的水缸中,马上会被淹死了。面对"解救淹在水缸里的小伙伴"这个任务,司马光身边的那些孩子很可能只是想到了这样一个关于问题解决框架的拓扑结构(为了简化计算,我们假设智能体②只会赋三个值:1,0,未知。若是未知值,用英文小写字母"a"来表示):

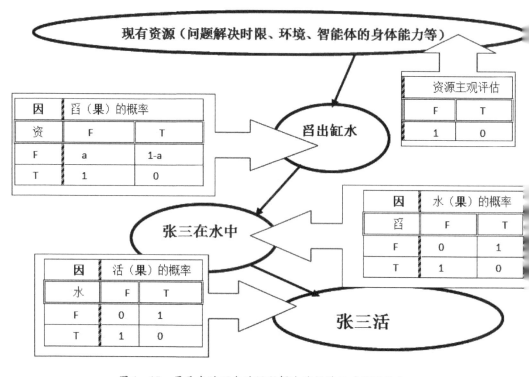

图1-15　司马光的朋友的问题解决路径的贝叶斯网络化

很显然,要救出张三,在实质上就是要设法使得 P(活$_T$)的值趋近于(最好等于)1。根据全概率规则以及被DAG简化的链律,此值是以下八个积的和:

---

① 徐英瑾.心智、语言和机器:维特根斯坦哲学和人工智能科学的对话[M].北京:人民出版社,2013:70-71,图1-15.

② 引者注:此处和图1-15中的"智能体"是指 agent。

1. $P(活_T\cap 水_T\cap 舀_T\cap 资_T) = P(活_T/水_T)\times P(水_T/舀_T)\times$
$P(舀_T/资_T)\times P(资_T)$
$=1\times 0\times 0\times 1=0$

2. $P(活_T\cap 水_F\cap 舀_T\cap 资_T) = P(活_T/水_F)\times P(水_F/舀_T)\times$
$P(舀_T/资_T)\times P(资_T)$
$=0\times 1\times 0\times 1=0$

3. $P(活_T\cap 水_T\cap 舀_F\cap 资_T) = P(活_T/水_T)\times P(水_T/舀_F)\times$
$P(舀_F/资_T)\times P(资_T)$
$=0\times 1\times 1\times 1=0$

4. $P(活_T\cap 水_T\cap 舀_T\cap 资_F) = P(活_T/水_T)\times P(水_T/舀_T)\times$
$P(舀_T/资_F)\times P(资_F)$
$=0\times 0\times (1-a)\times 0=0$

5. $P(活_T\cap 水_F\cap 舀_F\cap 资_T) = P(活_T/水_F)\times P(水_F/舀_F)\times$
$P(舀_F/资_T)\times P(资_T)$
$=1\times 0\times 1\times 1=0$

6. $P(活_T\cap 水_T\cap 舀_F\cap 资_F) = P(活_T/水_T)\times P(水_T/舀_F)\times$
$P(舀_F/资_F)\times P(资_F)$
$=0\times 1\times (1-a)\times 0=0$

7. $P(活_T\cap 水_F\cap 舀_T\cap 资_F) = P(活_T/水_F)\times P(水_F/舀_T)\times$
$P(舀_T/资_F)\times P(资_F)$
$=1\times 1\times (1-a)\times 0=0$

8. $P(活_T\cap 水_F\cap 舀_F\cap 资_F) = P(活_T/水_F)\times P(水_F/舀_F)\times$
$P(舀_F/资_F)\times P(资_F)$
$=0\times 0\times a\times 0=0$

这个和乃是零。换言之,根据这张 DAG,对于张三来说,可谓"条条大路通地狱"。

【例3】①

哥德尔第一定理：对于任何一个形式系统来说，只要它能够强大到足以包容某种算术系统的话，那么它就不可能同时是一致的并且是完备的。也就是说，如果它是一致的，那么它也就肯定是不完备的，反之亦然。

解读：这话也可以换个法子说：若任何一个数学领域在形式系统 S 中得到了形式化的话，那么只要 S 是一致的，我们就能够在 S 中构造出至少这样一个命题：该命题的真和假在 S 中是无法通过机械方法确定的。很显然，这一点否定了希氏规划的第二条。

哥德尔第二定理：对于任何一个形式系统来说，只要它能够强大到足以包容某种算术系统的话，那么在该系统内部就无法产生一个证明，以证明整个系统是一致的。

解读：很显然，这一点否定了希氏规划的第三条。

对于这两个定理的证明异常复杂，我们不妨暂时不去理会之（在介绍彭罗斯的论证的时候，笔者会给出一个证明"定理一"的简易版本）。目前，我们不妨预设这组定理是真的（去挑衅二十世纪最重要的科学发现之一，可不是什么明智之举）——更重要的，我想指出如何把这组定理（尤其是"定理一"）改造为一篇针对机器智能之可行性。

【例4】②

到底什么叫"词项"呢？依据通常的看法，词项即抽象语义表征符号的记号，如"乌鸦""鸟"等。不过，在纳思系统中，我们同样也可以把一个前符号层面上的心理学意像（image）视为一个"词项"——只要它能够被用以谓述其他词项，或被其他词项所谓述。比如，在（a）和（b）的例子中，不同的关于"乌鸦"的意像（在这里它们也都扮演"词项"的角色）就构成了词项"乌鸦"的外延，因为它们都可以被"乌鸦"所谓述。至于（a）和（b）本身，则构成了两个特殊的纳思系统语句：

---

① 徐英瑾.心智、语言和机器：维特根斯坦哲学和人工智能科学的对话[M].北京：人民出版社，2013：109-110.
② 徐英瑾.心智、语言和机器：维特根斯坦哲学和人工智能科学的对话[M].北京：人民出版社，2013：316-317，图12-2.

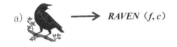

而这两个语句本身甚至还可以被融入整张纳思系统语义网之中(参看图 12 - 2)：

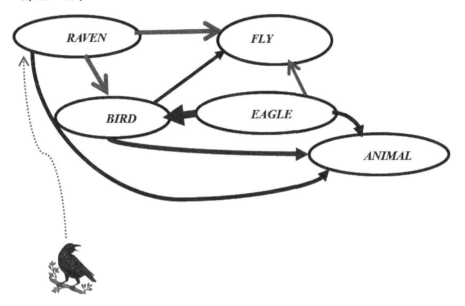

图 12 - 2　一张包含"心像"的纳思语义网

显然,既然在纳思系统语义网中,在前符号层面上的意像和符号层面上的表征性符号之间并没有一条清晰的楚河汉界,那么,适用于一般纳思系统词项的一般推理规则,自然也适用于意像。比如,在 Narsese-1 的层面上,我们已经有了四条针对一般纳思系统词项的推理规则(参看 Wang 2006 § 3.3.4)：

演绎(deduction)规则：

$\{M{\to}P(f_1,c_1),S{\to}M(f_2,c_2)\}\vdash S{\to}P(f_1{\times}f_2,f_1{\times}c_1{\times}f_2{\times}c_2)$

归纳(induction)推理规则：

$\{M{\rightarrow}P\ (f_1,\ c_1),\ M{\rightarrow}S\ (f_2,\ c_2)\} \vdash S{\rightarrow}P\ (f_1,\ c_1{\times}f_2{\times}c_2/(c_1{\times}f_2{\times}c_2+k))$

溯因（abduction）推理规则：

$\{P{\rightarrow}M\ (f_1,\ c_1),\ S{\rightarrow}M\ (f_2,\ c_2)\} \vdash S{\rightarrow}P\ (f_2,\ f_1{\times}c_1{\times}c_2/(f_1{\times}c_1{\times}c_2+k))$

例示（exemplification）推理规则：

$\{P{\rightarrow}M\ (f_1,\ c_1),\ M{\rightarrow}S\ (f_2,\ c_2)\} \vdash S{\rightarrow}P\ (1,\ f_1{\times}c_1{\times}f_2{\times}c_2/(f_1{\times}c_1{\times}f_2{\times}c_2+k))$

而这四条规则显然都适用于一部分纳思系统词项是意像的情形。

7.1.2　《心智、语言和机器》的启示

中国法学界的科班出身的主体人群，是否具备像哲学界的徐英瑾这样的研究 AI 相关交叉领域所必需的高等数理知识基础？是否能够真正进入 AI 领域、对工作技术方案的法律前提和法律后果进行分析？事实上，以本科教育为主渠道的中国法学教育，不曾为科班出身的法科生未来从事涉及技术领域的跨学科研究打下必要的高等数理知识基础。

在前引王培两段话基础上，本书稍作修改用在关注 AI 的法学者这里——有很多法学者站在 AI 之外对其评头论足。AI 涉及许多法律问题，甚至可以说只有法律上合规的技术方案才在实践中有可行性。但不幸的是，中国很多法学者常常缺乏深入了解技术问题的勇气和基础。

中国法学界关于 AI 法律问题的研究（也可扩展到法学与其他技术领域的交叉研究），若能显示出类似该书这样的四个特征（一是实践导向性；二是法学"工程学化"；三是"法言法语"与"科言科语"相结合；四是除法学面相和来自 AI 的工程学面相之外还有贯通两者的科学面相），方可视为具有相当的研究深度。

7.2　人工智能相关逻辑学研究示例

7.2.1　桂起权、陈自立、朱福喜合著《次协调逻辑与人工智能》

桂起权、陈自立、朱福喜合著《次协调逻辑与人工智能》是关于次协调逻

辑——数理逻辑、辩证逻辑与 AI 的交叉领域的著作。①

据该书作者之一桂起权在前言中介绍,学数理逻辑的人可以分为三种:善于讲课的人,善于构造形式系统的人,善于对逻辑进行哲学分析的人。该书三位作者的简况如下:①桂起权,1940 年生,本科在安徽大学物理学及无线电系求学,大学阶段就确立"学物理而习逻辑而穷哲理"的志向。1983 年起调入武汉大学哲学系,后任教授。属于"善于对逻辑进行哲学分析的人"。②陈自立,是建筑工程师背景的形式化能手,属于"善于构造形式系统的人"。③朱福喜,1957 年生,在浙江大学数学系获学士学位,武汉大学计算机科学系获硕士学位和博士学位。武汉大学计算机学院教授,从事 AI 方面的教学和科研工作,编著有多部 AI 教科书。

该书前言介绍了书中三编的撰写分工情况:第一编"次协调逻辑及其基本原理",由桂起权撰写。第二编"创建次协调逻辑新系统的尝试",一系列创新的次协调公理系统的绝大部分大都出自陈自立的手笔;桂起权提供了一些背景思想,技术方面只有小部分工作才属于桂起权,但在文字上桂起权作了很多改写。第三编"次协调逻辑在人工智能领域中的应用",由朱福喜撰写,他在这方面有多年工作经验。

看得出来,如果没有理工科专业背景,就不可能参与该书的写作。该书的分工合作,也是发挥了各位作者的长处。

次协调逻辑(Paraconsistent Logic)也译为"超协调逻辑""弗协调逻辑""亚相容逻辑""弱相容逻辑"。

该书前言介绍,可根据不同的标准对逻辑进行划分:①根据数学性与否,分为数理逻辑和哲理逻辑。前者是数学性的,以数学基础研究为背景;后者是哲学性的,以富有哲学意味为特征。②根据正统性与否,分为经典逻辑和非经典逻辑。前者以罗素《数学原理》这个经典系统为正统;后者则表现出对该经典系统的各种背离。

该书涉及的次协调逻辑既是哲理逻辑也是非经典逻辑。

经典逻辑的一些性质被特征化如下:①排中律:两个互相矛盾的命题,不可能同时为假,必有一真。②矛盾律:两个互相矛盾的命题,不可能同时为真,必

---

① 桂起权,陈自立,朱福喜.次协调逻辑与人工智能[M].武汉:武汉大学出版社,2002.

有一假。③蕴涵的单调性和蕴涵的幂等性。④合取的交换性。⑤德摩根对偶性(德摩根定律)。

非经典逻辑则是缺乏上述某一个或多个特性的逻辑系统。

次协调逻辑的含义,从非经典逻辑的角度说主要是指矛盾律的有效性在其中被削弱,同时仍要保持一种次于经典逻辑的新的协调性,因此它与经典数理逻辑存在着血缘关系;从哲理逻辑的角度说它不承认矛盾律的普适性同时又使否定词弱化,即"在矛盾中求协调",因此与辩证逻辑关系密切。

由于次协调逻辑本身的特点,它在 AI 方面得到了成功的应用,受到了 AI 研究者的高度重视。以 AI 的应用领域专家系统(如中医专家系统)来举例。早期的专家系统以经典逻辑为基础逻辑。假设一个含有成千上万个自洽命题的知识库,一旦在其中加入一个矛盾命题,就会因矛盾的任意扩散而导致整个知识库失效。但实际上作为专家系统原型的人类专家(如老中医)平时也经常会作出矛盾的判断和决策。现在只要采用次协调逻辑作为基础逻辑,就可以解决这个问题。这时,每个诊疗程序只需要按照自己的诊断规则运行,如果在某个节点上出现矛盾,则可搁置起来而不会扩散到整个知识库,这个系统仍然可以正常运行。[①]

虽然次协调逻辑是一种哲理性的非经典逻辑,但由于它与经典数理逻辑存在着血缘关系,所以它的表述充满了符号语言和图象语言。因为这样的表述在《次协调逻辑与人工智能》一书中不胜枚举,比比皆是,所以,此处从略。

该书专门设有第十章"规范逻辑及法律逻辑的新系统"[②]。作者在该章尝试奠定规范逻辑的理论基础,并展示其基本的形式系统;同时,给出规范逻辑在法律领域的应用特例——法律逻辑的新公理系统 LLA(它涉及法律逻辑的基础逻辑和实体法逻辑的形式化),以促成建立法制机构与电脑法律专家系统的"双轨制"(即人的决策结果与专家系统决策结果的相互对照、相互制约)。该书作者当年就期待中国的社会科学工作者(包括法学工作者)与电脑专家精诚合作,为法律逻辑走向实践作出开创性的贡献。

7.2.2　《次协调逻辑与人工智能》的启示

将《次协调逻辑与人工智能》与徐英瑾著《心智、语言和机器》比较可见,作

---

① 桂起权,陈自立,朱福喜.次协调逻辑与人工智能[M].武汉:武汉大学出版社,2002:前言,6.
② 桂起权,陈自立,朱福喜.次协调逻辑与人工智能[M].武汉:武汉大学出版社,2002:393-439.

为 AI 相关逻辑学专著的前者与作为 AI 相关哲学专著的后者有着相似的四个特征：一是实践导向性；二是逻辑学"工程学化"；三是"逻言逻语"与"科言科语"相结合；四是除了"逻辑学"面相和来自 AI 的"工程学"面相之外还有贯通两者的"科学"面相。

7.3 人工智能相关伦理学研究示例

7.3.1 论文《中国人工智能的伦理原则及其治理技术发展》及其启示

吴文峻、黄铁军、龚克的论文《中国人工智能的伦理原则及其治理技术发展》涉及 AI 的伦理学问题。[①] 该文的中文版近 12 000 字。

据网上信息，该文三位作者的简况如下：①吴文峻，1973 年生，北京航空航天大学计算机专业学士、硕士、博士。现任北航计算机学院教授，群体智能研究专家，国家新一代人工智能战略规划执笔人。②黄铁军，1970 年生，武汉工业大学计算机应用专业学士、工业自动化专业硕士，华中理工大学图像识别与人工智能研究所博士。现任北京大学信息科学技术学院教授，主要研究方向为视觉信息处理（图像识别与视频编码）和类脑计算。③龚克，1955 年生，北京工业学院电子工程专业学士，奥地利格拉茨技术大学技术科学博士。现任中国新一代人工智能发展战略研究院执行院长。

中国的官产学界都已经意识到，伦理原则和治理技术对于 AI 的健康和可持续发展至关重要。该文介绍了中国官方机构和民间组织发布的 AI 伦理原则，特别是 AI 治理技术的主要研究成果，比较了中国与其他国家在 AI 伦理原则和治理技术发展方面的差异，讨论了 AI 治理研究中的巨大挑战，提出了未来的研究方向。

注意到，该文是 AI 技术专家将 AI 伦理原则与治理技术整合在一起进行研讨，因此，该文自然就会出现图象语言表述，如表 7-1（原文的序号是"表 1"）和图 7-1、图 7-2（原文的序号是"图 1""图 2"）所示。

表 7-1 列出了可用于实现 AI 伦理原则的 AI 治理技术。包括：

——实现安全保障性和隐私性原则的技术有联邦学习和区块链；

——实现安全性和可靠性原则的技术有机器学习测试和验证；

---

① 吴文峻，黄铁军，龚克. Ethical Principles and Governance Technology Development of AI in China [J]. Engineering，2020，6(3)：302-309.

——实现透明度原则的技术有可解释的/可说明的 AI；

——实现问责制原则的技术有 AI 溯源、审计和司法鉴定；

——实现公平性原则的技术有 AI 公平性评价和除偏算法。

表 7 - 1　AI 伦理原则和治理技术

AI ethical principle	AI governance technology
Security and privacy	Federated learning, blockchains
Safety and reliability	Machine learning test and verification
Transparency	Interpretable/explainable AI
Accountability	AI provenance, auditing, and forensic
Fairness	AI fairness evaluation and debiasing algorithm

为了说明 AI 治理框架必须综合多种技术以使 AI 工程师能对 AI 行为进行系统评估并提供能建立公众对 AI 系统信任的证据，该文给出了图 7 - 1，以显示 AI 行为分析和评估框架的主要构建模块，包括测试、验证、解释和溯源。

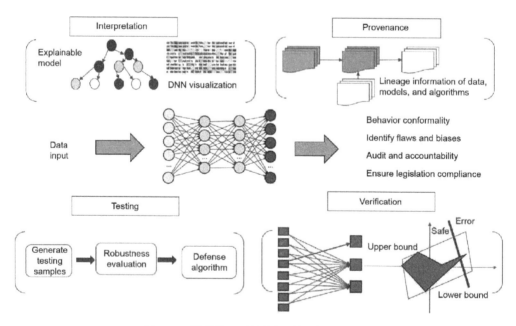

图 7 - 1　可信赖 AI 的测试、验证、解释和溯源

该文指出：与欧盟和美国一样，中国是在全国范围内发起 AI 治理和伦理

倡议的主要国家之一,中国的政府部门和企业在建立 AI 伦理原则和促进 AI 向善的认知方面采取了积极的举措。从学术研究和产业发展的角度来看,中国的研究人员和从业人员一直积极与国际同行齐头并进地开发 AI 治理技术,设计出了新的模型、算法和工具。

当前有关 AI 的伦理研究大致分为四个进路:①面向应用场景的描述性研究;②凸显主体责任的责任伦理研究;③基于主体权利的权利伦理研究;④探讨伦理嵌入的机器伦理研究。其中第四个进路"探讨伦理嵌入的机器伦理研究"所涉及的问题是:能否用智能算法对 agent[①] 的拟伦理行为进行伦理设计,即用代码编写的算法使人倡导的伦理规范得以嵌入各种 agent 中,使其成为遵守道德规范乃至具有自主伦理抉择能力的人工的道德 agent? 因此,问题不仅是 AI 的设计者、控制者、使用者应该遵守特定的伦理规范,而且还需要将特定伦理规范编程到 agent 中去。[②]

显然,AI 的技术专家并非 AI 伦理问题的"局外人";"机器伦理"本身就离不开 AI 技术专家的开发和设计。

因此,该文提出:应将伦理原则转化为指导 AI 系统设计和实施的软件规范。从软件工程的角度来看,对 AI 模型的开发和 AI 系统的运行通常是按照一个有明确定义的生命周期(如图 7 - 2 所示)来组织,这一生命周期包括 AI 任务定义、数据收集和准备、模型设计和训练、模型测试和验证、模型部署和应用。AI 隐私性、安全性和公平性的软件规范的实施应该贯穿于整个 AI 开发和运行一体化(DevOps)的生命周期。

该文认为:随着 AI 治理技术的进步,可以预见 AI 伦理方面的法规和标准将在企业、社区、国家和国际层面得到不断的实施,以加强 AI 系统和产品的合规性。AI 工业界和标准化组织的共同努力将进一步提高人们对 AI 伦理问题的认识,并在 AI 工业界和研究社区加速道德价值观在智能系统和产品中的集成。因此该文建议:开发具有内置伦理约束相关工具的开放式 AI DevOps 平台,以支持不同 AI 系统的相关人员来评估 AI 系统的功能和合法性。

作为 AI 的技术与伦理交叉领域的研究论文,该文与前述徐英瑾著作和桂起权等合作著作相比较,有着相似的四个特征:一是实践导向性;二是伦理学

① 本书认为,agent 应译为"行为体"。详见本书第 8.4 节。
② 段伟文.信息文明的伦理基础[M].上海:上海人民出版社,2020:239 - 240.

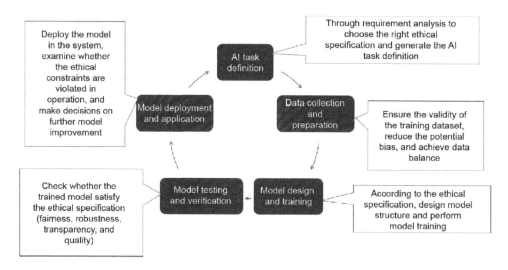

图 7‑2   AI DevOps 生命周期

"工程学化";三是"伦言伦语"与"科言科语"相结合;四是除了"伦理学"面相和来自 AI 的"工程学"面相之外还有贯通两者的"科学"面相。

7.3.2   教材《人工智能伦理导引》及其启示

教材《人工智能伦理导引》由陈小平主编,中国科学技术大学出版社 2021 年 2 月版,是一本 AI 伦理教材。

该教材前言说:基于本科生和研究生教育的一种全新的重大需求——AI 及其应用的快速发展,要求对现有学校教学内容进行及时的扩展,将 AI 和 AI 伦理纳入各个学科的教育体系,开设相关的课程和培训,使学生得到必要的培养和训练。该教材面向所有专业的本科生和研究生,是国内第一部由 AI 和法律、哲学等社会科学相关领域的专业人士共同编写的跨学科、导引性 AI 伦理教材,追求的目标是:针对 AI 伦理的普遍需求,采用通俗语言,传授精当知识。因此,该书没有出现符号语言(逻辑式数学式等)。

该教材由多位作者合著,他们的编写分工如表 7‑2 之第 1~4 列所示。

表 7-2 《人工智能伦理导引》作者编写分工和图表制作情况

撰写的章节	撰写章节的名称	撰写者（教育背景）	撰写页面占比	制作图表分别占比	制作图表合并占比
第 1 章（除 1.1.2 外） 第 2 章	概论 人工智能技术导论	陈小平（科技类）	（总 234 页） 48 页,20.5%	（总计:图 22 个,表 14 个） 图 11 个,50%;表 5 个,35.7%	（总计:图和表 36 个） 图表 16 个,44.4%
第 1 章的 1.1.2 节 第 3 章	人工智能应用及与大数据等技术协同发展 数据伦理	刘贵全（科技类）	32 页,13.7%	图 9 个,40.9%;表 2 个,14.3%	图表 11 个,30.6%
第 4 章	企业的人工智能伦理构建	顾心怡（哲学类）	40 页,17.1%	图 1 个,4.5%;表 1 个,7.1%	图表 2 个,5.6%
第 5 章	人工智能科研的伦理挑战	汪琛、叶斌（哲学类）	29 页,12.4%	图 0 个,0%;表 1 个,7.1%	图表 1 个,2.8%
第 6 章	人工智能伦理与传媒治理	王娟、叶斌（哲学类）	30 页,12.8%	图 0 个,0%;表 0 个,0%	图表 0 个,0%
第 7 章	人工智能伦理与法治	侯东德、苏成慧(法学类)	23 页,9.8%	图 0 个,0%;表 0 个,0%	图表 0 个,0%
第 8 章	人机社会技术伦理回顾反思	叶斌（哲学类）	32 页,13.7%	图 1 个,4.5%;表 5 个,35.7%	图表 6 个,16.7%

　　网上资料显示的各位作者简况如下（按作者撰写章节的先后排序,本书关注其中每位作者的教育背景）。

　　陈小平,安徽大学理学学士、工学硕士,中国科学技术大学工学博士。中国科学技术大学计算机科学与技术学院教授,机器人技术标准创新基地主任。兼任中国人工智能学会人工智能伦理与治理工作委员会主任,全球人工智能理事会执行委员。

　　刘贵全,吉林工业大学工学学士、中国科学技术大学工学硕士、工学博士。中国科学技术大学计算机科学与技术学院副教授。

　　顾心怡,北京大学哲学系伦理学专业博士生,博士论文题目是《赛博格的自治与责任——脑机接口的伦理问题研究》。

叶斌,中国科学技术大学人文与社会科学学院科技哲学系特任副研究员。同济大学哲学学士、北京师范大学哲学硕士、德国弗赖堡大学哲学博士。

汪琛,中国科学技术大学科技哲学专业硕士生。

王娟,中国科学技术大学人文与社会科学学院科技史与科技考古系特任副研究员。复旦大学历史学学士、中国科学技术大学历史学硕士、澳大利亚拉筹伯大学哲学博士。

侯东德,西南政法大学民商法学教授、高等研究院院长。电子科技大学工商管理硕士,西南政法大学法学博士。

苏成慧,西南政法大学高等研究院专职科研人员。西南政法大学法学硕士、法学博士。

该教材的作者按其教育背景或工作背景可以分为三类:①科技类:陈小平、刘贵全;②哲学类:顾心怡、叶斌、汪琛、王娟;③法学类:侯东德、苏成慧。

作者的类别与其所采用的表述语言(文字语言、图象语言)之间的对应关系,如表 7-2 之第 1~2、5~6 列所示,由表可见:①科技类作者使用图表的情况远多于非科技类的作者。两位科技类作者在占总页面 20.5%＋13.7%＝34.2% 的撰写篇幅中制作了占总图表数 44.4%＋30.6%＝75% 的图表,即在约三分之一的撰写篇幅中制作了四分之三的图表。②在非科技类作者中,哲学类作者制作图表的情况又多于法学类作者。这应该与哲学专业的相关训练有关。③法学类作者没有制作图表。

该教材的特性如下。

(1)体系性。该教材建构的"人工智能伦理导引"课程体系是:以"概论"起始,对 AI 的发展状况进行宏观的介绍和反思,对 AI 伦理的使命和任务进行概述,作为导引;接着是"人工智能技术导论",对 AI 基本原理、主要技术进展和当前挑战进行概括和解读,为学习 AI 的伦理与治理奠定技术基础;然后用五章的篇幅先后对当前 AI 伦理与治理的五个重点领域——数据、企业、AI 科研、传媒、法治进行解剖和案例分析,为 AI 伦理与治理的理论研究和应用实践提供专业基础;最后对人机社会技术伦理进行了系统性的回顾与反思,为 AI 伦理专业研究的深造提供知识基础。

(2)交叉性。该教材第一章"概论"介绍了 AI 的两大类主要技术(强力法和训练法)和 AI 现有技术的重要特性(即封闭性),阐明了 AI 伦理建设应具有双重目标(即应同时回答 AI 应该做什么和不应该做什么的问题),分析了 AI 可能存在的四种风险(即技术失控、技术误用/技术滥用、应用风险和管理失误),指出了技术误用/技术滥用是当前 AI 伦理面临的主要挑战,提出了包含三层结构(伦理使命、伦理准则和实施细则)的一种 AI 伦理体系的整体架构(见图 7-3,即原书第 14 页的图 1.2 所示),论述了针对不同的应用场景设立不同的实施细则从而使 AI 伦理与社会经济发展紧密关联。这些内容突出体现了在 AI 与伦理学之间的交叉性。

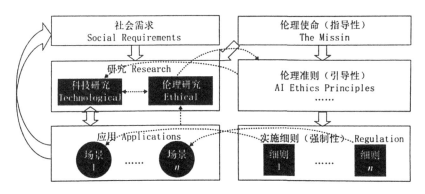

图 7-3　AI 伦理体系的一种基础架构

(3)技术性。该教材第二章"人工智能技术导论"提纲挈领地介绍了 AI 的创立(涉及图灵机、哥德尔"不完全性定理"、车赤—图灵论题、图灵假说、图灵测试等)、AI 的两种主要观点(信息处理观和机器人观)、AI 的两种经典思维(基于模型的强力法和基于元模型的训练法)、强力法和训练法的集成应用;讨论了 AI 当前的挑战和机遇,具体涉及应用方面(强力法和训练法应用的条件和路径问题)和基础研究方面(可分为信息处理观和机器人观两方面的基础理论挑战);介绍了一种与以往基于"精确性思维"的强力法和训练法都不同的新思路"融差性思维"。这些内容体现了该教材的技术性。

(4)教材性。该教材的每一章,在引言部分由案例导入,引出该章主题;正文之后,附有"讨论与思考题",引发思考;最后列有参考文献,方便进一步检索学习。虽然该教材尽可能"采用通俗语言",但是非理工科专业的学生在阅读涉及交叉性和技术性的章节时可能仍然会有困难。

　　由于该教材是由科技类、哲学类、法学类三方面的作者合作完成的，所以该教材的"部分章节"（但不是"全部章节"）从形式（指非文字语言表述数量的多少）到内容（指 AI 技术术语的使用）有着与前述三部（篇）论著（徐英瑾著作、桂起权等著作、吴文峻等论文）相似的四个特征：一是实践导向性；二是伦理学"工程学化"；三是"伦言伦语"与"科言科语"相结合；四是除了"伦理学"面相和来自 AI 的"工程学"面相之外还有贯通两者的"科学"面相。

第8章

问题的分析——人工智能与法学交叉研究的尝试

"AI 在法律事务中的应用"与"AI 带来的法律问题"不同,本章着重讨论后者。

关于 AI 法律问题,中国法学界当前的研究路径一般是三种:①翻译介绍其他国家和地区以及国际组织的相关研究成果和立法情况,主要体现为"学美学欧学日本",即所谓"移植法学"。②基于作者对 AI 的若干应用场景和一些基础术语(如"通用人工智能""领域人工智能""强人工智能""弱人工智能""算法""数据""算力"等)的认知,尝试从法学角度提出自己的观点。这样的研究成果难以称为"本土法学"。③在研习国外、境外的研究成果和立法情况的基础上,提出自己的观点,即前面两种路径兼而有之。

由于从事相关研究的法学者多数没有理工科专业背景,更没有 IT 类专业背景,因此,采用不论是上述三种途径中的哪一种所得到的研究成果在学术上是否站得住,都可进一步讨论。

以第一种途径即翻译介绍为例,此时可能存在三方面的问题:一是"外语关",即译者能否准确理解外文文献中的一般词汇。因为不是母语,所以对外语一般词汇的理解能有七八成的可靠性就不错了。二是"技术关",即译者能否正确理解外文文献中的科技词汇。对于没有 IT 技术背景的译者来说,外语科技词汇的理解能有三五成的准确度就不错了。三是"中文关",即译者在正确理解外语一般词汇和科技词汇的基础上,给出信达雅的中文翻译。只要了解最近几十年国内大学生的中文书面表达"惨不忍睹"的状况,就可以推断目前的众多译文是如何不堪卒读,有六七成的可信度就不错了。

如果译文没有过外语关、技术关、中文关,则译文的可信度就大打折扣;反之,则不仅译文可信,也可能校正现有译名的错误,还可能在中译正名的基础上给相关各学科的研究提供基础性的支撑。

8.1　如何进行人工智能法律研究

8.1.1　人工智能法律研究的基础问题

中国 AI 法律研究者,如果不想继续停留在"学美学欧学日本"(即继续"追着跑")的程度,而是希望得出真正原创的研究成果(争取"并肩跑"甚至"领着跑");如果不想只看见 AI 应用这座冰山的"表面",而看不见这座冰山"水上部分的内部",更看不见这座冰山"水下部分的内部"因而无法从 AI 内在的原理机制中发现真正原生的法律问题的话,就要先搞清楚下列基础问题。

第一,一般计算机应用与 AI 应用的界线在哪里?

AI 是结合数据、算法和算力的多种技术的集合,本质上仍然是计算机科学与技术的一个分支。从基础研究的角度看,AI 属于计算机科学的前沿研究;从应用的角度看,AI 是计算机技术的非平凡应用。计算机应用早已渗透人类社会的各个领域。那么,在计算机应用中,哪些属于平凡的应用(即"一般计算机应用"),哪些属于非平凡的应用(即"AI 应用"),两者之间的界线在哪里?(如图 8 - 1 所示)

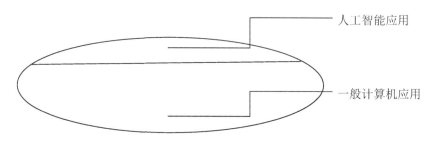

人工智能应用

一般计算机应用

图 8 - 1　计算机应用的划分

第二,一般计算机应用的法律问题与 AI 应用的法律问题的界线在哪里?

没有计算机程序的运行,就没有计算机的应用。从 1946 年第一台电子计算机诞生至今,已经过去 76 年。一般计算机应用的法律问题,通常都已经过充分的研究,已有相应的法律规制。那么,哪些法律问题是一般计算机应用所涉及的法律问题(即计算机程序在一般计算机应用中带来的法律问题),哪些才真正是 AI 应用的法律问题(即计算机程序在 AI 应用中带来的法律问题)? 论者所以为的"AI 法律问题"与一般计算机应用的法律问题相比是否确实存在差异性、独特性？如何发现计算机程序运行在 AI 应用中带来的法律问题？

第三，AI 的 agent 在构建 AI 法律研究体系中的地位和作用是什么？

agent 是理解 AI 的一个重要概念，应译为"行为体"。AI 中的 agent 可作为 AI 法律问题的拟法律主体或拟法律角色。相关讨论详见第 8.4 节。这是一位具有 AI 专业背景的法学者在人工智能与法学（乃至更广泛的哲学社会科学相关学科）的交叉领域进行的思考。能否以 agent 为核心和基础构建 AI 法学研究体系？或可在此基础上进一步探索。

第四，算法的特性和设计要求在 AI 应用中带来哪些法律问题？

前面从计算机应用谈到计算机程序，下面从计算机程序谈到算法。

1）算法与程序的关系

计算机科学家尼古拉斯·沃思（1934 年生）曾经提出计算机领域的一个著名公式：

算法 ＋ 数据结构 ＝ 程序（Algorithms ＋ Data Structures ＝ Programs）

计算机程序是一系列计算机指令的组合，可控制计算机的工作流程，实现一定的逻辑功能，完成人类给定的任务。算法是对特定问题求解步骤的一种描述，是程序的逻辑抽象，是解决某类客观问题的数学过程。

数据元素相互之间的关系称为结构。数据结构是相互之间存在特定关系的数据元素的集合，具体有两层含义：一是逻辑结构，即数据元素之间的逻辑关系；二是物理结构（存储结构），即数据结构在计算机中的映像。相同的逻辑结构，其物理结构的实现可以不同；不同的物理结构，各有长短。

恰当地确立问题的数据结构，才能选择合适的算法。数据结构就像是建筑工程中的建筑设计图；算法就像是建筑工程中的施工流程图。同样的问题可以采用不同的算法设计得到解答。在解决实际问题时要选择合适的数据结构，然后根据确立的结构特性编写算法。算法的确定依赖于数据结构的选择；数据结构的选择又受算法设计的复杂程度的制约。

2）算法的特性

按照计算机科学的传统说法，算法具有下列五个特性：

一是有穷性，即必须在执行有穷步之后结束，且每一步都可以在有穷时间内完成。

二是确定性，即算法中的每一条指令必须有确切的含义，读者理解时不会产生二义性;并且在任何条件下,算法只有唯一的一条执行路径,即对于相同的输入只能得到相同的输出。在 AI 应用情况下,尤其是在次协调逻辑下的 AI 应用情况下,能否实现算法的确定性的要求,或可存疑。

三是可行性,即算法中描述的操作都是可以通过已经实现的基本运算执行有限次来实现的。

四是输入,即算法有零个或多个输入,这些输入取自于特定对象的集合。

五是输出,即算法有一个或多个输出。这些输出是同输入有某个特定关系的量。

3) 算法设计的要求

设计一个"好"的算法,通常应当考虑下列目标:

一是正确性,即算法应当满足具体问题的需求。当然,正确性的含义在计算机科学中可以进一步细分为不同的层次。在 AI 应用情况下算法正确性的要求,可议。

二是可读性,即有助于人对算法的理解;晦涩难懂的算法比较可能隐藏较多错误而难以调试修改。在 AI 应用情况下算法可读性的要求,也可议。

三是健壮性(鲁棒性),即算法在输入数据"非法"时进行适当反应或处理,而不会产生莫名其妙的输出结果,这也是系统在异常和危险情况下的生存能力。在 AI 应用情况下,算法健壮性的要求往往会更高。

四是效率高,这里的效率有两方面的指标:时间复杂度和空间复杂度,希望算法在解决问题时执行时间短,占用存储空间少。在 AI 应用情况下,效率高的要求很重要。

8.1.2　人工智能法律研究的成果表达

照此进路展开 AI 法律研究,在融会贯通后的研究成果应该能显示出下列四个特征:一是实践导向性;二是法学"工程学化";三是"法言法语"与"科言科语"相结合;四是除了"法学"面相和来自 AI 的"工程学"面相之外还有贯通两者的"科学"面相。

这样的作品或许能成为发现 AI 原生的法律问题、得出原创的研究成果的上乘之作,或许能成为与美欧日本相关研究成果相比是"并肩跑"乃至"领着跑"的领先之作。

照此进路进行 AI 法律研究的前提是:法学者需要有足够的理工科专业背

景,最好是或有一般的 IT 类专业的硕士以上学位,或有专门的 AI 专业的学士以上学位。这里所称的"一般的"IT 类专业不包括"专门的"AI 专业。

因为,没有理工科专业背景者,通常只能看见 AI 应用这座冰山的"表面";一般的 IT 类专业本科毕业生能看到冰山"水上部分的内部"的一部分;一般的 IT 类专业硕士以上学位获得者,才可能看到冰山"水上部分的内部"的比较完整的样貌、并进一步向冰山"水下部分的内部"进行探索。具体说来:第一,AI 法律问题的研究者如果仅仅是法学科班出身的法律人,因为缺乏高等数理知识,其知识背景是远远不够的。第二,AI 法律问题的研究者如果是具有法学专业以外的其他文科专业背景的法律人,因为缺乏高等数理知识,其知识背景也是远远不够的。第三,AI 法律问题的研究者如果是具有一般的 IT 类专业外的其他理工科专业背景的法律人,因为学过高等数理知识,其知识背景意味着经过逻辑和科学范式的训练,但是对 AI 的原理机制还没有"专业"程度的了解。第四,AI 法律问题的研究者如果是具有一般的 IT 类专业背景的法律人,对 AI 的原理机制就有了"专业"程度的了解。

以某知名大学计算机系的培养方案为例。①在该系本科培养方案中,明显与 AI 相关的课程有:离散数学、数据结构、算法与复杂性、人机交互、图形学与可视化计算、智能系统、可计算理论、数值计算科学、信息检索技术与实践、超大规模数据处理等;②在该系硕士生培养方案中,明显与 AI 相关的课程有:应用代数、算法设计与分析、类脑智能、智能计算系统、计算复杂性高级论题、神经网络理论与应用、图像处理与机器视觉、大数据算法设计与分析、大规模数据处理技术、从数据学习因果结构、统计学习与推理、算法分析与理论等。

一般的 IT 类专业上述与 AI 相关的课程,在非 IT 类的理工科专业中一般不会开设。因此,就 AI 法律问题研究者的背景专业而言,确实有必要在理工科专业背景中区分是否属于一般的 IT 类专业背景。非 IT 类的理工科专业一般较少涉及 AI 的原理机制。

就本科和研究生培养目标的区别而言,对本科生的要求主要是完整掌握本专业所需的核心专业知识,初步了解整个学科的知识组织结构、学科形态、典型方法、核心概念和学科基本工作流程方式;对硕士生的要求则是掌握坚实的计算机科学与技术的基础理论知识,具有利用原理、方法和新技术进行系统分析、设计与开发的能力,在一两个研究方向上,能深入、系统地掌握其理论、方法,并了解当前国内外最新发展动态。显然,在一般的 IT 类专业毕业生中还有必要区分是本科毕业还是硕士以上研究生毕业。

近些年 AI 的迅速发展引起全球的高度关注和我国政府的高度重视,国内一些高校开始设置专门的 AI 专业招收本科生。以西安交通大学人工智能学院的本科培养方案为例①。该方案认为,AI 本科专业培养定位应强调"厚基础""重交叉""宽口径";学生应掌握扎实的数理基础,熟悉人工智能的基本方法及脑认知等交叉学科知识,具备科学家素养、实践动手能力与创新能力,并且拥有较为开阔的产业应用视角与国际前瞻视野。该方案中的 AI 专业知识体系包括八大课程群:数学与统计课程群,科学与工程课程群,计算机科学与技术课程群,人工智能核心课程群,认知与神经科学课程群,先进机器人技术课程群,人工智能与社会课程群,人工智能工具与平台课程群。单就 AI 专业知识而言,专门的 AI 专业本科生的水平大体上相当于一般的 IT 类专业硕士生的水平。

综上所述,进行 AI 法律问题研究的法学者最好有足够的理工科专业背景,或有一般的 IT 类专业硕士以上学位,或有专门的 AI 专业的学士以上学位。

8.2　评《人工智能与法律解析》

如前所述,"AI 在法律事务中的应用"与"AI 带来的法律问题"不同。AI 法律研究的研究对象应该只是"AI 带来的法律问题",而不包括"AI 在法律事务中的应用"(也常称为"法律人工智能")。

但因在 AI 法律研究领域符合前述四个特征的研究成果很罕见,所以下面介绍在"AI 在法律事务中的应用"领域的符合上述四个特征的一个范例。

8.2.1　阿什利著《人工智能与法律解析》

美国凯文·阿什利(Kevin D. Ashley)的《人工智能与法律解析》是"人工智能与法律"领域的专著。② 该书英文版 *Artificial Intelligence and Legal Analytics* 2017 年由剑桥大学出版社出版。

阿什利 1951 年生,1973 年获普林斯顿大学文学士学位(B. A),1976 年获

---

① 郑南宁.人工智能本科专业知识体系与课程设置[M].北京:清华大学出版社,2019.
② 阿什利.人工智能与法律解析[M].邱昭继,译.北京:商务印书馆,2020.

哈佛大学法学院法律博士学位(J.D),1985 年和 1988 年先后获得马萨诸塞大学的计算机科学硕士和博士学位(Ph.D)。1989 年起执教于美国匹兹堡大学法学院,是法学院的法律与智能系统讲座教授、学习研究和发展中心高级科学家。[①]

阿什利由文学士转 JD(这个 JD 法律博士学位会被中国法学界认为只相当于 JM,即非法本的法律硕士学位)、再转计算机科学的硕士和博士,也是一个文理交叉的典型。他由文科转法科再转工科的教育经历在中国的法学教育中难以想象。他肯定不符合中国法学界"法律科班出身"和"完整的法学教育"的要求。但是,恰恰就是这样的多专业背景成为他在"人工智能与法律"这一交叉领域耕耘的优势。

中国的法学院一般不会接受在法学方面仅有 JD 学位(或法律硕士专业学位 JM)的人担任法学院教师。在对待仅有 JD 学位的人应聘法学院教师这件事上,为什么中外法学院会有这样的认知差别?

该书的译者前言介绍,1985 年阿什利发表了他在 AI 与法律领域的第一篇文章《通过类比推理:人工智能研究对法律专家系统影响的一些调查》。[②] 於兴中(1956 年生,美国康奈尔大学法学院王氏中国法讲座教授)在该书封底的推荐语中写道:"人工智能的广泛应用对法律的未来将产生革命性的影响。法律研究和实践从分析走向解析预示着一种新范式、新领域的出现。《人工智能与法律解析》是该领域的开山之作,也是截至目前惟一的一本经典。"

本书作者恰好就是 1985 年从计算机应用专业 AI 研究方向研究生毕业获得工学硕士学位的。当时,20 世纪 70 年代末、80 年代初,中国科学家基于老中医关幼波的行医经验已经开发出"中医肝病诊治专家系统"。如果於兴中关于"法律研究和实践从分析走向解析预示着一种新范式、新领域的出现"的论断成立,那么,中国法学研究从分析走向解析这种新范式的领先之作应该是寿步 1997 年发表的《职务软件与非职务软件研析》一文(见本书第 1.4 节)。中国《计算机软件保护条例》的主要执笔人、早年毕业于复旦大学数学系的应明先生当年针对这篇文章所采用的研究方法曾经对本书作者说:"你这篇文章超前了 10 年。"在今天看来,这篇文章不止超前了 10 年,而是至少超前了 25 年。

---

① 　阿什利.人工智能与法律解析[M].邱昭继,译.北京:商务印书馆,2020:译者序言 i.
② 　阿什利.人工智能与法律解析[M].邱昭继,译.北京:商务印书馆,2020:译者序言 i.

这恰恰反映了当今中国法学范式存在的问题。

当我们将"人工智能与法律"（artificial intelligence and law）进一步划分为"AI带来的法律问题"和"AI在法律事务中的应用"之后，可以看到，阿什利的研究主要是在"AI在法律事务中的应用"这一偏重于AI技术应用的领域。正如他在该书第一章导言中说的：AI与法律研究者开发的计算模型将执行法律推理。大部分AI与法律研究的目的是开发法律推理的计算模型，这些模型可以做出法律论证并用来预测法律纠纷的结果。法律推理的计算模型是一个计算机程序，它实现了证明人类法律推理特性的过程。[①] 换言之，阿什利认为大部分AI与法律的研究目的就是开发一个用在法律领域的计算机程序，只有小部分AI与法律的研究对象是"AI带来的法律问题"。

该书分为三部分。第一部分"法律推理的计算模型"，介绍了模拟各种法律处理的研究程序，包括建模制定法推理、建模基于案例的法律推理、预测法律结果的模型、法律论证的计算模型等章。第二部分"法律文本解析"，讨论了近期开发的从法律文本中自动提取概念信息的技术，解释了用于处理语义或法律文本意义的一些可选工具，包括用本体和类型系统表示法律概念、使法律信息检索更智能、基于法律文本的机器学习、从制定法和规章文本中提取信息、从法律案例文本中提取与论证相关的信息等章。第三部分"连接推理的计算模型与法律文本"，探讨了新的文本处理工具如何将法律推理的计算模型及其表示法律知识的技术直接连接到法律文本，并创建新一代法律应用程序，包括用于认知计算的概念法律信息检索、认知计算法律应用程序等章。

正如作者在第一章导言中所说："本书的三个部分实际上是一本科学手册，整合了人工智能与法律领域（按：仅指AI在法律事务中的应用）对于语义法律知识的表示和使用的自上而下的关注，以及自下而上的数据驱动的且通常与领域无关的计算机技术和信息技术的演讲。""本书突出了法律推理的计算模型和法律论证的计算模型开发中的某些趋势，并解释了在整合文本解析的背景下它们对未来的影响。""本书关注的焦点是如何利用和整合语义法律知识来预测结果和解释预测。"[②]

既然AI在法律事务中的应用的目的是开发法律推理的计算模型，而法律

---

① 阿什利.人工智能与法律解析[M].邱昭继，译.北京：商务印书馆，2020：3-4.
② 阿什利.人工智能与法律解析[M].邱昭继，译.北京：商务印书馆，2020：38.

推理的计算模型是一个计算机程序，所以，该书讨论的程序，就是 AI 在法律事务中的应用这一领域的一系列指令的组合，可控制计算机在法律事务中的工作流程，实现法律推理方面的逻辑功能，完成在法律推理过程中人类给定的任务。

阿什利在该书中假设读者并不熟悉计算机程序的编写。该书的重点不在于用程序设计语言写出具体的计算机程序（这属于符号语言的表述），而在于更一般的法律和计算过程的系统描述，即通过体系结构图、流程图、表格等形式（这些属于图象语言的表述）给出的算法步骤的描述。① 因此，该书中符号语言表述的情况很少，而图表很多（计有 102 张图、21 张表）。为此，该书在目录之后专设了《附图目录》和《附表目录》。

这些非文字语言的表述可以让我们初步领略 AI 在法律事务中的应用过程中所出现的计算机科学与法学相结合的独特表述。

在 AI 与法律的交叉领域，这些图象语言和符号语言表述所展现的美妙，是难以用文字语言表述的。

8.2.2 《人工智能与法律解析》的启示

由于作者阿什利的特殊专业背景，这本在"AI 在法律事务中的应用"领域的著作显示出下列四个特征：一是实践导向性；二是法学"工程学化"；三是"法言法语"与"科言科语"相结合；四是除了"法学"面相和来自 AI 的"工程学"面相之外还有贯通两者的"科学"面相。

我们期待早日看到中国的法学者在 AI 法律研究领域撰写的显示上述四个特征的论著。

8.3　《人工智能与法律解析》翻译的述评

8.3.1 《人工智能与法律解析》的翻译情况

《人工智能与法律解析》一书的翻译，与学科交叉研究有关，在此略加评论。

译者邱昭继（1979 年生，西北政法大学教授）的教育经历是西北政法学院法学学士、法学硕士和中国政法大学法学博士。以他的纯法学专业背景来翻译阿什利的这本具有显著的实践导向性、"科言科语"与"法言法语"相结合、真正体现法学与技术学科交叉的著作，殊为不易。他在该书后记中写道：这一翻译

---

① 　阿什利.人工智能与法律解析［M］.邱昭继，译.北京：商务印书馆，2020：43.

工作给他的智识带来极大的挑战。为此他购买了近百部相关的图书,了解背景知识,弄清楚陌生概念的含义。他对翻译工作的敬业精神令人钦佩。

就这部著作的翻译而言,瑕不掩瑜、瑜不掩瑕。下面仅就计算机术语"Prolog"和缩略语的翻译进行商榷。

Prolog 是 20 世纪 70 年代初开发的一种面向演绎推理的逻辑型程序设计语言。Prolog 语言和 LISP 语言都是 AI 领域的常用程序设计语言。

Prolog 语言的名称源于英文 Programming in Logic 的缩写。在该书中被译为"逻辑编程"[①](比较多见)或"逻辑编程语言"[②](比较少见)。这样的译法存在两个问题:一是"逻辑编程"在中文中可能仅仅是指一种类型的程序设计方法(逻辑型的程序设计方法),而并不一定是指"逻辑编程语言"这一种类型的程序设计语言(逻辑型的程序设计语言);二是即便是译为"逻辑编程语言",因为它是一种类型的程序设计语言,也并不一定是特指"Prolog 语言"。如果直接译为"Prolog 语言"或"Prolog",则可避免这两个问题。

在涉及具体的程序设计语言的名称时,国内 IT 业界乃至整个科学界通常都直接使用其英文名称、而不进行意译。例如 LISP 语言,它是 20 世纪 50 年代末开发的一种表处理语言,其名称源于英文 LISt Processing 的缩写。但在中国都直接译为"LISP 语言"或"LISP",而不会用"表处理"或者"表处理语言"来特指 LISP 语言。本书作者当年的硕士论文主题就是用 MACRO-86 宏汇编语言编写 LISP 语言的解释程序。

只要在该译著中首次出现"Prolog"时,给出其英文来源"Programming in Logic",则读者在该书任何一处看到"Prolog"时就会明白这是一种程序设计语言,其名称来源于"Programming in Logic"。但是,如果译为"逻辑编程",则读者可能认为原作者是指一种程序设计方法,而不了解原作者是特指一种程序设计语言,更无法将"逻辑编程"与 Prolog 语言等同起来;如果译为"逻辑编程语言",则读者虽可了解原作者是指一种程序设计语言,但也无法将其与 Prolog 语言等同起来。

将 Prolog 语言译为"逻辑编程"或"逻辑编程语言"的过程中,有关键信息遗失。在该书的《词汇表》和《索引》中都没有列出"Prolog"。读者一般难以通

---

① 阿什利.人工智能与法律解析[M].邱昭继,译.北京:商务印书馆,2020:47,57,58.
② 阿什利.人工智能与法律解析[M].邱昭继,译.北京:商务印书馆,2020:55.

过阅读译著了解原作者所指的是 Prolog 语言。本书作者当年作为计算机教师曾经讲授过 Prolog 语言,所以能够推测原作者的本意所指。

基于将 Prolog 语言译为"逻辑编程"或"逻辑编程语言"的译法,该译著中就有下列"可疑的"句子出现:

(1)"逻辑编程(Prolog)是什么? 逻辑编程程序是什么?"①本书作者推测,原作者的本意是说"Prolog 语言是什么? Prolog 语言的程序是什么?"(即原作者实际上是区分了一种程序设计语言与用该语言编写的计算机程序)

(2)"在计算机表达的规则中,句法歧义可以被消除。问题在于,选择用于形式化为逻辑编程语言(如逻辑编程)的制定法规则的版本不一定是立法机构所预期的。"②注意其中的片段"逻辑编程语言(如逻辑编程)"令人费解。本书作者推测,原作者的本意是说"……选择用于形式化为逻辑型程序设计语言(如 Prolog 语言)的制定法规则的版本……"(即原作者实际上是区分了一种类型的程序设计语言与该类型中一个特定的程序设计语言)

(3)"逻辑编程既是编程语言又是定理证明者。"③这句译文充分显示出将 Prolog 语言译为"逻辑编程"的弊端。如果译为"Prolog 语言既是一种程序设计语言又是一种定理证明器",则对中文读者就清晰明了。

与 Prolog 的翻译问题类似的,还有缩略语的翻译。

译者在该书《译者序言》中讲到:"本书使用了 60 多个缩略语,我一般是根据缩略语对应的英文单词直接翻译成中文。……有些缩略语是四个以上英文单词的缩写,翻译成中文特别长,我就根据缩略语的发音翻译成对应的中文。"④这样的缩略语音译的例子有 LUIMA(音译为"卢依马")、CABARET(音译为"卡巴莱系统")、ASPIC(音译为"阿斯皮克")等。

唐代翻译大师玄奘法师主持佛经翻译时制定有"五不翻"原则(即多含不翻、秘密不翻、尊重不翻、顺古不翻、本无不翻)。其中的"本无不翻"是指中国没有的就不翻译,如阎浮树,中国没有,所以不翻。

在玄奘法师的古代,不翻译的情况都改用中文音译,而不是直接写梵文或者巴利文,想必是考虑到佛经读者的梵文或巴利文水平,即使是僧尼一般也并

---

① 阿什利.人工智能与法律解析[M].邱昭继,译.北京:商务印书馆,2020:47.
② 阿什利.人工智能与法律解析[M].邱昭继,译.北京:商务印书馆,2020:55.
③ 阿什利.人工智能与法律解析[M].邱昭继,译.北京:商务印书馆,2020:58.
④ 阿什利.人工智能与法律解析[M].邱昭继,译.北京:商务印书馆,2020:译者序言 vii.

不了解梵文和巴利文,所以只能用中文音译以便诵读。但是今天,像阿什利这本专著的读者,应该是专业人士(主要是法律人和 IT 人),而这些专业人士应该有起码的英文知识,因此,LUIMA、CABARET、ASPIC 这些缩略语,只要在译著中首次出现时给出其英文全称,同时给出其中文全译,则直接使用英文缩略词的翻译效果会更好,也符合 IT 业界的使用习惯,也可避免读者在该译著之外的其他场合看到这些英文缩略词时反而不知道它们与该译著中的中文音译名称之间的对应关系。

以 LUIMA 为例,它是 Legal Unstructured Information Management Architecture(法律的非结构化信息管理架构)的缩略语。先有 UIMA,后有 LUIMA。UIMA 于 2009 年 3 月成为 OASIS(结构化信息标准促进组织)标准,是一个组件化的软件架构,用于分析同终端用户相关联的大容量非结构化信息。LUIMA 就是 Legal UIMA,它是一个法律检索系统。如果将 LUIMA 译为"卢依马",则其仅仅是一个没有任何含义的声音符号;如果保留英文缩略语 LUIMA,则作为该书读者对象一部分的 IT 专业人士,至少能够从 LUIMA 看出"Legal UIMA"的含义。

这就类似于 WTO(世界贸易组织)、IMF(国际货币基金组织)、WIPO(世界知识产权组织)之类国际组织的名称,在中文翻译时,要么给出中文译名全称,要么直接用其英文缩写,而不会将其英文缩写的读音音译为中文作为该组织的中文名。

8.3.2 对《人工智能与法律解析》翻译的评论

阿什利《人工智能与法律解析》这部英文著作的相关术语,在英语世界中,不论是 IT 业者还是法律人乃至所有的英语人群,应该都不会有歧义。该书译为中文后,同样应该让使用中文的不论是 IT 业者还是法律人乃至所有的中文人群,都不会有歧义,且能够准确理解作者的本意。显然,该书的中译本如果是由具有 IT 专业背景的法律人来翻译,翻译效果或许会更好。

学科交叉不易。跨界翻译已不容易,交叉研究就更困难。

面对 AI 法律问题这样的热点研究领域,一方面,期待国内法学界有 IT 专业背景的法律人,经过切实研究,发现 AI 领域原生的法律问题,拿出原创的研究成果,在科技和法学两方面都做到无懈可击;另一方面,在中国的法律人才培养仍然是以法学本科教育为主渠道的情况下,也期待有更多的 IT 类专业的硕士毕业生、博士毕业生拿出一两年时间研习法学,进而在 AI 法律问题领域乃至更广泛的 IT 法律问题领域直接取得法学方面的"发言权",避免出现纯法学背景的法学者与 IT 科学家之间因两者的范式没有"交集"而进行"鸡同鸭讲"式对话的尴尬场景。

8.4　人工智能中 agent 的中译正名及其意义

8.4.1　人工智能中的 agent 及其中译现状

1) agent 中译问题的由来

在与 AI 相关的哲学社会科学各学科的交叉领域研究中,通常会涉及 AI 在各该领域的"主体"问题,这是各该领域研究的基础问题。例如,在伦理学领域,会研究 AI 相关的"伦理主体"或"拟伦理角色"问题;在法学领域,会研究 AI 相关的"法律主体"(legal entity 或 legal subject)或"拟法律角色"问题。

以 AI 与法学的交叉领域为例,国内学者的相关论著通常只是笼统地将"人工智能"这四个字作为可能的"法律主体"或"拟法律角色",却没有进一步说明所称的"人工智能"究竟是指什么。是指 AI 科学,还是指 AI 技术?是泛指所有 AI 产品,还是特指某个 AI 产品?是泛指所有 AI 服务,还是特指某种 AI 服务?是泛指 AI 的所有应用场景,还是特指 AI 的某种应用场景?这样就无法从 AI 的内在机制出发阐释在 AI 与法律研究中涉及的 AI 相关"主体"究竟是什么。

agent 是 AI 业界尝试统合 AI 理论的载体,是 AI 的一个重要基础概念。在 AI 与哲学社会科学各学科的交叉领域研究时所涉及的"主体"应该共同指向 AI 中的 agent。为此,要准确理解 AI 中 agent 的本意,在正本清源的基础上进行 agent 中译的正名,进而确定 agent 在 AI 与哲学社会科学各学科(包括法学)的交叉领域中的"主体"地位。下面将介绍在 AI 研究中引入 agent 的时代背景,说明中文语境下 AI 中 agent 的译名情况,详细考察 AI 领域若干经典英文论著中关于 agent 的论述,确定对 agent 中译正名的理由和结果,阐述其哲学社会科学意义。

2) agent 是 AI 理论统合的载体

众所周知,AI 作为一门学科始创于 20 世纪 50 年代。此后 AI 研究主要有三个流派:功能主义、结构主义、行为主义。三个流派采用不同的方法来模拟智能,其要点如表 8 - 1 所示。

表 8 - 1　人工智能的三个流派概要

流派名称	功能主义	结构主义	行为主义
流派别名	经典/传统/狭义的人工智能,符号主义,逻辑主义,心理学派,基于模型的强力法,计算机学派,功能模拟学派	计算智能,连接主义/联结主义,仿生学派,生理学派,基于元模型的训练法,结构模拟学派	黑箱智能,进化主义,控制论学派,行为模拟学派
使用方法	功能模拟方法	结构模拟方法	行为模拟方法
理论基础	物理符号系统假设,有限合理性原理	人工神经网络,神经网络间的联结机制与学习算法	控制论,感知—动作型控制系统
概念功能	概念的指名功能	概念的指心功能	概念的指物功能
哲学批判	中文屋实验	缸中之脑实验	完美伪装者和斯巴达人,莫拉维克悖论
代表人物	其中认知学派有西蒙,明斯基,纽厄尔;逻辑学派有麦卡锡,尼尔森	麦克洛克,皮茨,霍普菲尔德	布鲁克斯

　　AI 三大流派各有长短,AI 的发展过程也是曲折不平的。现在的 AI 研究已经不再拘泥于遵循 AI 某个单一流派的路径,在许多应用场景会综合各个流派的技术。一方面,各个流派继续在发展;另一方面,各个流派也在不断融合之中。

　　20 世纪 80 年代末到 90 年代初,AI 业界出现了关于 AI 基础的反思辩论。要融合 AI 的不同流派,就需要寻求新理论、新方法来统合既有的 AI 理论。这样的趋势在 20 世纪末到 21 世纪初非常明显。其中最具代表性的是 20 世纪 90 年代的两部著作:①拉塞尔和诺维格的 *Artificial Intelligence：A Modern Approach*（《人工智能：一种现代的方法》）;② 尼尔森的 *Artificial Intelligence：A New Synthesis*（《人工智能：新综合》）。这两部著作都试图以 agent 为载体,以 agent 的能力水平的扩展为轴线,把 AI 的三大流派串联起来,以期形成统一的 AI 理论。

因此,agent 成为 AI 研究的重要概念,在中文语境下准确翻译 AI 中的 agent 概念对于 AI 相关各学科研究就具有显著的意义。

与 agent 相关的建立 Multi Agent System(缩写 MAS)从 20 世纪 80 年代起成为一个独特的研究领域,该领域在 20 世纪 90 年代中期就已经得到广泛的认同。

拉塞尔和诺维格在 2020 年第 4 版给出了关于 agent 的示意图[①](原书的图 2 - 1),如本书图 8 - 2 所示。

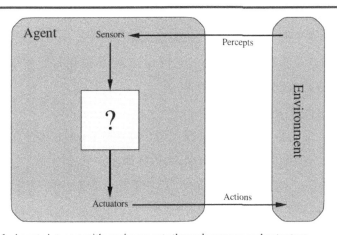

Figure 2.1 Agents interact with environments through sensors and actuators.

图 8 - 2　通过传感器和执行器与环境交互作用的 agent

图 8 - 2 显示,在 agent 与环境(environment)之间,通过传感器(sensors)和执行器(actuators)互相联系。传感器可以感知环境的状态;执行器可以给环境施加作用。在 agent 内部还有一个用"?"表示的方框,它代表 agent 内部从传感器接收输入信息、到执行器发出输出信息的中间环节,即 agent 内部的决策机制(能力模块)。决策机制至少包括三种情况:

(1)如果决策机制提供的是一系列"条件—动作规则",这时 agent 就成为

---

① Russell S J, Norvig P. Artificial Intelligence: A Modern Approach[M/OL]. [2022 - 05 - 02] http://aima.cs.berkeley.edu/figures.pdf.

感知—动作系统,对应于行为模拟方法;

(2)如果决策机制提供的是人工神经网络的学习能力,这时 agent 就具有学习能力,对应于结构模拟方法;

(3)如果决策机制提供的是以物理符号系统假设为基础的符号模式的处理过程,就对应于功能模拟方法。

这样就以 agent 为载体,通过"?"方框即决策机制内部的变化,把行为模拟方法、结构模拟方法、功能模拟方法作为 agent 的三种特例,将 AI 三大流派统一在 agent 的基础上。

3) AI 相关 agent 的中译现状①

(1) 中文译著中的 agent 译名。

在 AI 译著方面,译者多不翻译,而是保留原文 agent;如果翻译,则多译为"智能体",但此时就有将 intelligent agents 译为"智能化智能体"或"智能智能体"的情况,即出现同义重复的违和问题。

(2) 中文论著中的 agent 译名。

在中文论著方面,可分三种情况:①IT 技术专家,多直接使用英文 agent;使用中文译名的,则以"智能体"最多,其他中译还有"智能主体""主体""智能代理""作用体"等。② ②哲学学者,除使用与 IT 技术专家相同或近似的译名"智能体""特殊主体""主体"之外,还有用译名"行动者""能动者"。③ ③其他学者,有将 agent 译为"作用元"④。

(3) agent 的官方译名。

由全国科学技术名词审定委员会公布的《计算机科学技术名词(第三版)》(科学出版社 2018 年 12 月版)在学科"计算机科学技术—人工智能—多智能体系统"项下给出了 agent 的译名和定义⑤:agent 的"规范用词"即规范译名是"智能体","又称:主体;代理"。其定义是"在一定的环境中体现出自治性、反应性、

---

① 涉及 AI 相关 agent 的中文译著和中文论著很多,限于篇幅,此处不逐一列出。
② 涉及 AI 中 agent 中文译名的译著和论著有许多,限于篇幅,此处就不逐一列举。
③ 徐英瑾.心智、语言和机器:维特根斯坦哲学和人工智能科学的对话[M].北京:人民出版社,2013.徐英瑾.人工智能哲学十五讲[M].北京:北京大学出版社,2021.郑南宁.人工智能本科专业知识体系与课程设置[M].北京:清华大学出版社,2019:第 9.1 节.
④ 陈家成.复杂科学与佛法[G]//梁乃崇,等.佛学与科学论文集.北京:东方出版社,2016:322-355.
⑤ 术语在线—权威的术语知识服务平台[DB/OL].[2022-04-24].https://www.termonline.cn/word/569966/1♯sl.

社会性、预动性、思辨性(慎思性)、认知性等一种或多种智能特征的软件或硬件实体。"

这样看来,"智能体"还有"代理"已经成为 agent 的官方译名。这样的译名是值得商榷的。

8.4.2　人工智能中 agent 中译正名的根据

1)　从《思维的社会》看 agent

(1)　行为体(agent)和行为体的社会(society of agents)。

明斯基是 AI 三大流派之一功能模拟学派中的认知学派的代表人物,也许是最早将 agent 概念引入 AI 领域的学者之一,这体现在他 1985 年出版的著作《思维的社会》(*The Society of Mind*)中。该书将社会与社会行为概念引入计算系统。该书第一章引言写道:

> 本书尝试说明思维如何运作。智能如何从非智能中涌现(emerge)出来呢? 为回答这个问题,我们将显示,你可以从许多自身无法思维的小部件来构建思维。
>
> 我把这样的机制称作"思维的社会",其中每片思维都是由较小的进程组成的。我们把这些小进程称为行为体(agent)。每个心理的行为体本身只能做一些简单的事情,这些事情完全不需要思维或思想。然而当我们以某些非常特殊的方式将这些行为体加入思维的社会时,就将导致真正的智能。
>
> 该书第 1.1 节思维行为体(The agent of the mind)中写道:
>
> 为了解释思维,我们就必须展示思维(minds)是如何由无思维(mindless)的东西构成的,这些组件比可以认为是智能(smart)的任何东西都小得多又简单得多。
>
> 一旦我们将思维(mind)看作是行为体的社会(society of agents),那么每一个答案也就解释了其他的问题。

国内 IT 业界对 AI 中的 agent 最常见的译名是"智能体"。本书作者则认为应将 agent 译为"行为体"。何为标准? 试看英文论著作者的原意。

明斯基在此对 agent 有下列描述:

①智能是从非智能中涌现（emerge）出来的。注意，这里蕴涵着复杂性科学的涌现性（emergence，也译为突显性、层创性）思想。

②"你可以从许多自身无法思维的小部件来构建思维。"从许多小部件可以构建出思维，而这样的每个小部件本身是无法思维的。这里的小部件就是作者后面所称的 agent。

③agents 是指"思维的社会"这个机制中"每片思维都是由较小的进程组成的"中的那些较小的进程（smaller processes）。agent 不同于思维（mind），而只是它的构成成分。

④"每个心理的行为体本身只能做一些简单的事情，这些事情完全不需要思维或思想。"心理的行为体自身只能做一些简单的完全不需要思维或思想的事情。

⑤"然而当我们以某些非常特殊的方式将这些行为体加入思维的社会时，就将导致真正的智能。"如果我们没有以某些非常特殊的方式将这些行为体加入思维的社会中，那就不存在真正的智能。换言之，agent 本不具有真正的智能。

⑥"为了解释思维，我们就必须展示思维是如何由无思维的东西构成的"；"将思维看作是行为体的社会"。这里体现了复杂性科学的涌现性思想。

（2）agent 的涌现性解释。

可以用复杂性科学中的涌现生成理论、结合图 8－2 来对 AI 中的 agent 进行阐释。涌现是一种从低层次到高层次的过渡。涌现性并不存在于低层次的单个要素之中，而是系统在低层次构成高层次时才表现出来，所以形象地称为"涌现"。系统功能之所以往往表现为"整体大于部分之和"，就是因为系统涌现了新质的缘故，其中"大于部分"就是涌现的新质。系统的这种涌现性是系统的适应性行为体（adaptive agent）之间非线性相互作用的结果。

具有涌现现象的系统往往可以根据 agent 之间的相互作用来建模。agent 提供了对具有涌现现象的系统建模的最快办法。神经网络中的神经元、蚁群中的蚂蚁、物理学中的基本粒子都可以由一些规则和规律来描述，这些规则和规律决定了这些 agent 在一个大环境中的行为。每种情况下我们都能将这些 agent 的行为描述成处理的物质、能量或信息，它们可以产生某一行为，这个行为通常就是物质、能量或信息的传送。agent 的功能是处理输入状态并且产生

输出状态。这里的输入状态是由 agent 当前的实时环境决定的,而生成的输出
状态则决定了 agent 将对当前的实时环境所造成的影响。在环境中其他 agent
与给定 agent 之间的相互作用,也作为该给定 agent 的输入状态的一部分。①

　　关于 AI 中的 agent,明斯基说,当人们以某些非常特殊的方式将这些
agent 加入思维的社会后,由于涌现性,思维的社会才出现真正的智能。显然,
agent(即系统低层次的要素或组成成分)本身并非“智能体”(顾名思义即“有智
能的主体”);而出现了涌现性的“思维的社会”或“行为体的社会”(即系统的高
层次形式)才可能是“智能体”。这一思想可用其他作者在一篇论文中给出的行
为体/社会二元性示意图(agent/society duality)表示②(如图 8-3 所示)。

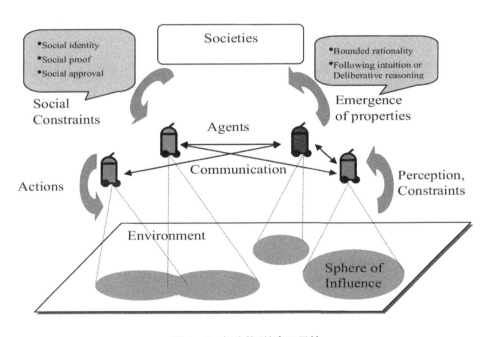

图 8-3　行为体/社会二元性

　　因此,如果将 agent 译为智能体,就在译名上指明它自身“已经”具有智能。

---

①　黄欣荣.复杂性科学方法及其应用[M].重庆:重庆大学出版社,2012:50.

②　Zhang Y,Lewis M,Pellon M,et al.A Preliminary Research on Modeling Cognitive Agents for Social
　　Environments in Multi-Agent Systems[DB/OL].[2022-04-12]. https://www.researchgate.net/
　　publication/228641982_A_Preliminary_Research_on_Modeling_Cognitive_Agents_for_Social_
　　Environments_in_Multi-Agent_Systems/link/02e7e5154f48f6e32a000000/download.

这样的译名显然不符合明斯基的原意,也不符合复杂性科学中的涌现性原理。如果将 agent 译为行为体,则译名本身并不涉及 agent 是否有智能,不会引出 agent 已经"有智能"的误解。

(3)行为体(agent)和行为力(agency)的关系。

再看该书第 1.6 节行为体与行为力(agents and agencies)的相关表述:"我们想要将智能(intelligence)解释为更简单事物的组合。这就意味着我们必须在每一步都确认,没有一个行为体本身是有智能的(none of our agents is, itself, intelligent)……相应地,任何时候只要发现一个行为体(agent)在做任何复杂的(complicated)事情,就用一个行为体的子社会(a subsociety of agents)取而代之。"

明斯基在此再次强调没有一个 agent 本身是有智能的。这再次说明将 agent 译为"智能体"是不妥的。

该节就关于如何用"寻找"(find)和"拿起"(get)这样的小部件组合成"建设者"(builder)以此构建建塔技能作出说明,并给出图 8-4。

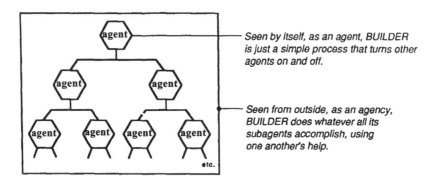

图 8-4　从内部和外部两个视角看 agent

图 8-4 中的两段文字是:就其自身来看,作为一个行为体,"建设者"只是一个打开或者关闭其他行为体的简单流程。从外部看,作为一种行为力(agency),"建设者"可以做任何由其子行为体(subagents)通过互相帮助所能完成的事。

图 8-4 之外的相关文字写道,"如果你从外部观察'建设者'的工作,在对它的内部如何工作一无所知的情况下,你就会有这样的印象——它是知道如何

建塔的。但是如果你能够从它的内部去看,你就一定会发现那里不存在任何知识。除了已经安排好的按照各种方式互相之间进行开和关的一系列开关之外,你就看不到任何东西。'建设者''真的知道'如何建塔吗? 答案取决于你如何去看。让我们用两个不同的术语——行为体(agent)和行为力(agency)——来说明为什么'建设者'看起来具有双重身份。作为行为力,它似乎是知道它的工作(As agency, it seems to know its job);作为行为体,它却不知道任何东西(As agent, it cannot know anything at all)。"

本书在与 agent(行为体)相关时将 agency 译为"行为力"。agent 是具有行动能力的存在,而 agency 是指这种能力的行使或显示(参见斯坦福哲学百科全书的 agency 词条)。一方面,没有一个行为体本身是有智能的;另一方面,行为体的社会体现出"行为力"(agency),才可能是有智能的。

2) 从《人工智能:一种现代的方法》看 agent

(1) 行为体(agent)和智能行为体(intelligent agent)。

下面针对拉塞尔和诺维格合著的《人工智能:一种现代的方法》(*Artificial Intelligence:A Modern Approach*)的 2009 年第 3 版①进行述评。该书试图将现在已知的内容综合到一个共同的框架中,就是要将已知的 AI 技术纳入以 agent 为线索的框架。该书前言的"本书概览"开头指出:

> 本书的主题概念是智能行为体(intelligent agent)。我们将 AI 定义为对从环境中接收感知信息并执行行动(actions)的行为体(agents)的研究。每个这样的行为体实现把感知序列映射到行动(actions)的功能,我们讨论了表达这些功能的不同方法,如反应式行为体(reactive agents)、实时规划器和决策理论系统等。

注意原文中有 intelligent agent,如果将 agent 译为"智能体",则 intelligent agent 势必译为"智能智能体"或"智能化智能体"。由此可以倒推看出将 agent 译为"智能体"的不妥。从逻辑上说,intelligent agent 是在 agent 前面加了限定

---

① 该书已出四版:1995 年第 1 版,2003 年第 2 版,2009 年第 3 版,2020 年第 4 版;已被全球 1 500 多所学校使用,因此被称为权威的、最多使用的 AI 教科书。[2021 - 10 - 27]. http://aima.cs.berkeley.edu/.

词 intelligent。有 intelligent（智能的）agent 就有 unintelligent（不智能的）agent。intelligent agent（智能行为体）只是 agent（行为体）这个集合的子集，两者并不等同。

该书第一章绪论给出了其他作者在 8 种著作中从四种不同途径给出的 AI 定义模式：

  ①像人行动：图灵测试的途径；②像人思考：认知建模的途径；③理性思考："思维法则"的途径；④理性行动：理性行为体的途径（Acting rationally：The rational agent approach）。人们在这四个方向都做了许多工作，既相互争论，又彼此帮助。

该书在介绍第四种定义时说：

  行为体就是能够行动的某种东西（agent 来源于拉丁文 agere，意思是"去做"）①。当然，所有的计算机程序（computer programs）都做某些事情，但是计算机行为体（computer agents）则可以指望做得更多：自主操作，感知环境，长期持续，适应变化，创建并追求目标。理性行为体（rational agent）是这样的行为体，即为实现最佳效果或者当存在不确定性时为实现最佳预期效果而行动（acts）。

可见，理解并解释 agent 的关键词是 act 或 to do。

此外，从逻辑上说，rational agent 是在 agent 前面加了限定词 rational。有 rational（理性的）agent 就有 irrational（非理性的）agent。rational agent（理性行为体）只是 agent（行为体）这个集合的子集，两者并不等同。

（2）行为体（agent）在多学科中的使用。

该书 1.2.3 小节提到经济学中的决策论和博弈论对 AI 发展的贡献。其中说，"每个行为体（agent）无须注意其他行为体作为个人而言的行动"的情况；也讲到，"对于某些博弈，理性行为体（rational agent）将随机（或者至少是看上去

---

① 原文是 An agent is just something that acts（agent comes from the Latin agere，to do）。

是随机)采取对策"。

该书 1.2.5 小节提到认知心理学对 AI 发展的贡献:"克雷克说明了基于知识的行为体(knowledge-based agent)的三个关键步骤:①刺激必须翻译为内部表达;②认知过程处理这个表达以获取新的内部表达;③这些表达反过来再翻译回来变成行动。"

此外,建构主义国际关系学的核心观点是,结构(structure)与行为体(agent)是一种互相建构的关系。一方面,结构建构行为体的身份和利益,进而影响行为体的行为;另一方面,行为体建构结构,行为体之间的互动导致结构的形成。在国际关系学中,行为体是指国际关系行为体,是国际社会活动的基本单位;结构是指国际体系,即在一定历史时期内彼此互动的国际关系行为体(特别是主权国家)按照某种形式有规则的互动而联结起来的整体或集合。国际体系具有系统的整体性和单元通过互动相联结的联系性的特点。[①] 可以看到,这里的结构与行为体的关系也体现了复杂性科学的涌现性思想。

因此,在英语语境下谈论 AI 时使用的 agent,与谈论经济学的决策论和博弈论时使用的 agent、谈论认知心理学时使用的 agent、谈论国际关系的建构主义理论时使用的 agent 都是同一个术语。中译时,应该是为 agent 寻找一个在这些不同学科领域都适用并且不违和的译名。

如果在 AI 领域将 agent 译为"智能体"(且不论 agent 本身是否有"智能"),在经济学、心理学、国际关系学等领域中也能译为"智能体"吗? 显然不合适。而"行为体"的译法则是既反映 agent 的本意(act 或 to do),又是在经济学、心理学、国际关系学等不同领域都可采用的译名。

3) 从《人工智能:新综合》看 agent

(1) 行为体(agent)和反应式行为体(reactive agent)。

尼尔森所著《人工智能:新综合》(*Artificial Intelligence: A New Synthesis*)于 1998 年出版。其第一章绪论第 1.4 节本书规划中指出:

　　AI 研究者已经开发出与机械化智能相关的许多创意和技术。本书将在一系列更有能力的和更复杂的"行为体"(agent)的语境里描述这些创意

---

① 　蔡拓.国际关系学[M].北京:高等教育出版社,2011:34,47-50,99-101.

和技术。可以关注本书对行为体与环境的相互关系的论述。

本书首先介绍反应式行为体(reactive agents),它有各种工具在其世界中感知和行动(acting)。更复杂的行为体也有记忆特性和存储世界内在模型的能力。在所有情况下,反应式行为体所采取的行动(actions)都是其所感知和记忆的世界当前状态和过去状态的函数。

本书进一步介绍可以做规划(make plans)的行为体,它有能力预见其行动的影响,并采取行动以期实现其目标。一些研究者认为,做规划的能力就是智能的判定标准,AI由此开始。本书还将介绍具有推理(reason)能力的行为体。

本书最后将介绍行为体出现在已有其他行为体处于其中的世界的情况,这时就其自身而言行为体之间的通信(communication)就成为重要的行动(action)。

该书第23章多行为体中第23.1节交互行为体中指出:

本书先前部分除了第12章之外,所讨论的都是单个行为体,这种行为体在一种与其能力和目标多多少少是相适应的环境中进行反应、规划、推理、学习。已经假设任何其他行为体或进程(processes)的有关影响是可以要么被适当的行为体反应(agent reactions)所减缓的、要么被忽略的。从第23章开始,本书关注每个行为体在自己的规划中如何能预测到其他行为体的行动(actions)。一个行为体在维护其自身目标过程中是如何影响其他行为体的行动(actions)的。一个行为体可以对另一个行为体建模(model)、与之通信(communicate),以便预测并影响后者将要做什么(will do)。

本书采用"以行为体为中心"(agent-centric)的观点。根据这一观点,用结构和目标来识别单个行为体,称之为我们的行为体(our agent),该行为体在一个包含其他行为体和/或进程的环境中行动(acting)。与本书先前的大多数假设不同,在这里,其他行为体和进程的行动(actions)对我们的行为体的影响是巨大的。对于我们的行为体的目标来说,其他行为体和进程可能是有益的、可能是中立的、也可能是有害的。本书的论述将专门研究这种情况——若干行为体协调他们的行动(activities)以实现共同的目标,即所谓的分布式人工智能(DAI)。

（2）行为体（agent）和机器人（robots）。

该书第 25 章行为体体系结构（agent architectures）的引言指出，"虽然我们经常假设所讨论的行为体是机器人（robots），但是 AI 的许多创意也可以用于非实体的行为体（nonphysical agents）。可能并不存在一个单一的、理想的、智能的行为体体系结构。"

注意到，行为体（agent）既可以是实体的（如有形的机器人），也可以是非实体的。

4）从《智能行为体：理论与实践》看 agent

（1）行为体（agent）的理论、体系结构、语言。

《智能行为体：理论与实践》（*Intelligent Agents：Theory and Practice*）是伍德里奇（Michael Wooldridge）和詹宁斯（Nicholas R. Jennings）发表在《知识工程评论》（*Knowledge Engineering Review*）1995 年第 10 卷第 2 期的一篇著名论文，与 AI 领域 agent 相关。该文摘要说：

> 行为体（agent）的概念在 AI 和主流计算机科学中都变得日益重要。本文的目的是说明，与智能行为体（intelligent agent）的设计和构建相关的最重要的理论和实际议题是什么。为方便起见，本文将这些议题分为三个领域。首先是行为体的理论，这涉及行为体是什么的问题和关于行为体性质的表示和推理的数学形式体系的使用问题。其次是行为体的体系结构，这可以视为行为体的软件工程模型；该领域的研究者主要关注设计软件或硬件系统以满足行为体理论家指定的特性。最后是行为体的语言，这是带有行为体的编程和实验的软件系统；这些语言可能体现了理论家提出的原则。本文并不打算作为涉及的所有议题的教学导论，但希望对最重要议题给出其工作的详细描述、以替代简单的说明。本文包含对行为体技术的当前和潜在应用的简要说明。

（2）行为体（agent）的弱概念、强概念和其他特征。

此外，该文还指出：

AI的一种定义是,它是计算机科学的子领域、旨在构建可以展示各方面智能行为的行为体。因此,行为体的概念是AI的核心。本文区分了"行为体"一词的两种通常用法:第一种是弱概念,相对没有争议;第二种是强概念,可能争议较多。

行为体的弱概念。使用行为体术语的最常见方式也许是表示硬件或者(更常见的)是表示基于软件的计算机系统,它们享有下列特性①:①自主性(autonomy):行为体操作时没有人类或其他东西的直接干预,并对其行动(actions)和内部状态有某种控制;②社会性(social ability):行为体通过某种形式的行为体通信语言(agent-communication language)与其他行为体(可能是人类)进行互动;③反应性(reactivity):行为体感知其环境并以适时的方式对其中发生的变化做出反应,这个环境可能是物理世界、用户通过图形用户界面、一批其他行为体、因特网或者可以是所有这些的组合;④主动性(pro-activeness):行为体并不是简单地对其环境做出行动(act),他们能够通过自发地工作表现出以目标为导向的行为。

行为体的强概念。对某些研究者尤其是AI领域研究者来说,行为体术语有着比如上所述的更强、更明确的含义。这些研究者通常指行为体是一个计算机系统,除了如上所述特性之外,要么是概念化的、要么是使用更常用于人类的概念来实现的。例如,在AI中常用心理现象的(mentalistic)概念来描述行为体,如知识、信念、意图和义务。一些AI研究者走得更远,考虑了情感的行为体(emotional agents)。(为了避免读者认为这只是毫无意义的拟人化,应该注意,在类似人类的精神状态方面,有很好的理由支持设计和构建行为体)另一种赋予行为体类似人类特性的方式是在视觉上展示它们,也许是通过使用类似卡通的图形图标或有生命的面孔——显然,这样的行为体就那些对人机界面感兴趣的人而言特别重要。

行为体的其他特征。在行为力的语境中,行为体的各种其他特征也会涉及。例如:①移动性(mobility)是指行为体在电子网络中移动的能力;②诚实性(veracity)是假设行为体不会有意传播虚假信息;③善意性

---

① 四个特性的译名,autonomy有自主性、自治性等;social ability有社会性、社交性等;reactivity有反应性、反作用性等;pro-activeness有主动性、自发性、预动性、前瞻性等。

(benevolence)是假设行为体没有相互冲突的目标,因此每个行为体都会尝试去做要求它做的事情;④合理性(rationality)是(粗糙地)假设行为体将采取行动(act)以实现其目标,而不会采取行动(act)以阻止实现其目标——至少在其信仰允许的限度内。

该文给出了行为体(agent)的弱概念、强概念和其他特征。这些观点在后来的 AI 发展中被广泛引用。该文指出,行为体一语既可以表示硬件,也可以表示基于软件的计算机系统。从移动性所指的行为体在电子网络中移动的能力看,行为体可以是非实体的,因为只有非实体的行为体才可能在电子网络中移动。

该文所称行为体的弱概念中的自主性、社会性、反应性、主动性分别对应于《计算机科学技术名词(第三版)》中 agent 定义中所称的自治性、社会性、反应性、预动性。

5) 从《人工智能:计算行为体基础》看 agent

(1) 行为体(agent)和智能可计算行为体(intelligent computational agent)。

普尔和麦克沃思合著的《人工智能:计算行为体基础》(*Artificial Intelligence*:*Foundations of Computational Agents*)第 1 版于 2010 年出版,第 2 版于 2017 年出版。以下讨论针对第 1 版。该书前言开宗明义指出:

> 本书将 AI 视为关于智能可计算行为体(intelligent computational agents)的设计的科学。关于智能行为体(intelligent agent)在环境中的行动(acting)是研究的中心点。希望将行为体(agent)想象为分层设计的,它在随机环境中智能地行动(acts intelligently)。

该书在第 1.1 节什么是 AI 中指出:

> AI 的研究领域是关于可以智能地行动的可计算行为体(computational agents)的综合与分析。行为体是在环境中行动(acts)的事物(something),它做(does)一些事。行为体可以是蠕虫、狗、恒温器、飞

机、机器人、人、公司和国家。我们感兴趣的是一个行为体做什么？怎么做？我们根据其行动来判断一个行为体。在下列情况，就认为行为体是在智能地行动：

①其行为能够与其环境和目标相适应；

②能够灵活地适应改变的环境和改变的目标；

③能够从经验中学习；

④给定感知和计算限制时能够作出恰当的选择。行为体通常不能直接观察世界的状态，它只有有限的记忆，只有有限的时间去行动。

可计算行为体是这样的行为体，它关于行动的决策可以用计算（computation）来解释，即决策可以分解为能够在有形设备上实现的一系列原始操作。计算有多种形式：在人类是通过湿件（wetware，指与计算机系统相对的人脑）完成的；在计算机则是通过硬件完成的。虽然有一些行为体按理是不可计算的，例如侵蚀景观的风和雨，但是，所有的智能行为体是否都是可计算的仍然是一个开放性的问题。

注意到，出现某些特定的情况就可以认为行为体是在智能地行动。这些情况实际上就是判断行为体是否有智能的标准。因此，只有当行为体在智能地行动时，它才是中文意义上名副其实的"智能体"；而在一般情况下，agent 并不是"智能体"。这一点，对确定 agent 的中文译名非常重要。

（2）人工行为体（artificial agent）和人工系统（artificial system）。

该书第 1.1 节接着指出：

AI 的核心科学目标是理解使自然系统或人工系统（natural or artificial systems）具有智能特性的原理，主要通过：①分析自然行为体和人工行为体（natural and artificial agents）；②构思和测试关于构建智能行为体的假说；③用可计算系统（computational systems）来进行设计、构造和实验，这种系统可以完成通常看来需要智能的任务。作为科学的一部分，研究者已经建立了一些实验系统来验证某些假设，或者探索可能的空间。这与适用于某个实际领域的那些应用系统有很大不同。注意：上述定义并不是关于智能思想（intelligent thought）的。我们仅仅对如何智能地

思考（thinking intelligently）感兴趣，只要它能带来更好的性能。思想
（thought）的作用是影响行动（action）。

　　AI 的核心工程目标是设计和合成有用的且智能的（intelligent）人工
制品（artifacts）。我们实际上希望构建可以智能地行动的行为体。这样的
行为体可用于许多应用之中。

该书第 1.3 节处于环境中的行为体指出：

　　AI 研究实用的推理，为了做某件事进行推理。感知、推理、行动相结
合构成行为体。行为体在环境中行动（acts）。一个行为体的环境可以包
含其他的行为体。一个行为体与其环境合起来称为一个世界（world）。
图 1 - 3（按：即图 8 - 5）说明一个行为体的输入输出情况即它与环境的交
互情况。

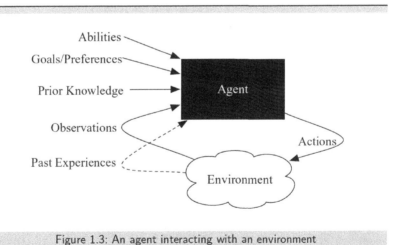

Figure 1.3: An agent interacting with an environment

图 8 - 5　行为体与环境的交互作用

　　行为体可以是机器人，可以是专家系统，也可以是计算机程序。总体
而言，智能行为体的复杂程度，从简单的恒温器到一队移动机器人，到由人
类提供感知和行动的诊疗咨询系统，到社会本身，千变万化各不相同。

（3）行为体（agent）和行为体系统（agent system）。

该书第2章行为体体系结构和分层控制指出：

　　行为体通过主体（body）与环境进行交互。物化的行为体（embodied agent）有着有形的主体（physical body）。机器人是一种人工的、有目的的物化的行为体。有时候也将只在信息空间中行动（act）的行为体（agents）称为机器人。图2-1（按：即图8-6）描绘了行为体与其**环境**之间的一般交互情况。这样的整个系统在一起合称为行为体系统（agent system）。

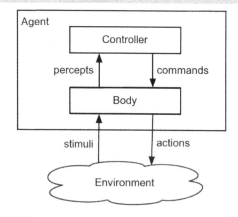

Figure 2.1: An agent system and its components

图8-6　行为体系统及其组成部分

　　行为体系统由行为体与其环境组成。该行为体从环境接收刺激并在环境中实施行动（actions）。行为体（agent）由主体（body）和控制器组成。控制器从主体接收感知信息并向主体发出指令。主体（body）包括传感器和执行器。传感器将外部刺激转为感知信息，执行器将指令转为行动（actions）。刺激包括光、声、键盘输入的单词、鼠标的移动和有形的碰撞。刺激也可以包含从网页或数据库获得的信息。

　　应该注意到，在图8-6中行为体（agent）由主体（body）和控制器组成，主体(body)包括传感器和执行器。因此,至少在 AI 领域(乃至在范围更广的 IT 领域),不宜将 agent 译为"主体",以免与 body 的中文译名"主体"相混淆。我们不能用中文说"主体由主体和控制器组成"(前后两个"主体"的英文分别是 agent 和 body)。中文里就相当于说"A=A+B(B≠0)",显然不合逻辑。

该书第 2 章行为体体系结构和分层控制第 2.6 节小结指出:

　　行为体系统由行为体及其环境组成。行为体通过传感器和执行器与其环境进行交互。行为体(agent)由主体(body)和交互控制器组成。行为体及时且必须根据其与环境的交互历史做出做什么的决定。行为体并不直接访问其历史,但访问所记忆的(信念状态)和所观察的。在每个时间点,行为体决定做什么并决定根据其信念状态与当前观察记住什么。复杂行为体根据交互的分层结构进行模块化构建。智能行为体拥有的知识可以在设计时获得、离线获得、在线获得。

(4) 智能人工行为体(intelligent artificial agent)和自主行为体(autonomous agent)。

该书第 10 章多行为体系统第 10.7 节小结指出:

　　多行为体系统(multiagent system)由多个行为体(multiple agents)组成,这些行为体可以自主行动(act autonomously)、对于结果有其自己的效用。该结果取决于所有行为体(agents)的行动(actions)。这些行为体可以竞争、合作、协调、通信、协商。

该书第 15 章回顾与展望(Retrospect and Prospect)指出:

　　尽管我们仍然没有能力去构建具有人类水平表现的智能人工行为体(intelligent artificial agent),但是我们看起来已经有了开发一个智能人工行为体的积木块。主要的挑战是对真实世界复杂性的处理。然而,至今为止看起来并不存在构建具有人类水平表现的可计算的物化的行为体(computational embodied agents)的内在障碍。

自主行为体(autonomous agents)靠自己感知、决策、行动。在我们的技术和技术想象方面,这是根本的性质上的变化。这一发展带来了自主行为体采取超出我们的控制范围的意料之外行动(actions)的可能性。如同任何颠覆性的技术那样,这必定带来实质性的正面和负面后果——许多后果我们将无法判断,许多后果我们简直就是无法预见或者不能预见。

许多老的社会伦理规则将被打破,无法适用于新世界。作为 AI 新的科学技术的创建者,对此给予认真的关注是我们共同的责任。

注意,我们仍然没有能力去构建具有人类水平表现的智能人工行为体,看起来只是有了开发一个智能人工行为体的积木块。因此,没有理由将 agent 译为"智能体";agent 只是一个"行为体"。

6) 从《多行为体系统引论》看 agent

(1) 多行为体系统(MAS)和人工社会系统(artificial social system)。

该书作者伍德里奇是前述论文《智能行为体:理论与实践》的两位作者之一。《多行为体系统引论》(*An Introduction To Multiagent Systems*)是一部教科书,2002 年第 1 版,2009 年第 2 版。该书第 2 版前言指出:

多行为体系统(multiagent systems)是由多个称为行为体的相互作用(interacting)的计算单元组成的系统。行为体作为计算机系统具有两项重要能力:第一,它们至少具有某种程度的自主行动(autonomous action)能力——它们自主(for themselves)决定需要做什么(to do)以满足其设计目标。第二,它们有能力与其他行为体相互作用——不只是简单地交换数据,而是从事在生活中每天都有的合作、协调、磋商之类的社交活动。

多行为体系统从 1980 年代起成为一个独特的研究领域,该领域在 1990 年代中期得到广泛的认同。从那时以来,国际上对该领域的兴趣大为增加。其原因至少有一部分是基于这样的信念,行为体是一种适当的软件范式(software paradigm),可用它来开发像因特网(Internet)这种巨大的开放的分布式系统所体现的各种可能性。尽管在开发因特网的潜在能力方面,多行为体系统在一定程度上具有关键作用,但是多行为体系统可以做得更多。对于理解和构建(我们或可自然称呼的)广泛的人工社会系统(artificial social systems)而言,多行为体系统看上去是一个自然的比喻。多行为体系统的思想并不局限于单一的应用领域,而是看起来适用于很多不同的应用领域,这与在其之前的对象(objects)类似。

(2) 行为体(agent)及其所处环境的特性。
该书第 2 版在第 2 章智能行为体的引言写道:

　　此处给出伍德里奇和詹宁斯 1995 年给出的定义:行为体(agent)是一个计算机系统(computer system),它处在某个环境中,能在这个环境中自主行动(autonomous action)以实现其设计目标。

这是指伍德里奇和詹宁斯的前述论文《智能行为体:理论与实践》中给出的行为体的弱概念中的第一个特性即自主性(autonomy)。

《多行为体系统引论》第 2 版图 2.1 引自拉塞尔和诺维格的《人工智能:一种现代的方法》(1995 年第 1 版),如图 8-7 所示。

Figure 2.1: An agent in its environment (after [Russell and Norvig, 1995, p. 32]). The agent takes sensory input from the environment, and produces, as output, actions that affect it. The interaction is usually an ongoing, non-terminating one.

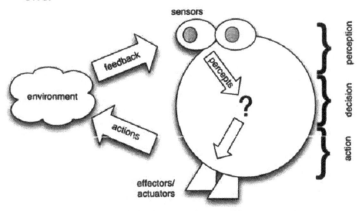

图 8-7　处在环境中的行为体

该图中的文字说明是:"处在环境中的行为体。行为体从环境中获得感知的输入,产生行动(actions)作为输出以影响环境。这种交互作用通常是持续存在、并不终止的。"

《多行为体系统引论》该章的引言部分引用了拉塞尔和诺维格的《人工智能:一种现代的方法》1995年第1版的文字,以说明关于行为体处于其中的环境特性的四种分类,具体包括:"①可观察的与不可观察的;②确定性的与非确定性的;③静态的与动态的;④离散的与连续的。"

值得注意的是,上述关于行为体处于其中的环境特性的四种分类,在被引的《人工智能:一种现代的方法》2020年第4版中已经拓展为七种分类:"①完全可观察的与部分可观察的;②单行为体的与多行为体的;③确定的与随机的;④阵发的与顺序的;⑤静态的与动态的;⑥离散的与连续的;⑦已知的与未知的。"

(3) 多行为体系统(MAS)的组成。

图8-8是《多行为体系统引论》第1版的图6.1,说明多行为体系统的组成情况。图中的文字说明是:"多行为体系统是由一些相互之间交互作用的行为体组成的。为了成功地交互作用,这些行为体需要具备互相合作、协调、磋商的能力,很像我们通常那样。"

8.4.3　agent 的中译正名及其多学科意义

1) 人工智能中 agent 的中译正名

下面参考必应(Bing)词典(网址是 https://cn.bing.com/dict/)的 agent 释义进行 AI 相关 agent 中文译名的选取和正名。必应词典显示,名词 agent 的"权威英汉双解"释义有下列五种:

(1)(企业、政治等的)代理人,经纪人 a person whose job is to act for, or manage the affairs of, other people in business, politics, etc;

(2)(演员、音乐家、运动员、作家等的)代理人,经纪人 a person whose job is to arrange work for an actor, musician, sports player, etc. or to find sb who will publish a writer's work;

(3)原动力,动因(指对事态起重要作用的人、事物)a person or thing that has an important effect on a situation;

A multiagent system consists of a number of agents, which interact with one another. In order to successfully interact, these agents will require the ability to cooperate, coordinate, and negotiate with each other, in much the same way that we do. (Wooldridge, 2002)

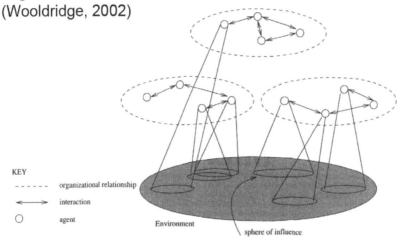

KEY

- - - - - organizational relationship

←——→　interaction

○　　　agent

Environment

sphere of influence

图 8 - 8　多行为体系统的组成

（4）（化学）剂 a chemical or a substance that produces an effect or a change or is used for a particular purpose；

（5）施事者；施动者；行为主体 the person or thing that does an action（expressed as the subject of an active verb, or in a "by" phrase with a passive verb）。

这里也给出汉典网站（https://www. zdic. net）对"施事"的释义：①[agent]：语法上指动作的主体，即做出动作或发生变化的人或事物，如"冰化了"的"冰"。表示施事物的名词不一定是句子的主语。如："鱼让猫叼走了"中施事是"猫"，而主语是"鱼"。②[do]：行事。

显然，AI 领域的 agent 确实含有这两方面的意思。

前文我们已经通过对 AI 领域的若干代表性论著的述评，了解在 AI 领域中 agent 的背景、含义、特性，知晓 agent 的概念和应用。因此，就 agent 的五种释义与 AI 领域中 agent 含义的吻合度分为三种情况：

（1）第⑤种释义"最"吻合，agent 的弱概念（尤其是自主性/自治性、主动性/预动性）就是对应于第⑤种释义。此时 agent 是指"施事者""施动者""行为主体"，就是采取一个行为的人或事物，此时 agent 表述为一个主动动词的主语，或者表述在有被动动词出现时的"by"短语中。

这里"施事者"的反义词是"受事者"；"施动者"的反义词是"受动者"。而比"行为主体"更常见的用法是"行为体"；也考虑到避免将 agent 译为"行为主体"而与"主体"（body）在中文语境下混淆。因此 AI 相关 agent 的译名宜采用"行为体"。

（2）第③种释义与 AI 领域中的 agent"有时在某种程度上"吻合。

（3）第①、②、④这三种释义与 AI 领域中的 agent"不"吻合。因此 AI 相关 agent 的译名不可采用与第①、②、④这三种释义相关的译名。

《计算机科学技术名词（第三版）》将 agent 译为"智能体"或"代理"明显不当。理由分述如下：

（1）译为"智能体"，在上述五种释义中完全没有根据，是对 agent 的不准确解读——混淆了 agent 和 intelligent agent 这两个术语，扩大了 agent 的内涵（给 agent 加上 intelligent 的属性）、缩小了 agent 的外延（在 agent 中排除 unintelligent agent）。

（2）译为"代理"，虽然与上述第①、②种释义相仿，但用在 AI 领域则恰恰与 agent 的弱概念（尤其是自主性/自治性、主动性/预动性）相矛盾。agent 应该是施事者/施动者而不是受事者/受动者。若译为"代理"则与第⑤种释义正好相反——在中文语境下，"代理"之外应有另外的施事者/施动者；相对于另外的施事者/施动者，"代理"就是受事者/受动者。

2）agent 中译正名的多学科意义

众所周知，在哲学社会科学各学科的研究中会涉及各该领域的"行为"，例如伦理行为、经济行为、心理行为、法律行为、国际关系行为等。当我们将 agent 译为"行为体"后，就为在哲学社会科学各学科研究 AI 中 agent 作为"行为体"的可能"行为"埋下了循名责实的线索、预留了名正言顺的空间——agent 可能有"伦理行为""经济行为""心理行为""法律行为""国际关系行为"等。例如，在伦理学与 AI 的交叉研究中，agent 作为"行为体"可能采取"伦理行为"；在法学与 AI 的交叉研究中，agent 作为"行为体"可能采取"法律行为"（act in the law 或 juristic act）。

agent 应该就是 AI 与哲学社会科学各学科的交叉研究时所涉交叉领域的

可能的"主体",可称为"领域主体"或"拟领域角色"。一方面,如果没有 20 世纪
80 年代末到 90 年代初 AI 业界关于 AI 基础的反思辩论,就不会出现尝试以
agent(即 doer 或 actor)为载体以形成统一的 AI 理论的新途径(a modern
approach)或新综合(a new synthesis);另一方面,如果没有以 agent 能力水平
的扩展为轴线作为 AI 三大流派的共同基础把它们串联起来的理论,我们今天
就无法找到在哲学社会科学各学科与 AI 的交叉领域都希望找到的各领域的
"领域主体"或"拟领域角色"。

　　进行 agent 中译的正名,一方面,将在 AI 业界正本清源,找到中文语境下
agent 的准确译名,以便 AI 业界准确理解和传承 agent 的本意;另一方面,将使
伦理学、经济学(决策论和博弈论)、认知心理学、法学、建构主义国际关系学等
不同学科在涉及 AI 的交叉研究中的各该交叉领域的"领域主体"或"拟领域角
色"有了共同的指向和译名,即 agent("行为体");具体在各该交叉领域中,
agent 就是其中的"伦理主体""经济主体""心理主体""法律主体"[①]"国际关系
主体"等,或者说"拟伦理角色""拟经济角色""拟心理角色""拟法律角色""拟国
际关系角色"等。

　　由此可以强化和促进在与 AI 的交叉领域研究中各该学科的科学共同体
相互之间以 agent 为基础进行科学交流,也就是在本来存在交流困难的各该学
科的科学共同体之间,在涉及 AI 的交叉领域研究中找到共同语言,使 agent 成
为建立各学科成员之间的学术联系的媒介。换言之,对 AI 领域 agent 从背景、
含义、特性到译名的共识,可能成为 AI 与哲学社会科学各学科的交叉研究中
的共同范式(如图 8 - 9 所示)。

　　这样,既有助于在 AI 领域加深对 agent 的认识和理解,也有助于在 AI 与
哲学社会科学各学科的交叉领域研究中深入推进,还有助于在更高层次上对
agent 进行旁通统贯的研究。这就是对 AI 相关 agent 的中译进行正名的意义
之所在。

---

① 　法律主体即 legal entity 或 legal subject。

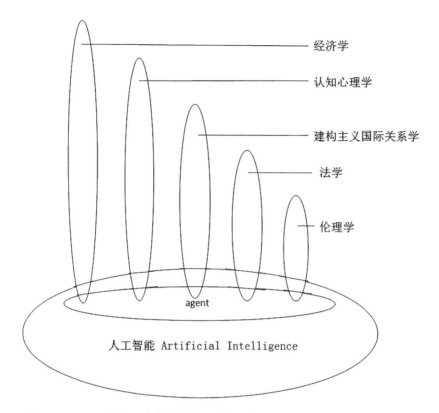

图 8 - 9   agent 作为 AI 与哲学社会科学不同学科交叉领域的共同的领域主体

第 9 章
问题的解决

美国科学哲学家库恩认为,科学的发展是平稳发展的常规科学阶段和急剧变革的科学革命阶段交替进行的。他认为,在常规科学阶段,存在着一个为科学共同体所公认的范式。如果出现了与范式相矛盾的事实或现象,就是反常;反常得不到解决或反常越积越多,则成为危机。所谓危机是指科学共同体对原有范式的信任危机,这时可能出现新的范式。新范式替代旧范式的过程就是科学革命。科学革命完成后,将进入新的常规科学时期。科学就是在这样一个不断循环反复的过程中出现一次又一次的革命,促使科学向前发展。①

当今中国法学的研究现状已经显出上述"反常"(如果不说"危机"的话)。反思当今中国法学范式,在"会通文理"的基础上推进中国法学范式的提升和转型,已经成为构建中国特色法学体系、促使中国法学走向深邃的必由之路。

9.1 时代背景与当今状态

9.1.1 形成当今中国法学范式的时代背景

要了解今天中国法学范式的形成,就需要了解恢复高考以来中国法学教育的历程。中国的高考制度曾经由于"文革"冲击而中断 11 年。1977 年 10 月 21 日,中国各大媒体公布了恢复高考的消息,以统一考试、择优录取的方式选拔人才上大学。一个多月后,高考在全国范围内进行,当时是由各省、自治区、直辖市自行命题。这次高考录取的学生虽然是在 1978 年春季入学,但是为了与同年秋季入学的大学生相区分,通常称为"七七级"。1978 年 7 月进行了恢复高考制度后的首次全国统一命题考试。这次高考录取的学生是在 1978 年秋季入

---

① (1)科学哲学—MBA 智库百科 https://wiki.mbalib.com/wiki/科学哲学. [2022 - 03 - 11].(2)郑毓信.科学哲学十讲:大师的智慧与启迪[M].南京:译林出版社,2013:98 - 103.

学,称为"七八级"。参加"七七级"和"七八级"高考的总人数达1 160万人。[①]
本书作者当时就是作为应届高中毕业生参加1978年高考后成为"七八级"理工
科大学生。

1977年恢复高考后,一方面,迎考的知识青年有的基础好,多数基础差,不
少人没有念过高中,许多人连初中也没念过,荒废学业多年。而中学数理化的
自学或者复习,非一日之功。因此,对数理化有畏惧或者没兴趣的那一部分知
识青年通常选择报考大学的文科类各专业。另一方面,在中学,为了适应恢复
高考、与大学的文科类专业和理科类专业分别衔接,就在高中实行文理分科。
在社会大众普遍认为"学好数理化走遍天下都不怕"的大背景下,在数理化方面
有潜力或者有兴趣的中学生通常选择到理科班学习,作为理科生参加高考,录
取后通常也是进入大学的非文科类各专业学习。

经过"七七级""七八级""七九级"三个年级之后,因高考中断十一年而在社
会上积累的一大批知识青年的上大学问题,已经基本解决。如果历经三次高考
仍然没有考上大学,一般也就不再参加高考。但高中文理分科的做法延续至
今,尚无根本变化。

高中阶段开始的文理分科,确有与大学文理科专业分别对应衔接的客观需
要,但是,这种做法也造成了人文文化与科学文化的割裂,并且延伸到大学阶
段。大学文科类各专业的课程设置,自然要考虑其生源在高中阶段的数理化基
础情况。因此,在法学专业本科的培养方案中,基本没有设置高等数理知识课
程,即使偶有设置,其内容也很简单。

这就导致中国法学本科毕业生的数理知识水平依然停留在初等阶段,从未
进入高等阶段。这就是造成今天的中国法学范式停留在文字语言阶段而无法
向图象语言乃至符号语言提升的根本原因。

9.1.2　当今中国法学研究的总体状态

改革开放40多年来,中国科技界已经在许多科技领域完成了对发达国家
的赶超,完成了从"追着跑"到"并肩跑"再到"领着跑"的历史性跨越。

中国法学界则在中国法学教育的复兴和法律人才的培养、中国特色社会主
义法律体系的形成、中国特色社会主义法治体系的建设过程中作出了历史性

[①]　改革开放简史编写组.改革开放简史[M].北京:人民出版社,2021:5-7.

贡献。

但是,与此同时,中国法学研究的许多方面(包括但不限于与新技术相关法学研究)仍然是在发达国家后面"追着跑",尚未"并肩跑",更未"领着跑"。

在新一轮科技革命和产业变革正在重塑世界的时代背景下,以法学科班出身为主体人群的中国法学界已经无法适应中国科技界在许多领域与发达国家"并肩跑"乃至"领着跑"的情况,无法适应与新技术相关的法学研究的现实需求,无法适应国家相关立法的现实需求,只能继续维持"追着跑"的局面。

中国终究无法以缺乏高等数理知识的法学界主体人群来完成"并肩跑"乃至"领着跑"的历史使命。全面提升中国法学界主体人群的自然科学素养(从初等数理知识水平提高到高等数理知识水平)已经成为中国法学界实现"并肩跑"乃至"领着跑"的先决条件,应该引起高度重视。

9.2 提升理念、增加维度、转变方法、实现转型

9.2.1 以会通文理作为中国法学教育提升的理念

在 2018 年即中国改革开放 40 周年也是以"七七级"大学生于 1978 年春季入学为标志的中国正规法学教育"重启"40 周年之际,曾有学者总结认为:在过去 40 年间,中国法学教育的理念可以粗略分为三个台阶——义理传承、学以致用、慎思明辨,分别对应着法学的知识积累、能力培养、理念塑成。基于这样思想观念的主导,改革开放以后中国的法学教育最初注重的是概念、知识与规则内容的传授,继而注重将僵化的知识活化于法律职业的操作之中,此后,再于实践层面贯穿法治的精神与理念,使得法律职业变成一个符合社会发展方向的系统。[1]

在此基础上,本书认为,为了适应世界正在经历的百年未有之大变局,接下来中国法学教育(同时也是中国法学研究)的理念应该再上一个台阶:从慎思明辨到会通文理,以弥补中国法学界的主体人群缺乏自然科学训练之不足,实现中国法学学术的范式转型,即从文字语言表述提升到图象语言表述、再提升到符号语言表述,以提升在法学教育和法学研究中揭示事物本质和规律的能力。如图 9-1 所示。

---

[1] 何志鹏.论改革开放 40 年法学教育的观念演进[J].中国大学教学,2018(11).

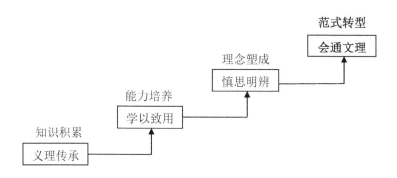

图9-1   中国法学教育理念的提升

法学教育既不应该停留在培养法律职业的技术工人，也不应该停留在培养具有法治理念和法律思想的专家，而是应该培养会通文理、会通古今、会通中西（合称"三会通"）的新型法律人，即具备高等数理知识基础，经过自然科学训练，善于逻辑思辨，习惯使用图象语言和符号语言，了解中华法系、大陆法系、英美法系，熟悉中国特色社会主义法治体系。

在新技术相关的法学研究领域，中国仍然是在发达国家后面"追着跑"，没有"并肩跑"的实力，更遑论"领着跑"，其根本原因在于——中国法学界的主体人群并非"会通文理"的法学者，因此在新技术领域难以发现原生的法律问题，难以得到原创的研究成果。

由于中国法学教育本身缺乏高等数理知识教育，缺乏图象语言、符号语言的训练，导致中国法学范式长期停留在文字语言阶段。由于中国法学界是以法学科班出身为主体人群，所以无法自行完成中国法学范式从初级阶段（文字语言）向中级阶段（图象语言）、高级阶段（符号语言）的提升。

当今以文字语言表述的中国法学范式严重限制了中国法学研究本身的深度推进。

法学界关于法学范式的一些观点可以讨论。

德国科隆大学法律系教授诺贝特·霍恩（Norbert Horn，1936年生）在《法律科学与法哲学导论》中说："法学方法论以一般科学陈述的方式描述法律工作者的工作方式，并检验其是否得到改进。方法论是一个法学学派的核心。因为每一门学科都是由对象和方法构成的。人们通过对具体科学中所运用的方的一般陈述来对一门学科进行分解。""每一种科学工作方式都必须紧扣其研究对象。法学的研究对象是法律,其方法就必须适应法律的特征。因为法律由文字组成,所以,法律工作者必须运用文字解释的方法。因此,应当将文字特征作为原则加以考虑。""这里所要阐述的法学方法论是为了追求和研究对法律工作者的工作方式作一般性的和深入的理解。它有助于从较高的角度来总结和理解实践中多彩多姿的个别规范,并避免方法论方面的错误。"①

注意霍恩所说的这一段话——"每一种科学工作方式都必须紧扣其研究对象。法学的研究对象是法律,其方法就必须适应法律的特征。因为法律由文字组成,所以,法律工作者必须运用文字解释的方法。因此,应当将文字特征作为原则加以考虑。"基于本书的主旨,希望澄清这一问题——这里的"必须运用文字解释的方法"和"应当将文字特征作为原则"是否意味着在法学研究中只能运用文字语言的表述方式、同时排除图象语言和符号语言的表述方式? 对此问题,本书的答案是否定的。因为,即使人们习惯用文字语言来表述法律文本,也不能因此就将法学研究成果的表述方式限制在文字语言、而排除图象语言和符号语言。如果说法律文本也属于一种法学研究成果的话,那么,法学研究成果的外延比法律文本的外延要大得多。

类似地,喻中(1969 年生,中国政法大学教授)在《法学方法论》中说:"法律是静态的秩序,秩序是动态的法律。因为,法律应当着眼于表达真实的社会生活秩序,应当是对秩序进行文字表达的结果;至于秩序所写照的,正是真实的法律。"②喻中的教育背景是西北政法大学法学学士、西南政法大学法学硕士、山东大学法学博士。注意这里所说的"文字表达"。如果说人们习惯的法律文本表述方式是"文字表达"即文字语言的话,那么,法学研究成果的表述方式则应不限于文字语言,而应拓展到图象语言和符号语言。

9.2.2　以美之向往作为法学论文写作扩展的维度

喻中在《法学方法论》第四章"宽与窄"第一节"站在宽阔之处"中关于"法学研究的三个维度"(即"法学研究、法学论文写作的三个维度")的观点值得讨论。为说明本书的主题,下面撷取其中若干要点。

其一,吴经熊、霍姆斯、卡多佐之所以充当了一个时代的标志性法学家,原

---

① 霍恩.法律科学与法哲学导论[M].第三版.罗莉,译.北京:法律出版社,2005:121-122.
② 喻中.法学方法论[M].北京:法律出版社,2014:182.

因之一是他们立足于法律,但又远远超越法律这一狭窄的专业地带。这一点,也许是他们写出传世法律文献、取得卓越法学成就的最根本的方法论上的原因。

一部漫长的法学演进史,已经体现出这样一条规律:法学必须依赖于其他学科,才可能变得成熟而丰厚。无论是哪个国家,无论在哪个时代,凡是成就显著的法学著作家,都善于从其他学科吸取丰富的、多样化的营养,以培植自己的法学理论。

也许正是在这条规律的支配下,当代中国的很多法学作者,都比较看重法学与其他学科之间的相互交融或所谓的科际整合。

其二,不过,仅仅注重于法学与其他某个学科之间的交叉研究,依然存在着一个明显的缺陷。因为,研究者只能看到某种社会现象的两个维度。

正是在这种"道术将为天下裂"的法学背景之下,为了让法学理论的探照灯能够照亮法律这幢大楼的每一个房间,霍尔、博登海默、费希纳等有识之士,开始倡导"综合法学"。

"综合法学"的旨趣,简而言之,就是要把法律的价值、规则、事实等方面的要素结合起来,开创出一条"综合"的法学研究之路。这条道路虽然"看上去很美",但它同样包含了一个难以解决的问题:与法律有关的众多要素如何整合?

传统的"综合法学"基本上还只是一个有目标但却没有技术路径的美好设想。也许正是由于这样的困境,导致了"综合法学"作为一个法学流派,早已呈现出后继乏人的趋势。

其三,到底应当如何"综合",才能实现"综合法学"的目标呢?喻中的回答是:"站在宽阔之处",着眼于法学研究、法学论文写作的三个维度,那就是:法学立场、人文考量、社科眼光。

法学立场的基本旨趣,就是求治,以达到由乱而治的目标。

法学研究中的人文考量的实质,就是求善,以达到去恶从善的境界。

运用社科眼光的目标,就是求真,以达到去伪存真的效果。

所谓社科眼光,就是在法学研究、法学论文写作的过程中,充分运用政治学、经济学、社会学等各门社会科学的观察角度与技术路径,通过政治分析、经济分析、社会分析等等具体的社会科学方法,以揭示法律现象的不同层面,并以此为基础,实现提升法学理论、建构法律秩序的目标。

其四,在法学研究、法学论文写作的以上三个维度中,"法学立场"侧重于法学论文的现实目标——治之憧憬;"人文考量"侧重于法学论文的价值追求——善之渴望;"社科眼光"侧重于法学论文的技术方法——真之追求。

如果说,从"法学的交叉研究"到"综合法学",体现了法学方法上的一次自觉,那么,从"综合法学"到"法学研究的三个维度",则体现了法学方法的又一次自觉。①

在上述"法学研究的三个维度"(即"法学研究、法学论文写作的三个维度")的观点中,只涉及"社科眼光",即"各门社会科学的观察角度与技术路径"和"具体的社会科学方法",却没有涉及科学技术(理工科)的视角和方法。

基于本书的主旨,本书认为:在上述三个维度之外,应当增加第四维度——"图式表述",即图表(图象语言,简称为"图")和逻辑式数学式(符号语言,简称为"式")的表述。

所谓图式表述,是指尽可能采用图象语言和符号语言、而不是仅仅采用文字语言来进行法学研究、写作法学论著。图表和逻辑式数学式之"美",不言而喻,在本书各章已经充分展现。法学研究成果的图式表述的本质,就是求美,以达到由浅(浅薄)入深(深邃)的境地。图式表述之"美",并不只是感官阅读的愉悦,更是揭示法律现象深层次规律的体现。"图式表述"侧重于法学论文的表述形式——美之向往,更是对应于法学研究的深邃之路。如表 9-1 所示。

表 9-1　法学论文写作维度的扩展

法学立场	人文考量	社科眼光	图式表述
现实目标	价值追求	技术方法	表述形式
由乱而治	去恶从善	去伪存真	由浅入深
求治	求善	求真	求美
治之憧憬	善之渴望	真之追求	美之向往

从"法学研究的三个维度"(即"法学研究、法学论文写作的三个维度")到

---

① 　喻中.法学方法论[M].北京:法律出版社,2014：93-94,96-99.

"法学研究的四个维度"(即"法学研究、法学论文写作的四个维度"),体现了法学方法的再一次自觉。

9.2.3 以混合方法作为法学方法论转变的取向

1)社会科学方法论的三大取向①

社会科学方法论是用于指导社会研究的一般理论取向或哲学原理,是对社会研究所做的一系列基本假定和规范,是用于社会研究的总体策略和程序。

可以通过方法论体系来了解社会科学方法论在其中所处的位置。由哲学方法论、一般科学方法、自然科学方法论/社会科学方法论、具体学科方法共同构成一个完整的方法论体系。在这个体系中,根据抽象化程度和适用范围,由高到低可以分为四个层次:①哲学方法论处于最高层次;②一般科学方法处于上中层;③自然科学方法论/社会科学方法论处于下中层;④具体科学方法处于最低层次。这四个层次的排序反映了相应科学方法的适用范围由大到小的排序。

"社会科学"的概念在 18 世纪 90 年代由法国哲学家孔多塞提出。此后经过近一个世纪的发展,在社会科学领域形成了实证主义和阐释主义两个基本的方法论取向。实证主义方法论的表现形式是定量研究方法(quantitative research methods);阐释主义方法论的表现形式是定性研究方法(qualitative research methods)。社会科学方法论成熟于 20 世纪中叶。经过 20 世纪 70 年代至 90 年代初的定量取向方法论与定性取向方法论的激烈交锋即所谓的"范式战"(paradigm war),试图将定量方法与定性方法相结合的"第三次方法论运动"即混合方法研究(mixed methods research)意外兴起,成为方法论中的"第三条道路""第三种研究范式"。混合方法研究在 21 世纪处于加速发展过程中。

当今的社会科学方法论,是定量、定性、混合三大取向并存。下面用表 9 - 2②概述社会科学方法论的三大取向。

---

① 蒋逸民.社会科学方法论[M].重庆:重庆大学出版社,2011:9 - 12,17 - 29,29 - 33,44 - 45,216, 257 -262,311 - 321.
② 本表根据下列内容整理制作:蒋逸民.社会科学方法论[M].重庆:重庆大学出版社,2011:17 - 29,257 - 262,270 - 321.

表 9 - 2　社会科学方法论的三大取向

	定量方法论	定性方法论	混合方法论
哲学基础	科学主义	人文主义	辩证实用主义
方法论取向	实证主义	阐释主义	
来源	模仿自然科学方法论	植根于人文学科	定量方法与定性方法之间"范式战"的未预期的后果
倡导的思想观念	演绎、确定性	阐释主义、相对主义、建构主义	多重现实、多元主义、连续性或反二元论、核实和均衡、对立面均衡、调和、反教条主义、混合主义、尊重和共存、互补性和整合
基本主张	用假设—演绎模式验证理论,用数理统计技术分析经验确定其因果关系,价值中立	从整体上对文本信息加以阐释和理解	拒绝非此即彼的两分法,知识既是建构的又源于经验发现,倾听和考虑定量和定性两个视角
表现形式	定量方法,标准化研究程序	定性方法,用文字进行叙述性说明	定量方法与定性方法相结合的混合方法
关注重点	科学知识;测量和统计分析	人生智慧;文字或文本数据,文本分析和叙事表达	将科学知识和人生智慧整合在一起
分析对象	定量数据/统计数据	定性数据	定量数据和定性数据
研究路径	从一般到特殊的演绎逻辑	从个别到一般的归纳过程	
具体方法	实验法、准实验法、问卷调查法等	观察法、访谈法、行动研究法、个案研究法等	
主观性成分	以中性数据为依据,力求客观	主观成分比较多	
早期代表人物及其学说	培根的经验论,孔德的经典实证主义	笛卡尔的唯理论,狄尔泰和韦伯的经典阐释主义	维科的经典混合方法

科学需要用专门的技术来收集经验证据（empirical evidence），然后用所得到的证据来支持或否定理论。经验证据是指人们通过感官进行观察、访谈等所得到的结果。但因社会世界的许多现象往往很难用感官直接观察到，所以就需要采用测量技术把不能直接观察的概念转换成可观察、可测量的概念。科学是用可获得的经验证据对世界的一种系统解释，即有证据的解释。然而，并非所有资料都能成为经验证据。科学的证据要根据研究者共同约定的规则或程序来获得。经验证据一般分为定量数据和定性数据。

定量方法论处理的定量数据（quantitative data）是用数字表示的，即数字数据（也称为统计数据），它可以通过问卷调查、实验或准实验的方法获得。

定量数据分析遵循演绎逻辑，即在研究开始之前提出研究假设，然后再收集数据来验证研究假设是否成立。定量研究方法涉及大量数字，需要进行仔细地核对和整理，然后用统计分析软件进行分析。统计分析包括描述性统计分析（涉及对数据分布和变量间关系的描述）和推论性统计分析（涉及从样本数据去推断总体特征）。统计分析法就是运用数学方式，建立数学模型，对通过调查、实验或准实验获取的各种数据及资料进行数理统计和分析，形成定量的结论。

定性方法论处理的定性数据（qualitative data）是用文字表达的，即文字数据，它可以通过观察、访谈和文献法等方法获得。

定性数据分析遵循归纳逻辑，即先收集数据，然后再对数据进行编码、分类和提炼，从中归纳出一般理论性解释。定性数据主要涉及实地观察记录、访谈记录、相关文献、日记、杂志等文字资料。在定性数据分析中常见的分析策略有持续比较策略和分析性归纳策略等。

混合方法研究的主要理由是"意义提升"。使用混合方法主要有五个目的：①"三角互证"，即将定量数据的分析结果与定性数据进行比较；②"互补"，即在一种方法的结果与其他方法的比较中寻求解释、例证、改进、澄清；③"发展"，即用一种方法的结果来丰富另外一种方法的结论；④"引发"，即揭示研究问题重构过程中似是而非的观点和矛盾，描述数据中出现的新观点；⑤"扩展"，即通过使用多种方法来扩大研究的广度和范围。

混合方法的中心假设是，用两种方法比用一种方法能更好地理解研究问题。混合方法强调在单项研究或一系列研究中混合使用定量方法和定性方法。混合方法问题指导着混合调查研究，它可以用定量数据（数字数据）或定性数据

(文字数据)来回答。混合方法论处理的是定量数据和定性数据。问题在混合方法中占有中心地位。在混合方法研究中,调查者需要在定量分析(统计分析)和定性分析之间进行熟练的切换。

混合方法研究是一个与定量方法论和定性方法论并驾齐驱的方法论工具,有其独特的世界观、术语和技术。混合方法整合了传统的定量和定性两种技术,用新的方式把定量方法和定性方法整合起来解决研究问题。这两种方法的混合效果大于两种方法的简单相加。可以预见,混合方法将是未来社会科学研究的主导性的方法论工具。

2) 混合方法是中国法学方法论的转变方向

与当今世界的社会科学方法论三大取向相比较,可以看到,当今中国的法学研究只有定性研究、没有定量研究、更没有混合方法研究。这样的局面与中国法学界的主体人群没有高等数理知识直接相关。缺乏高等数理知识基础,自然无法进行法学的定量研究,因而在法学论著中就很少使用图象语言、基本不用符号语言;没有法学的定量研究,也就不会出现法学的混合方法研究。

在法学研究中采用混合方法应该是中国法学方法论转变的方向。

9.2.4　以“三更新”实现中国法学范式的转型

1) 法学范式是法学体系的重要构成要素

马克思说:“立法者应该把自己看作一个自然科学家。他不是在创造法律,不是在发明法律,而仅仅是在表述法律,他用有意识的实在法把精神关系的内在规律表现出来。”[①]这是对立法者的要求,同理也是对法学者的要求。如果没有高等数理知识基础,只有文字语言表达,极少有图象语言表达,完全没有符号语言表达,一个法学者能被称为自然科学家吗? 能够为人类社会构建一套真正逻辑严谨的法律概念体系和法律规则体系吗?

如果不实现中国法学范式从文字语言向图象语言乃至符号语言的转型,如果不进行中国法学人才培养模式从以本科教育为主向以非法学本科的“本科后”教育为主的转变,如果不完成中国法学界由法学科班出身为主体人群向以肉身文理交叉型法学者为主体人群的转换,建设中国特色法学体系的战略目标,就难以实现。这三个方面是相互联系的。

---

① 转引自:习近平.论坚持全面依法治国[G].北京:中央文献出版社,2020:199.

要更新中国法学的学术范式,就必然要更新中国法学界的专业背景;要更新中国法学界的专业背景,就必然要更新中国法学界的主体人群、使其具有至少一个非法学学位(尤其是理工科学位),就是要更新主体人群、更新专业背景、更新学术范式(合称"三更新")。

如果完成了"主体人群"的更新,就同时完成了"专业背景"的更新,"学术范式"的更新就是主体人群专业背景更新后的自然发展结果。如图9-2所示。到那时,中国的法学研究(包括新技术相关法学研究)达到与发达国家"并肩跑"、乃至"领着跑"的境地,就是可期的。

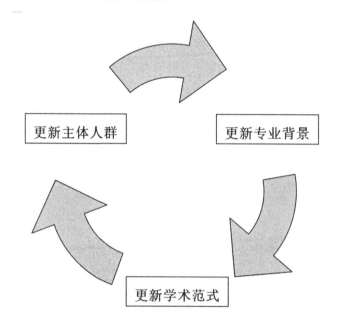

图9-2　更新主体人群、更新专业背景、更新学术范式的相互关系

2) 实现中国法学界主体人群更新的具体措施

一是在法学教育和研究机构招收新人时,尽可能招收拥有至少一个非法学学位(尤其是理工科学位)的法律人作为法学师资和研究人员。在未来法学教育和研究机构的竞争中,拥有肉身文理交叉型法学者的数量多少和质量优劣将是一个重要因素。

二是中国法学教育的主渠道由本科教育转换为本科后教育,即以非法学专业(尤其是理工科专业)的学士或硕士或博士为基础,进行法学教育。这样以本科后(尤其是理工科本科后)为起点的法学教育,将可避免原来法学本科教育因为生源是文科生而无法在培养方案中设置高等数理知识课程的困境,所招收的理工科专业的学士或硕士或博士在接受法学教育前就已经受过高等数理知识教育。

三是在今后招收法学博士生时,优先招收非法本法硕毕业生(尤其是已经有至少一个理工科学位的法硕毕业生),同时尽可能压缩法学博士生招生名额中的法学硕士毕业生和法学本科直博生的名额。这是为未来法学教育研究机构(和需要法律人的其他组织机构)招收新人时提供拥有至少一个非法学学位(尤其是理工科学位)的法律人做准备。

3)由"三会通"人才构建中国特色法学体系

"三更新"从开始实施到真正见效,需要持续大约四十年、两代人的时间,也就是一代人从 25 岁左右硕士生毕业到 65 岁左右实际退出法学研究的期间,才能完成新老更替。这是一个难度大、任务重、耗时长的系统工程。

只有通过"三更新",才能培养出会通文理、会通古今、会通中西的"三会通"人才。这是中国法学发展到一定阶段的产物,将是中国法学成熟的标志、实力的象征。

如果用王国维所说的做学问的三境界来比喻中国法学研究水平的提升,那么,改革开放以来的四十多年是处于第一境界:昨夜西风凋碧树。独上高楼,望尽天涯路。接下来如果进行范式转型以会通文理,则可进入第二境界:衣带渐宽终不悔,为伊消得人憔悴。范式转型之后将可能进入第三境界:众里寻他千百度,蓦然回首,那人却在,灯火阑珊处。

中国法学研究水平反映中华民族在法学领域的思维能力和精神品格,体现中国在法学领域的国力和国际竞争力。通过"三更新",培养出"三会通"人才,才能完成增强中国法学研究实力、提升中国法学研究水平、提高中国在法学领域的国际话语权、构建中国特色法学体系的伟大任务,实现从"追着跑"到"并肩跑"再到"领着跑"的伟大目标。

参考文献

[1] 阿什利.人工智能与法律解析[M].邱昭继,译.北京:商务印书馆,2020.

[2] 白寿彝.中国通史[M].第二版.上海:上海人民出版社,2013.

[3] 蔡自兴,刘丽珏,蔡竞峰,等.人工智能及其应用[M].第五版.北京:清华大学出版社,2016.

[4] 曹建猷.离散数学[M].峨眉山:西南交通大学,1980 油印本.

[5] 曹建猷.离散数学[M].峨眉山:西南交通大学出版社,1985.

[6] 陈波.逻辑学十五讲[M].第二版.北京:北京大学出版社,2016.

[7] 陈文琼.国家政治语境中的"法律与文学"[M].北京:中国社会科学出版社,2013.

[8] 陈小平.人工智能伦理导引[M].合肥:中国科学技术大学出版社,2021.

[9] 陈致平.中华通史[M].贵阳:贵州教育出版社,2014.

[10] 邓正来.中国法学向何处去:建构"中国法律理想图景"时代的论纲[M].第二版.北京:商务印书馆,2021.

[11] 电子知识产权编辑部.电子信息产业知识产权研究[M].北京:电子工业出版社,1998.

[12] 董荣胜,古天龙.计算机科学与技术方法论[M].北京:人民邮电出版社,2002.

[13] 段伟文.信息文明的伦理基础[M].上海:上海人民出版社,2020.

[14] 杜轩华,袁方.Web 开发技术[M].上海:上海大学出版社,2005.

[15] 范文澜.中国通史简编(修订本·第一编)[M].北京:人民出版社,1964.

[16] 范文澜.中国通史简编(修订本·第二编)[M].北京:人民出版社,1964.

[17] 范文澜.中国通史简编(修订本·第三编第一册)[M].北京:人民出版社,1964.

[18] 范文澜.中国通史简编(修订本·第三编第二册)[M].北京:人民出版社,1964.

[19] 范文澜,蔡美彪,等.中国通史[M].北京:人民出版社,2008.

[20] 方东美.华严宗哲学[M].北京:中华书局,2012.

[21] 方东美.中国大乘佛学[M].北京:中华书局,2012.

[22] 方东美.中国人生哲学[M].北京:中华书局,2012.

[23] 方东美.中国哲学精神及其发展[M].孙智燊,译.北京:中华书局,2012.

[24] 方东美.生生之德:哲学论文集[G].北京:中华书局,2013.

[25] 方东美.方东美先生演讲集[G].北京:中华书局,2013.

[26] 桂起权,陈自立,朱福喜.次协调逻辑与人工智能[M].武汉:武汉大学出版社,2002.

[27] 改革开放简史编写组.改革开放简史[M].北京:人民出版社,2021.

[28] 韩林合.《逻辑哲学论》研究[M].北京:商务印书馆,2016 年.

[29] 侯世达.我是个怪圈[M].修佳明,译.北京:中信出版集团,2019.

[30] 侯世达.哥德尔 艾舍尔 巴赫:集异璧之大成[M].本书翻译组,译.北京:商务印书馆,2021.

[31] 黄仁宇.中国大历史[M].北京:生活·读书·新知三联书店,2007.

[32] 黄仁宇.现代中国的历程[M].北京:中华书局,2011.

[33] 黄仁宇.我相信中国的前途[M].北京:中华书局,2015.

[34] 黄希庭,郑涌.心理学十五讲[M].第二版.北京:北京大学出版社,2014.

[35] 黄欣荣.复杂性科学方法及其应用[M].重庆:重庆大学出版社,2012.

[36] 黄欣荣.复杂性科学的方法论研究[M].第 2 版.重庆:重庆大学出版社,2012.

[37] 霍恩.法律科学与法哲学导论[M].第三版.罗莉,译.北京:法律出版社,2005.

[38] 霍宪丹.当代法律人才培养模式研究:上卷[M].北京:中国政法大学出版社,2005.

[39] 霍宪丹.中国法学教育反思[M].北京:中国人民大学出版社,2007.

[40] 蒋国保,余秉颐.方东美思想研究[M].天津:天津人民出版社,2004.

[41] 蒋逸民.社会科学方法论[M].重庆:重庆大学出版社,2011.

[42] 库恩.科学革命的结构[M].金吾伦,胡新和,译.北京:北京大学出版社,2003.

[43] 林,阿布尼,贝基.机器人伦理学[M].薛少华,仵婷,译.北京:人民邮电出版社,2021.

[44] 林德宏.科技哲学十五讲[M].北京:北京大学出版社,2004.

[45] 林瑞生.牟宗三评传[M].济南:齐鲁书社,2009.

[46] 刘孔中,宿希成,寿步.软件相关发明专利保护[M].北京:知识产权出版社,2001.

[47] 明斯基.心智社会[M].任楠,译.北京:机械工业出版社,2016.

[48] 摩尔根.古代社会[M].杨东尊,张粟原,冯汉骥,译.北京:商务印书馆,1971.

[49] 牟宗三.牟宗三先生全集 3:佛性与般若(上)[G].台北:联经出版事业有限公司,2003.

[50] 牟宗三.牟宗三先生全集 4:佛性与般若(下)[G].台北:联经出版事业有限公司,2003.

[51] 牟宗三.牟宗三先生全集 11:逻辑典范[G].台北:联经出版事业有限公司,2003.

[52] Nilsson N.人工智能:新综合[M].郑扣根,庄越挺,译.北京:机械工业出版社,2000.

[53] Nilsson N.人工智能原理[M].石纯一,等译.北京:科学出版社,1983.

[54] 帕格尔斯.大师说科学与哲学:计算机与复杂性科学的兴起[M].牟中原,梁仲贤,译.桂林:漓江出版社,2017.

[55] 普尔,麦克沃思.人工智能:计算 agent 基础[M].董红斌,董兴业,童向荣,等,译.北京:机械工业出版社,2014.

[56] 浦增平,寿步.软件网络案件代理与评析[G].长春:吉林人民出版社,2002.

[57] 浦增平,寿步.信息网络法律评论[G].长春:吉林人民出版社,2002.

[58] 浦增平,俞云鹤,寿步.软件网络法律评论[G].上海:上海交通大学出版社,2004.

[59] 秦平.方东美[M].西安:陕西师范大学出版总社,2017.

[60] Russell S J,Norvig P.人工智能:一种现代方法[M].第二版.姜哲,金奕

江,张敏,等译.北京:人民邮电出版社,2004.

[61] Russell SJ,Norvig P.人工智能:一种现代的方法[M].第三版.殷建平,祝恩,刘越,等译.北京:清华大学出版社,2013.

[62] 石纯一,张伟.基于 Agent 的计算[M].北京:清华大学出版社,2007.

[63] 史忠植.智能主体及其应用[M].北京:科学出版社,2000.

[64] 史忠植.高级人工智能[M].第三版.北京:科学出版社,2011.

[65] 史忠植.人工智能[M].北京:机械工业出版社,2016.

[66] 寿步.LISP-88 解释系统[J].铁道师院学报(自然科学版)1986(1).

[67] 寿步.视听资料不能作为刑事证据吗?[J].铁道师院学报(社会科学版)1987(3).

[68] 寿步.中国软件版权诉讼实务[M].香港:香港中文大学出版社,1997.

[69] 寿步.计算机软件著作权保护[M].北京:清华大学出版社,1997.

[70] 寿步,应明,邹忭.计算机知识产权法[M].上海:上海大学出版社,1999.

[71] 寿步.软件网络和知识产权:从实务到理论[G].长春:吉林人民出版社,2001.

[72] 寿步,孙爱民,谢晨.知识产权名案新析[G].长春:吉林人民出版社,2002.

[73] 寿步,方兴东,王俊秀.我呼吁[M].长春:吉林人民出版社,2002.

[74] 寿步.信息网络与高新技术法律前沿[M].北京:法律出版社,2003.

[75] 寿步,张慧,李健.信息时代知识产权教程[M].北京:高等教育出版社,2003.

[76] 寿步,谢晨.软件网络名案新析[G].上海:上海交通大学出版社,2004.

[77] 寿步,陈跃华.网络游戏法律政策研究[M].上海:上海交通大学出版社,2005.

[78] 寿步.网络游戏法律政策研究 2008[M].上海:上海交通大学出版社,2008.

[79] 寿步.网络游戏法律政策研究 2009:网络虚拟物研究[M].上海:上海交通大学出版社,2009.

[80] 寿步,王永红.广州亚运会知识产权战略实施[M].上海:上海交通大学出版社,2011.

[81] 寿步.软件网络诉讼代理实务[M].上海:上海交通大学出版社,2013.

[82] 寿步.网络游戏法律理论与实务[M].上海:上海交通大学出版社,2013.

[83] 寿步,王晓燕.云计算知识产权法律问题研究[M].上海:上海交通大学出版社,2014.

[84] 寿步.信息网络与高新技术法律政策实务研究[G].上海:上海交通大学出版社,2016.

[85] 寿步.网络安全法实务问答[M].上海:上海交通大学出版社,2017.

[86] 寿步.网络空间安全法律问题研究[M].上海:上海交通大学出版社,2018.

[87] 寿步.网络安全法实用教程[M].上海:上海交通大学出版社,2019.

[88] 寿步.中国法学学术范式评论[M].台北:新学林出版股份有限公司,2021.

[89] 舒国滢.法学方法论[M].厦门:厦门大学出版社,2013.

[90] 司马贺.人工科学:复杂性面面观[M].武夷山,译.上海:上海科技教育出版社,2004.

[91] 孙国东,杨晓畅.检视"邓正来问题":《中国法学向何处去》评论文集[G].北京:中国政法大学出版社,2011.

[92] 习近平.论坚持全面依法治国[G].北京:中央文献出版社,2020.

[93] 习近平法治思想概论编写组.习近平法治思想概论[M].北京:高等教育出版社,2021.

[94] 夏燕,赵长江.网络安全法教程[M].西安:西安电子科技大学出版社,2019.

[95] 徐英瑾.心智、语言和机器:维特根斯坦哲学和人工智能科学的对话[M].北京:人民出版社,2013.

[96] 徐英瑾.人工智能哲学十五讲[M].北京:北京大学出版社,2021.

[97] 颜炳罡.牟宗三学术思想评传[M].北京:北京图书馆出版社,1998.

[98] 严蔚敏,吴伟民.数据结构[M].第二版.北京:清华大学出版社,1992.

[99] 应明.计算机软件的版权保护[M].北京:北京大学出版社,1991.

[100] 雍琦.法律逻辑学[M].北京:法律出版社,2008.

[101] 喻中.法学方法论[M].北京:法律出版社,2014.

[102] 张大松,蒋新苗.法律逻辑学教程[M].第三版.北京:高等教育出版社,2013.

[103] 张妮,蒲亦非.计算法学导论[M].成都:四川大学出版社,2015.

[104] 张守文.中国法学四十年[M].北京:商务印书馆,2019.

［105］张友渔.中国法学四十年:1949—1989［M］.上海:上海人民出版社,1989.

［106］郑成思.计算机、软件与数据的法律保护［M］.北京:法律出版社,1987.

［107］郑南宁.人工智能本科专业知识体系与课程设置［M］.北京:清华大学出版社,2019.

［108］郑毓信.科学哲学十讲:大师的智慧与启迪［M］.南京:译林出版社,2013.

［109］中国法学会法学教育研究会.改革开放 40 年与中国法学教育发展［M］.北京:法律出版社,2019.

［110］钟义信.高等人工智能原理:观念·方法·模型·理论［M］.北京:科学出版社,2014.

［111］钟义信.机制主义人工智能理论［M］.北京:北京邮电大学出版社,2021.

［112］中津.人工智能中的图表推理［M］.陈一民,史晓霞,樊清,等译.北京:机械工业出版社,2012.

［113］朱福喜.人工智能［M］.第三版.北京:清华大学出版社,2017.

索　引